Alpenglück

Die schönsten Kurztrips in die Berge

Mit Extra-Heft!

INHALT

Deutschland

Österreich

Slowenien

Italien

Schweiz

Frankreich

06

22

24

31

19

17

Deutschland
1
2
3
4
5
6

»Wandern ist eine Tätigkeit der Beine – und ein Zustand der Seele.«

Josef Hofmiller
(deutscher Schriftsteller)

Wie eine Startrampe ragt das schräge Gipfelplateau des Hohen Ifen (2230 m) in den Himmel über den Allgäuer Alpen.

01 Rund um Oberstdorf

Südlicher wird's nicht mehr in Deutschland. Oberstdorf und seine weitere Umgebung sind das Mekka der Skifahrer und Skispringer, der Bergsteiger, Wanderer und Mountainbiker. Die bestimmende Farbe der Landschaft ist Grün in allen Schattierungen, vom dunklen Bergwald bis hin zu den hellen Wiesen der Almen, die im Allgäu natürlich Alpen heißen und zu den beliebtesten Ausflugszielen gehören. Weitere identitätsstiftende Farben sind Braun – vom Allgäuer Braunvieh auf den Bergweiden – und Gelb: vom Allgäuer Käse, der hier produziert wird und natürlich vor Ort am besten schmeckt. Drei Viertel des Oberstdorfer Gemeindegebiets stehen unter Landschafts- oder Naturschutz, die großartige Kulisse der Allgäuer Hochalpen mit ihren spektakulären Steilgrasbergen und Felsspitzen steht seit 1992 unter Naturschutz und ist seit 2002 als Natura-2000-Gebiet ausgewiesen. Da passt es gut, dass gleich hinter Oberstdorf die verkehrsberuhigte Zone beginnt, denn die langen Täler Oytal, Trettachtal, Stillachtal und Rappenalpental sind für den öffentlichen Autoverkehr gesperrt. Auch wer nicht Zweitausender um Zweitausender erobern möchte, genießt hier als Fußgänger oder Radfahrer ruhige Wege am laufenden Kilometer. Daneben bringen einen mehrere Seilbahnen auch im Sommer bis in luftige Höhen und zum Beginn aussichtsreicher Touren. Und hinter der grandiosen Breitachklamm öffnet sich das Kleinwalsertal, das politisch zu Österreich gehört und touristisch den Oberstdorfer Gabentisch aufs Schönste bereichert.

Tourist Info: Prinzregentenplatz 1, Oberstdorf, Tel. +49 83 22/70 00, www.oberstdorf.de

1 Hoher Ifen und Gottesacker
2 Durch die Breitachklamm
3 Freibergsee und Skiflugschanze
4 Alpsiedlung Gerstruben
5 Auf großer Tour am Nebelhorn
6 Oberstdorfer Loipen
Hotel 1 Sonnenalp
Hotel 2 Das Freiberg
Hotel 3 Allgäuhotel Tanneck

1 Hoher Ifen und Gottesacker

Unter den vielen eindrucksvollen Bergen der Allgäuer Alpen ist der Hohe Ifen (2230 m) im Kleinwalsertal bei Hirschegg vielleicht der eigentümlichste: ein flacher, leicht zur Seite gekippter Tafelberg, dessen grün bewachsenes Dach auf einer umlaufenden, niedrigen Wandstufe aufsitzt. Mit der Sesselbahn kommt man im Sommer von der Auenhütte hinauf zur Ifenhütte (1586 m). Durch die Ifenmulde, über die kurze, seilversicherte Steilstufe und das Gipfelplateau kann man das merkwürdige Gebilde in etwa 2 Std. besteigen. Äußerst empfehlenswert ist es aber auch, durch die Ifenmulde weiter bis zur Bergstation des nur im Winter offenen Sessellifts und auf das Hahnenköpfle (2085 m) zu steigen. Hier erblickt man in der Ferne den Bodensee und in der Nähe das wüste Gottesackerplateau. Ein beeindruckender Steig führt über die bizarre, von Rissen und Spalten durchzogene Karsthochfläche nach Norden zur verfallenen Gottesackeralpe und weiter durch das Kürental hinab Richtung Hirschegg. Aber bitte: Nur bei gutem Wetter mit klarer Sicht (!), unbedingt mit festen Bergschuhen und aus Gründen der Sicherheit am besten mit einem erfahrenen Wanderführer, beispielsweise der Bergschule Kleinwalsertal (www.bergschule.at).

Ifenbahn, Auenalpe 4, Hirschegg,
Tel. +43 55 17/5 33 40, tgl. ab 8.30 Uhr,
www.das-hoechste.de

2 Durch die Breitachklamm

Das berühmte Naturwunder im Westen von Oberstdorf ist wirklich kein Geheimtipp, aber deshalb darauf verzichten? Niemals! Man kann den Besuch durch eine wenig bekannte Variante erweitern. Doch zunächst geht es vom unteren Kassenhäuschen hinter Tiefenbach auf dem gut ausgebauten und gesicherten Weg durch die Schlucht, die das Wasser der Breitach in das Kalkgestein geschnitten hat. Zwischen den himmelhohen, oft grün überwucherten Felswänden verläuft der Steig neben dem tosenden Bach. Hat man den Ausgang bzw. den oberen Eingang bei

Bergbahn Inklusive

Freie, das heißt kostenlose Fahrt mit den Bergbahnen rund um Oberstdorf: Über diesen Bonus freuen sich Bergwanderer, wenn sie in der Sommersaison in den teilnehmenden Übernachtungsbetrieben – Hotels, Ferienwohnungen und Pensionen – einchecken. www.das-hoechste.de/service/bergbahn-inklusive

der Walserschanze erreicht, steigt man hinauf zum Zwingsteg, der die Klamm überspannt und schwindelerregende Blicke in die Tiefe bietet. Ein kurzer steilerer Anstieg führt am anderen Ufer zu einer kleinen Alpstraße, die durch wunderschöne Blumenwiesen mit schönen Ausblicken zur Dornachalpe führt, von der man zurück zum Parkplatz nach Tiefenbach gelangt. Insgesamt ist man rund 2 Std. unterwegs. Sehr eindrucksvoll ist die Klamm übrigens auch im Winter – mit höchst fotogenem Eiszapfenschmuck!

Breitachklamm, Tel. +49 83 22/48 87, tgl. ab 9, letzter Einlass 17 (Sommer) bzw. 16 Uhr (Winter), www.breitachklamm.com

3 Freibergsee und Skiflugschanze

Irgendwo zwischen Spaziergang, Wanderung, Spaß, Sport und Kultur verläuft die Erkundung der unmittelbaren Umgebung von Oberstdorf. Nach Süden aus dem Ort heraus gelangt man am Moorweiher und am Ensemble der drei Lorettokapellen vorbei zum herrlich gelegenen Freibergsee mit seinem Naturbad, mit Ruder- und Tretbootverleih, mit Kaffee und Kuchen. Am Südufer ragt der »schiefe Turm von Oberstdorf« hoch über die umgebenden Baumreihen empor: die Heini-Klopfer-Skiflugschanze. Der 139 m lange und 72 m hohe, frei auskragende Anlaufturm ist die viertgrößte Schanzenanlage der Welt, ein Wunder der Statik und natürlich das moderne Wahrzeichen des Orts. Wer den seit 2009 geltenden Schanzenrekord brechen möchte, sollte in der Lage sein, weiter als 225,5 m zu springen. 2016 wurde die bereits im Jahr 1973 errichtete Anlage umfassend modernisiert. Auch in Zukunft werden »Besteigungen« des Turms und der Genuss des schwindelerregenden Tiefblicks möglich sein – mithilfe eines neuen, barrierefreien Schrägaufzugs vom Stadion entlang des Aufsprunghangs bis zum Schanzentisch und weiter bis zum Startbereich.

Oberstdorfer Musiksommer

Das internationale Klassikfestival im Juli/August hat sich mit seinem ebenso vielseitigen wie ambitionierten Programm und begehrten Meisterkursen längst als feste Größe im Kulturbetrieb etabliert. Besonders beliebt: die Gipfelkonzerte auf 2000 m Höhe. www.oberstdorfer-musiksommer.de

Am hübschen Freibergsee kann man schwimmen und paddeln – oder einfach nur die herrliche Alpenkulisse genießen.

Heini-Klopfer-Skiflugschanze, Birgsautal, Oberstdorf, Tel. +49 83 22/28 55, www.oberstdorf.de

4 Alpsiedlung Gerstruben

Sie ist gewissermaßen das Freilichtmuseum von Oberstdorf: die idyllische Alpsiedlung Gerstruben (1145 m) hoch über dem Trettachtal. Schon im 14. Jh. wurde hier dauerhaft gesiedelt, doch am Ende des 19. Jh. verkauften die letzten Bewohner ihre Häuser an die Kemptner Elektrizitätsgesellschaft, die dort einen Speichersee errichten wollte – was sie aber zum Glück nicht tat. Heute ist das denkmalgeschützte Ensemble der sorgfältig gepflegten Holzhäuser eines der klassischen Postkartenmotive der Region. Der schönste Zugang von Oberstdorf führt von der Mühlenbrücke unweit der Talstation der Nebelhornbahn auf dem Jägerstandweg über Dietersberg und vorbei am kleinen Cristlessee nach Gottenried. Dem Rautweg folgt man dann durch dichten Wald hinauf in die Alpsiedlung, wo man nach guten 2 Std. Gehzeit im Berggasthof Gerstruben einkehren kann. Zurück geht es entweder auf der Alpstraße ins Trettachtal oder – weit spektakulärer, aber auch anspruchsvoller – durch das abenteuerliche Hölltobel. Der steile Steig erlaubt von luftigen Aussichtskanzeln spannende Einblicke in die von wilden Wassern durchtoste Klamm.

Gerstruben, Oberstdorf, www.gerstruben.de

5 Auf großer Tour am Nebelhorn

Der 2224 m hohe Multi-Sport-Berg ist mit der Seilbahn zu erreichen und bietet nicht nur ein sagenhaftes Panorama, sondern auch Gelegenheit zu sportlicher Betätigung jeder Art. Sehr beliebt ist der ziemlich anspruchsvolle Hindelanger Klettersteig über die Wengenköpfe mit Rückkehr über Laufbichl- und Koblatsee. Auch für (geübte, ausdauernde und schwindelfreie!) Bergwanderer zu schaffen ist die Höhenwanderung von der Seilbahnstation Höfatsblick beim Edmund-Probst-Haus (1932 m) nach Süden zum Laufbacher Eck (2178 m), über den Himmelecksattel (2007 m) ins Oytal und zurück nach Oberstdorf – wobei man die Strecke vom Berggasthaus Oytal über die wunderschöne Allee und durch den Bergwald gegen eine Leihgebühr mit Rollern zurücklegen darf. Es ist eine der Traumtouren im deutschen Alpenraum, mit schönsten Fern- und Tiefblicken (z. B. auf den romantischen Seealpsee). Der Bergsteig bietet faszinierende Ansichten der Höfats, des wildesten Bergs im Allgäu mit seinen extrem steilen Grasflanken und messerscharfen Graten. Wer sich diese 8 Std. dauernde Tour und die Anforderungen (einzelne Passagen sind mit Stahlseilen und Tritthilfen versichert) nicht zutraut, sollte in jedem Fall von der Station Höfatsblick zum nahen Zeigersattel wandern – auch hier ist der Blick auf Seealpsee und Höfats großartig.

Abenteuer im nackten Fels: der Hindelanger Klettersteig über die Wengenköpfe.

Nebelhornbahn, Nebelhornstr. 67, Oberstdorf, Tel. +49 83 22/9 60 00, Mitte Mai–Okt. 8.30–16.30 Uhr, www.das-hoechste.de

6 Oberstdorfer Loipen

Das Angebot für all jene, die im Winter zwar auf Ski steigen, mit diesen aber nicht steile Pisten hinunterbrettern, sondern in der Ebene dahingleiten möchten, ist verlockend: Die zehn Oberstdorfer Loipen führen weit in die Seitentäler hinein, am weitesten nach Birgsau im Stillachtal, aber auch nach Spielmannsau im Trettachtal oder ins abgelegene Rohrmoostal. »Klassikern« stehen die vollen 75 km des Loipennetzes zur Verfügung, Skatern immer noch 55 km.

Ifenbahn, Auenalpe 4, Hirschegg, tgl. ab 8.30 Uhr, Tel. +43 55 17/5 33 40, www.das-hoechste.de

Hotels

Sonnenalp
Wellness satt, indoor und outdoor, auf 10 000 (!) qm inmitten der Allgäuer Bergidylle, dazu eine eigene medizinische Abteilung. In den Zimmern dominieren Holz und dicke Polster, vor den Türen quietscht das Grün: Zwei 18-Loch-Meisterschaftsplätze und ein 9-Loch-Kurzplatz lassen bei Golfern keine Wünsche offen. Das riesige Luxusresort ist übrigens immer noch in Familienbesitz – in der vierten Generation.
Schweineberg 10, Ofterschwang, Tel. +49 83 21/27 20, www.sonnenalp.de

Das Freiberg
Früher war es das kleinste 4-Sterne-Hotel Deutschlands, nach der Erweiterung ist es immer noch klein und fein – mit schick designten Zimmern und einem kleinen Spa-Bereich. Bemerkenswertes Kulinarikkonzept mit dem Gourmethighlight »Maximilians« (ein Stern), dem königlich-bayerischen »Jagdhaus«, der innovativen »Stube« und den eingeweckten Köstlichkeiten im »Fetzwerk«.
Freibergstr. 21, Oberstdorf, Tel. + 49 83 22/96 78-0, www.das-freiberg.de

Allgäuhotel Tanneck
Familiengeführtes Wellness-Refugium mit tollem Blick auf die Allgäuer Alpen von der Panorama-Dachlounge. Feine Küche im Restaurant, das Alpines und Mediterranes sehr ansprechend mixt.
Maderhalm 20, Fischen i. Allgäu, Tel. +49 83 26/99 90, www.hotel-tanneck.de

02 Ostallgäu

Wem Ostallgäu zu nüchtern-geografisch klingt, der sagt einfach: Königswinkel. Klingt schon viel besser! Tatsächlich dreht sich in dieser Ecke Bayerns rund um die uralte Römerstadt Füssen nicht alles, aber sehr vieles um den »Kini«. König Ludwig II., der tragisch-romantische Monarch, gönnte sich hier das spektakulärste seiner berühmten und ursprünglich hochexklusiven »Märchenschlösser«. Seinem Bayernland vermachte er damit, ungewollt natürlich, eine seiner größten Sehenswürdigkeiten – so groß, dass man das Bild der Schlösser Neuschwanstein und Hohenschwangau in aller Welt kennt. Doch auch die königliche Architektur wäre auf Postkarten und Kalendern nicht halb so schön ohne die überaus malerische Landschaft rundherum. Denn unter den dicht bewaldeten, von Felsspitzen gekrönten Gipfeln der Ammergauer und Tannheimer Berge breiten sich auch noch wunderschöne Seen aus: Alpsee und Schwansee gleich unter den Königsschlössern, dazu Weißensee, Hopfensee, Bannwaldsee und als größter von allen der Forggensee, den es freilich zu Ludwigs Zeiten noch gar nicht gab. So verzeichnet das touristische Inventar gleich neben dem heftig besuchten Hotspot viel Platz zum erholsamen Nichtstun und jede Menge Gelegenheit für mehr oder weniger schweißtreibende Freizeitaktivitäten. Und mit der alten Reichsstadt Füssen ein weiteres herausragendes Ziel für kunst- und kulturinteressierte Besucher.

Tourismus Ostallgäu, Schwabenstraße 11, Marktoberdorf, Tel. +49 83 42/91 15 06, www.tourismus-ostallgaeu.de

Mit Schloss Neuschwanstein schuf sich König Ludwig II. eine magische Märchenresidenz. Heute lockt sie Touristen aus aller Welt ins Allgäu.

1 Forggensee

Den fünftgrößten See Bayerns – und größten Stausee Deutschlands – gibt es erst seit den 1950er-Jahren. Damals wurde der Lech aufgestaut und Füssen bekam zu seiner Bergkulisse und seinen Kulturschätzen auch noch dieses große Gewässer. Heute ist der Forggensee eines der schönsten Erholungsreservate am bayerischen Alpenrand, höchst beliebt bei Seglern und Paddlern, Surfern und Kitern, Schwimmern und Anglern. 32 km misst der Weg rund um den See, was Radlern gerade recht ist. Unterwegs kommt man immer wieder zu schönen und ruhigen Badeplätzen. Wer zu Fuß unterwegs ist oder sich auch gar nicht selbst bewegen möchte, nimmt im Juli und August gern die Dienste der Forggensee-Schifffahrt (Tel. +49 83 62/93 85 22, www.forggenseeschifffahrt.de) in Anspruch. Abendliche Fahrten mit Livemusik werden auch geboten. Am schönsten ist aber eine geführte Kanutour zum Sonnenuntergang, mit Blick auf die Schlösser des »Kini« (Tel. +49 83 62/9 39 69 69, www.kanu-kini.de).

Schalenggenrennen

Großes Spektakel! Immer am Faschingssamstag liefern sich bis zu 200 tollkühne Fahrer mit ihren hölzernen Hörnerschlitten auf dem 1000 m langen Hang in Pfronten-Kappel haarsträubende Duelle. Der schnellste bekommt einen Pokal. Der langsamste auch.
www.pfronten.de/kultur

Gleich nördlich von Füssen liegt der klare Hopfensee, den man zu Fuß in 1,5 Std. umrundet – mit schönstem Bergpanorama und Gelegenheit zum Baden im bis zu 25 Grad warmen Wasser.

Füssen Tourismus, Kaiser-Maximilian-Platz 1, Füssen, Tel. +49 83 62/9 38 50, www.fuessen.de

2 Walderlebniszentrum Ziegelwies

Wo gleich südlich von Füssen die deutsch-österreichische Grenze verläuft, können Familien mit Kindern leicht einen ganzen Tag in der Natur verbringen. Das Walderlebniszentrum neben dem Lech bietet Erlebnispädagogik der schönsten Art. Zum »Auwaldlehrpfad«, dem »Bergwaldlehrpfad« und dem »Tal der Sinne« kommt noch der 16 km lange Rundkurs »GEOgrenzGÄNGER«, auf dem man viel über die Gesteine und ihren Abbau erfährt. Absolutes Highlight ist der im Jahr 2013 eröffnete, 480 m lange Baumkronenweg (www.baumkronenweg.eu). Auf ihm genießt man in 21 m Höhe tolle Blicke auf Baumwipfel, Berge und den Fluss. Im Ausstellungsgebäude darf man einem Bienenvolk bei der Honigproduktion zuschauen und erfährt Interessantes über den Bergwald, seine Funktion und Bewirtschaftung.

Tiroler Str. 10, Füssen, Tel. +49 83 62/9 38 75 50, Außengelände frei zugänglich, Ausstellung: Mai–Sept. Mo–So 10–17, April/Nov. tgl. 10–16, Dez.–März Di–Do 10–16, Fr 10–13 Uhr, www.wez-ziegelwies.de

1 Forggensee
2 Walderlebniszentrum Ziegelwies
3 Füssen – Kloster St. Mang
4 Neuschwanstein und Hohenschwangau
5 Tegelberg
6 Halblechtal und Wankerfleck
1 Rübezahl
2 Eggensberger
3 Hotel Sonne

3 Füssen – Kloster St. Mang

Das Hohe Schloss und das Kloster St. Mang dominieren die »Skyline« von Füssen, der alten Römerstadt am Alpenrand. Im ehemaligen Kloster ist heute das Stadtmuseum (Lechhalde 3, Füssen, Tel. +49 83 62/90 31 46, Ende März–Mitte Nov. Di–So 11–17, übrige Zeit Fr–So 13 bis

16 Uhr, www.fuessen.de) untergebracht. Neben dem prächtigen, reich stuckierten »Kaisersaal« ist hier eine wunderschöne Barockbibliothek zu besichtigen, daneben eine höchst bedeutende Sammlung historischer Lauten und Geigen – Füssen hatte sich seit dem 14. Jh. zur Wiege des Lautenbaus in Europa entwickelt. Auch heute werden in der Stadt ausgezeichnete Geigen hergestellt. Ein weiteres kunsthistorisches Highlight ist in der Annakapelle zu bewundern: der älteste erhaltene Totentanz-Zyklus Bayerns aus dem Jahr 1602, ein makaberer Comic-Strip von höchster Lebendigkeit. Die Klosterkirche St. Mang beeindruckt mit üppigem Stuck und wertvollen Fresken – sowie einer stimmungsvollen Krypta aus dem 9. Jh. Im Hohen Schloss, der einstigen Sommerresidenz der Augsburger Fürstbischöfe, sind neben den spätgotischen Malereien im Innenhof auch der Rittersaal mit seiner Kassettendecke und der Wehrgang samt Türmen interessant: Sie gewähren durch viele Gucklöcher wunderbare Blicke auf den Forggensee, die Berge und die schöne Altstadt, die man danach auf einem Bummel erkunden sollte.

Füssen Tourismus, Kaiser-Maximilian-Platz 1, Tel. +49 83 62/9 38 50, www.fuessen.de

4 Neuschwanstein und Hohenschwangau

Vor einigen Jahren war Neuschwanstein noch die meistbesuchte Sehenswürdigkeit Bayerns. Heute ist es, mit großem Vorsprung, die BMW-Welt in München. Die Gemeinsamkeit: Beide waren bzw. sind schon in ihrer Zeit unzeitgemäß. Die Realitätsverweigerung geriet im Ostallgäu aber um einiges konsequenter. »Ein ewig Rätsel will ich bleiben mir und anderen« schrieb König Ludwig II. von Bayern (1845–1886). Es ist ihm gelungen. Ab 1868 ließ er am Fuß des Tegelbergs, hoch über der Pöllatschlucht, dieses seltsame Fake einer mittelalterlichen Ritterburg errichten. Nach seinem Tod wurden die Arbeiten am Schloss eingestellt. Fertig waren da nur der Torbau und das Haupthaus (Palas). Und so sieht man heute zwar viel kostbaren Marmor, Wand- und Deckengemälde mit Motiven aus den Geschichten um Sigurd, Parzival, Lohengrin sowie Tristan und Isolde, aber eben auch viel Unvollendetes. Man sieht die Schlossküche, die Wohnräume des Königs und seinen Thronsaal und die in Anlehnung an den Tannhäuserzyklus geschaffene Grotte hinter dem Wohnzimmer. Mehr über den tragischen Monarchen erfährt man in Hohenschwangau, gleich gegenüber. Kronprinz Maximilian von Bayern hatte die damals verfallene Burg Schwanstein von 1832–1836 im neugotischen Stil wieder aufbauen lassen. Hier verlebte König Ludwig II. nicht nur Kindheit und Jugend, das Schloss diente ihm später als Sommerresidenz. Kann man nur eines der Schlösser besichtigen, sollte man Hohenschwangau wählen – es ist schöner und interessanter. 2016 wurde die restaurierte Marienbrücke über die Pöllatschlucht wieder eröffnet. Sie gewährt einen Traumblick auf Neuschwanstein.

Ticket-Center Neuschwanstein und Hohenschwangau, Tel. +49 83 62/93 08 30, April bis Mitte Okt. 9–18, Mitte Okt.–März 10–16 Uhr, www.neuschwanstein.de

5 Tegelberg

Man hat die Wahl: Rauf mit der Bahn und runter zu Fuß – oder umgekehrt. So oder so sollte man den Tegelberg im Osten der Stadt Füssen bestiegen haben. Der Grund ist die gigantische Aussicht: Schöner als von der Marienbrücke, die sich über die Pöllatschlucht spannt, und dem anschließenden Steig über den steilen Westrücken des Bergs wird man Schloss Neuschwanstein nicht zu Gesicht (und aufs Foto) bekommen. Man sollte aber vorher nachfragen: Manchmal ist der Steig durch die Pöllatschlucht – die direkte Verbindung zur Talstation der Tegelberg-Seilbahn – nicht begehbar und man muss einen kleinen Umweg auf dem normalen Weg machen. Von der Bergstation (1707 m) aus kann man noch in 20 Min. zum Gipfel des Brandnerschrofen (1879 m) aufsteigen. Hier ist die Aussicht, vor allem nach Süden, noch eindrucksvoller. Hinunter nimmt man nun die Seilbahn oder – wie wär's mit dem Gleitschirm? Ein Tandemflug in der Obhut eines geprüften Piloten, vorbei an Neuschwanstein, ist wirklich

Via Claudia

Nach 2000 Jahren macht die Via Claudia Augusta bei Radlern und Weitwanderern eine zweite Karriere. Auf den Spuren der Römer geht es von Donauwörth über Augsburg und Füssen nach Tirol und durch das Etschtal bis zum Gardasee, nach Verona oder Venedig. www.viaclaudia.org

Natur pur: Der Forggensee ist eigentlich ein Stausee, wirkt aber so, als wäre er schon immer hier gewesen. Rund ums Wasser finden Wanderer, Fahrradfahrer und Ruhesuchende ihr Glück.

kaum zu toppen (z.B. Tel. +49 83 62/8 17 91, www.flugschule-aktiv.de).

Tegelbergbahn, Tegelbergstr. 33, Schwangau, Tel. +49 83 62/9 83 60, April–Okt. 9–17 Uhr, www.tegelbergbahn.de

6 Halblechtal und Wankerfleck

Das Ammergebirge zwischen Garmisch-Partenkirchen und Füssen ist das größte bayerische Naturschutzgebiet und wurde bereits als nächster Alpen-Nationalpark gehandelt. Schon Ludwig II. liebte die romantischen Waldberge mit ihren durchaus felsigen Spitzen. Einen der schönsten Flecken erreicht man mit dem Wanderbus vom Kenzenparkplatz an der B17 in Halblech, 12 km nordöstl. von Füssen (Bus Schwarz, Tel. +49 83 68/5 50, Mitte Mai–Mitte Okt. tgl., davor und danach evtl. Sa/So). Ziel der Fahrt ist die Kenzenhütte (1294 m), Ausgangspunkt vieler wunderschöner Wanderungen. Krönung ist die anspruchsvolle Überschreitung der Hochplatte (2082 m), auch für Familien mit Kindern geeignet ist dagegen die 4,5 Std. dauernde Kesselrunde, die nahe dem ehemaligen königlichen Jagdhaus beginnt und zum Teil auf dem Europäischen Fernwanderweg E4 verläuft. Im Frühsommer geht man hier durch ein Meer von Alpenrosen. Auch andere Bergblumen sind zu entdecken, daneben Gämsen und mit etwas Glück sogar Steinadler.

Kenzenhütte, Halblech, Tel. +49 83 68/3 90, Mai–Mitte Okt. geöffnet, www.berggasthof-kenzenhuette.de

Hotels

Rübezahl

Aus den mit allerlei Naturmaterialien (Fell, Filz, Leder) gestalteten Zimmern hat man die Königsschlösser im Blick – ebenso von der Panorama-Sauna und vom Außenpool aus, nicht aber aus der »Therme Romana« mit Tepidarium, Stuben-Sauna und Kräuter-Dampfbad ... Zum Hotel gehört auch die Rohrkopfhütte am Fuß des Tegelbergs mit ihrer schönen Aussichtsterrasse.

Am Ehberg 31, Schwangau, Tel. +49 83 62/88 88, www.hotelruebezahl.de

Eggensberger

Alles öko! Mit seltener Konsequenz haben Heike und Andreas Eggensberger ihr Haus zum ersten zertifizierten Biohotel im Allgäu optimiert. Bemerkenswert sind die ärztlich geleitete Gesundheitsabteilung und das ausgezeichnet dokumentierte Kulinarikkonzept. Das wunderbare Frühstücksbuffet kann man sonntags zum Brunch ausbauen.

Enzensbergstr. 5, Füssen/Hopfen am See, Tel. +49 83 62/9 10 30, www.eggensberger.de

Hotel Sonne

In der Altstadt von Füssen logiert man in farbkräftig designten Zimmern. Für den romantischen Abend zu zweit wählt man das Restaurant »Parsifal«, ansonsten reserviert man im familiären »Maximilian's« einen Fensterplatz.

Prinzregentenplatz 1, Füssen, Tel. +49 83 62/90 80, www.hotel-fuessen.de

Wildromantisch: der Eibsee am Fuße der Zugspitze. Zum Baden ist das Wasser hier leider auch im Sommer meistens zu kalt.

03 Zugspitze und Garmisch-Partenkirchen

Die Anfahrt von Norden, egal ob mit der Bahn oder im Auto, ist eindrucksvoll: Man rollt auf einen breiten Riegel von Bergen zu, der am Ende der Reise, in Garmisch-Partenkirchen, gewaltige Ausmaße angenommen hat. Hoch über den Dächern des Orts, der trotz seiner 26 000 Einwohner keine Stadt, sondern ein Markt ist, ragt das Wettersteingebirge mit seinen hellgrauen Wänden und Graten auf. Der höchste Punkt, rechts hinten, das ist die Zugspitze – nicht zu verwechseln mit der formschönen und viel auffälligeren Pyramide der Alpspitze, die aus dieser Perspektive höher erscheint. Wie man übrigens auch nicht einen Garmischer mit einem Partenkirchner verwechseln sollte, denn da sind sie eigen im Zentrum des Werdenfelser Lands, der südlichsten Region Oberbayerns. Der enorme Höhenunterschied vom Tal der Loisach auf 600 m bis zum Zugspitzgipfel auf fast 3000 m verführt natürlich zu allen Arten von schweiß- und adrenalintreibenden Aktivitäten. Aber man muss kein Kletterer oder Ski-Crack sein, um die Berge hier zu genießen. Es gibt viele Seilbahnen, die nicht nur die bekannten Skigebiete der Region bedienen, sondern auch, im Sommer, tolle Wege und weite Panoramen erschließen. Und vom Fuß des höchsten deutschen Berges ist es nicht weit zu den berühmten Geigenbauern und Lüftlmalern im benachbarten Mittenwald am Rand des Karwendelgebirges, das es zwar nicht an Höhe, aber an Schönheit locker mit dem Wetterstein aufnehmen kann.

Tourist Info: Richard-Strauss-Platz 2, Garmisch-Partenkirchen,
Tel. +49 88 21/18 07 00,
www.gapa.de

1 Zugspitze (2962 m)

Auch wenn 38 m zum Dreitausender fehlen, reisen mehrere 100 000 Menschen Jahr für Jahr zum ultimativen deutschen Gipfeltreffen auf die Zugspitze. Und es ist wirklich eine Reise! Rauf geht's mit der 1930 eröffneten Zahnradbahn – zuerst über schöne Wiesen zum Eibsee, dann durch den Bergwald mit herrlicher Aussicht zum Haltepunkt Riffelriß und schließlich durch den langen Tunnel zur Endhaltestelle beim Bergrestaurant Sonnalpin (2576 m), vor dem ein letzter kleiner Gletscherrest schmilzt. Das letzte Stück zum Gipfel legt man mit der Großkabinenbahn zurück. Das Panorama von der Aussichtsplattform reicht bis zum 250 km weit entfernten Horizont. Was einem aber vor allem den Atem raubt, das sind die schwindelerregenden Tiefblicke, etwa zum Eibsee. Ansonsten versorgt man sich in der Gipfelalm oder im Panoramarestaurant mit Bier und Bratwurst, geht hinüber zum österreichischen Gipfel, kauft Andenken (oder nicht) – und wagt sich vielleicht, wenn man absolut schwindelfrei ist und kein Schnee liegt, über den mit Seilen versicherten kurzen Klettersteig hinüber zum eigentlichen Gipfel, auf dem das schöne, vergoldete Kreuz steht. Hinunter geht's mit der ganz neuen Kabinenbahn zum Eibsee – voraussichtlich aber erst ab Dezember 2017. Die alte Eibseeseilbahn wird bzw. wurde im Frühjahr 2017 außer Betrieb genommen. In jedem Fall sollte man diesen Ausflug nur bei gutem Wetter unternehmen, denn er ist alles andere als billig! Man kann die Zugspitze natürlich auch zu Fuß besteigen – entweder auf dem schwierigen Weg durch das

1 Zugspitze (2962 m)
2 Kramerplateauweg und Eibsee
3 Höllentalklamm
4 Partnachklamm
5 Schachen
6 Mittenwald
1 Staudacher Hof
2 Das Kranzbach
3 Hotel am Badersee

Höllental oder auf dem unschwierigen, aber sehr langen durch das Reintal. Beide Touren sind sagenhaft schön, werden sehr oft begangen, verlangen aber in der Regel eine Übernachtung am Berg.

Zugspitzbahnhof, Olympiastr. 27,
Garmisch-Partenkirchen,
Tel. +49 88 21/79 70, stdl. 8.15–15.15 Uhr,
www.zugspitze.de

2 Kramerplateauweg und Eibsee

Die erholsamste Fortbewegung erfolgt zu Fuß, und der Kramerplateauweg ist besonders erholsam: Er verläuft am Westrand von Garmisch ohne nennenswerte Steigungen vom schönen Pflegersee (845 m) oberhalb der Ruine Werdenfels im Norden nach Untergrainau – breit, bequem und gut bezeichnet, mit schönster Aussicht und mehreren Einkehrmöglichkeiten. Man kann auch beim Schmölzersee nahe dem Grand Hotel Sonnenbichl in Burgrain einsteigen und die Tour beliebig verkürzen, man kann aber von Untergrainau auch noch am Badersee vorbei zum Eibsee (973 m) aufsteigen. Der wunderbare Rundweg um das überaus romantische Gewässer beansprucht 1,5 Std. Vom lockeren Halbtagesprogramm bis zur ausgefüllten Tagestour ist also alles möglich.

Anfahrt mit Ortsbus Nr. 4 nach
Schwaigwang (Aufstieg zum Pflegersee)
oder Sonnenbichl,
www.gapa.de/tourenplaner

3 Höllentalklamm

In Hammersbach (Haltestelle der Zugspitzbahn) beginnt der wilde Aufstieg durch das Höllental auf die Zugspitze. In seinem unteren Drittel ist er auch weniger Ambitionierten unbedingt zu empfehlen. Der Weg führt am Bach entlang, zuletzt auf einem ausgesprengten Steig in mehreren Kehren zur Höllentaleingangshütte (45 Min.). Dahinter geht es durch den höchst abenteuerlichen, in den Jahren 1902–1905 angelegten Steig über Holzstege, Treppen und Tunnels durch die enge Höllentalklamm – ein absoluter Höhepunkt der Region und an heißen Sommertagen besonders erfrischend: Hier bleibt keiner trocken. Vom Ausgang der Klamm kann man auf dem Stangensteig (mit toller Brücke über der Klamm!) gleich zurückgehen. Oder man wandert noch weiter zur herrlich gelegenen neuen Höllentalangerhütte (1387 m, www.davplus.de/hoellentalangerhuette), dem vielbesuchten Stützpunkt der Zugspitz-Bezwinger, die man von Hammersbach aus in 2,5 Std. erreicht.

Vor allem wenn es zuvor geregnet hat, ist die Partnachklamm ein feuchtes Vergnügen.

Richard-Strauss-Festival

Von 1908 bis zu seinem Tod im Jahr 1949 lebte und arbeitete der in München geborene Komponist Richard Strauss in Garmisch – das ist Grund genug, ihm ein einwöchiges Musikfestival zu widmen – jedes Jahr, eine Woche lang, Ende Juni.
www.richard-strauss-festival.de

Start in Hammersbach, Klamm Mai–Ende Okt. geöffnet, witterungsabhängig, www.hoellentalklamm-info.de

4 Partnachklamm

Noch eine Klamm – und was für eine! 80 m tief hat sich die Partnach zwischen Eckbauer und Hausberg ins Gestein geschnitten. Das 700 m lange Naturdenkmal erreicht man vom Olympia-Skistadion in Partenkirchen zu Fuß bequem in 30 Min. (oder mit der Pferdekutsche). Der Gang durch die atemberaubend enge Schlucht bietet vor allem nach längeren Regenfällen das ganz große Spektakel. In dichten Vorhängen fallen Wassertropfen über die Felswände, vereinzelt dringen Sonnenstrahlen ein und projizieren Regenbögen auf die Wassernebel über der tosenden Partnach. Kapuze auf und durch! Man kann denselben Weg zurück nehmen oder kurz hinter der Klamm links aufsteigen und über das Berggasthaus Graseck zurück zum Klammeingang wandern. Übrigens, die Partnachklamm ist auch im Winter geöffnet und dann mit mächtigen Eiswänden, meterlangen Eiszapfen und hübsch gefrorenen Kappen auf aus dem Wasser ragenden Steinen vielleicht noch fotogener.

Parkplatz beim Olympia-Skistadion, Partenkirchen, Ortsbus-Linien 1 + 2, Juli–Sept. 8–19, Mai/Juni/Okt. 8–18, Nov. bis April 9–18 Uhr, www.partnachklamm.eu

5 Schachen

Farbige Lichtflecken fallen durch die Buntglasfenster auf etwas, das aussieht wie ein orientalisches Spielzimmer. Drinnen verschnörkelte Wände, verzierte Vasen und Kronleuchter und viel goldener

Gesundheits-Eck

»Von Natur aus g'sund« heißt die Servicestelle für Gäste und Einheimische in Garmisch-Partenkirchen (Von-Brug-Str. 1, Mo–Fr 8–16 Uhr) nahe der Tourist Info. Hier beraten medizinisch geschulte Gesundheitsguides, Bergführer und Physiotherapeuten.
www.gapa.de/gesundheit

In Mittenwald werden schon seit Jahrhunderten kunstvolle Geigen von Hand gefertigt.

Klimbim, draußen, vor den Fenstern, grüne Almwiesen und die Felsen des Wettersteingebirges. Im ersten Stock des ansonsten im Chaletstil gehaltenen Anwesens pflegte Ludwig II. (1845–1886), König von Bayern, seine Geburtstage zu feiern. Das Königshaus auf dem 1866 m hohen Schachen wurde von 1869–1872 erbaut, es ist Ludwigs aberwitzigster Bau – und der am wenigsten besuchte. Man kommt nur im Sommer hinauf und nur zu Fuß. Die schöne, einfache, aber lange Bergwanderung lohnt sich auch wegen des interessanten Alpengartens (geöffnet Mitte Juni–Mitte Sept. tgl. 8–17 Uhr), den der Botanische Garten München hier oben seit mehr als 100 Jahren betreibt, und wegen der selbst gemachten Kuchen im gemütlichen Schachenhaus (Tel. +49 172/8 76 88 68, www.schachenhaus.de) kurz unterhalb.

Start am Wanderparkplatz Elmau b. Klais, Aufstieg 3,5 Std., Führungen Juni–Anf. Okt. tgl. 11, 13, 14, 15 Uhr, www.schloesser.bayern.de

6 Mittenwald

Aus aller Welt kommen junge Menschen hierher, um in Mittenwald die Kunst des Geigenbaus zu erlernen. Sie wird seit 1684 gepflegt und hat den Instrumenten weltweit den Ruf der »bayerischen Stradivaris« eingetragen. Nach dem Besuch im Geigenbaumuseum (Ballenhausgasse 3, Mitte Mai–Mitte Okt. Di–So 10–17, sonst 11–16 Uhr, Nov.–Mitte Dez. geschl., www.geigenbaumuseum-mittenwald.de) bewundert man im Ort die schönen Lüftlmalereien. Der Sessellift auf den Kranzberg (Kranzbergstr. 24) erschließt herrliche Panoramen und ein schönes Wandergebiet auf knapp 1400 m Höhe. Wesentlich höher hinaus – nämlich bis auf 2244 m – geht es mit der Karwendelbahn (Alpenkorpsstr. 1, www.karwendelbahn.de). Hier informiert ein Besucherzentrum in Gestalt eines riesigen hölzernen Fernrohrs über den Alpenpark Karwendel, hier beginnt der außerordentlich beliebte und aussichtsreiche Mittenwalder Klettersteig – und im Winter die berühmte, 7 km lange Varianten-Skiabfahrt durch das wilde Dammkar.

Tourist Info: Dammkarstr. 3, Mittenwald, Tel. +49 88 23/3 39 81, www.alpenwelt-karwendel.de

Hotels

Staudacher Hof

So sehen Nachhaltigkeit und Regionalität aus: mit hellem Fichtenholz, Naturstein und Lehmputz in den Zimmern, mit Strom aus Wasserkraft, Erdgas zum Heizen und einer Kraft-Wärme-Kopplung für einen höheren Wirkungsgrad – auch im rustikalen Wellnessbereich.
Höllentalstr. 48, Garmisch-Partenkirchen, Tel. +49 88 21/92 90, www.staudacherhof.de

Das Kranzbach

Kurz vor der schwer gehypten G7-Location in Schloss Elmau stehen abseits der Straße ein »englisches« Herrenhaus von 1915 und ein moderner Anbau mit Lärchenholzlamellen und viel Glas, durch das man auf ausgedehnte Wälder und hohe Berge sieht. Toll gestaltete Salons, schicke Zimmer und Suiten – wahlweise gediegen oder modern –, sagenhafte Spa- und Wellnessangebote und ein herrliches Außenbecken.
Kranzbach, Klais, Tel. +49 88 23/92 80 00, www.daskranzbach.de

Hotel am Badersee

Großes, nur von außen etwas nüchternes Haus direkt am Ufer des kleinen, rundum von Wald eingeschlossenen Badersees. Geboten werden u. a. der Landhaus Spa mit eigenem »Schneeraum« (es gibt echten Schnee!) und eine ausgezeichnete Küche.
Am Badersee 1–5, Grainau, Tel. +49 88 21/82 10, www.hotelambadersee.de

04 Tölzer Land

Bevor sie durch die bayerische Hauptstadt München fließt, hat die Isar eine steile Karriere hinter sich. Von ihrer Quelle im Karwendelgebirge fließt sie gen Mittenwald, dann macht sie eine Kurve nach Westen, füllt den Sylvensteinspeicher und fließt zwischen Kiesbänken durch eine weite grüne Landschaft, die Oberbayern wie im Bilderbuch zeigt: Berge, aber nicht zu hoch, nicht zu steil, sehr offen und freundlich; darunter schöne Höfe und Zwiebelturmkirchen. Wo die Isar das Gebirge verlässt, liegt die alte Kur- und Kreisstadt Bad Tölz. Isarwinkel heißt diese überaus reizvolle Gegend, das touristische Marketing spricht vom Tölzer Land und fasst den Radius nach Westen hin noch etwas weiter. So gehört auch der Kurort Bad Heilbrunn dazu und das viel fotografierte Kloster Benediktbeuern vor der lang gezogenen Benediktenwand. Nächste Station ist Kochel am gleichnamigen See mit seiner faszinierenden Mischung aus altem Hightech (dem historischen Walchenseekraftwerk) und moderner Kunst (Franz-Marc-Museum). Über die Kesselbergstraße wird der große, traumhaft schöne Walchensee erreicht und auf der kleinen Mautstraße die lange, grüne und herrlich ursprüngliche Jachenau, durch die man südlich von Lenggries wieder das Isartal erreicht. Alles in allem: eine runde Sache!

Tölzer Land Tourismus, Prof.-Max-Lange-Platz 1, Bad Tölz, Tel. +49 80 41/50 52 06, www.toelzer-land.de

Ursprünglich und sympathisch: In der Jachenau kann man Urlaub wie aus einem Alpen-Bilderbuch erleben.

1 Bad Tölz

Dolce Vita an der Isar. Auch wenn das Zentrum gern als fast schon mediterran bezeichnet wird, ist Bad Tölz unverkennbar bayerisch, besser: oberbayerisch. Kaffeetrinker und Flaneure bewundern in der Marktstraße die prachtvollen Fassaden der Kaufmannshäuser mit ihren Stuckgliederungen und Malereien aus dem 18. und 19. Jh. – Zeugnisse von jahrhundertelangem Wohlstand infolge des florierenden Salzhandels und der Flößerei. Wie es dazu kam, zeigt das Stadtmuseum in der Marktstr. 48 (Di bis So 10–17 Uhr). Hinter seiner besonders schönen Fassade sind auch wertvolle Trachten und aufwendig bemalte Tölzer Kästen (Schränke) zu sehen, die im frühen 19. Jh. begehrte Exportgüter waren. Über der Isarlände reihen sich die hübschen Handwerkerhäuser, dahinter ragt die Stadtpfarrkirche Mariä Himmelfahrt empor. Blickfang über den Dächern der Stadt ist die weiße Heilig-Kreuz-Kirche mit ihren zwei Türmen auf dem Kalvarienberg – ihrerseits ein grandioser Aussichtspunkt. Zur Anlage gehören außerdem noch die Ölberggruppe am Fuß des Berges, die »heilige Stiege« und sieben Wegkapellen sowie der Golgathahügel und die Leonhardikapelle. Auf der anderen (westlichen) Seite der Isar liegt das Gesundheits- und Hotelviertel mit dem Kurpark, dem schönen Kurhaus aus dem Jahr 1914, dem Streidlpark und dem Rosengarten.

Tourist Info: Max-Höfler-Platz 1, Bad Tölz, Tel. +49 80 41/7 86 70, www.bad-toelz.de

Eng schlängeln sich die Arme der Isar an der hübschen Altstadt von Bad Tölz vorbei.

2 Blomberg

Der Hausberg von Bad Tölz ist nur 1248 m hoch, aber mit seinem Spaß- und Freizeitpotenzial zu jeder Zeit des Jahres ein echter Riese. Wer mit dem Sessellift hinauffährt, kann im Sommer (ab der Mittelstation) gleich wieder auf der 1,3 km langen Sommerrodelbahn, dem »Blomberg-Blitz«, hinabfahren, auf zehn verschiedenen Parcours durch den Kletterwald (www.kletterwald-blomberg.de) turnen oder gleich nebenan im Blomberghaus (Tel. +49 8041 6436, www.blomberghaus.de) einkehren. Unbedingt zu empfehlen ist der kurze Abstecher auf den Gipfel des Zwiesel (1348 m), den Kenner tatsächlich als einen der besten Aussichtsberge Bayerns schätzen. Und im Winter? Wird gewandert, Schlitten und Ski gefahren – letzteres auf sage und schreibe 4 km Pisten. Falls der Schnee zum Rodeln nicht reicht, wird der »Blomberg-Blitz« aus dem Winterschlaf geweckt.

Blombergbahn, an der B 472, tgl. ab 9 Uhr, Tel. +49 80 41/37 26, www.blombergbahn.de

3 Brauneck

Der Multifunktionsberg über dem Isartal, gegenüber von Lenggries: Hier haben schon Generationen von Münchnern das Skifahren gelernt, hier sind sie im Sommer mit ihren Eltern gewandert. Die Seilbahn zur Bergstation auf rund 1550 m erschließt ein tolles Panorama, viele Wanderwege, Startplätze für Drachen- und Gleitschirmflieger, Kletterfelsen, Einkehrmöglichkeiten – und im Winter ein viel besuchtes, abwechslungsreiches Skigebiet mit 34 km Pisten. Höhepunkt im Sommer ist die lange, sagenhaft aussichtsreiche Bergwanderung zum Gipfel der Benediktenwand (1801 m, hin und zurück 6 Std.).

Gilgenhöfe 28, Lenggries, Tel. +49 80 42/50 39 40, www.brauneck-bergbahn.de

4 Jachenau

Fährt man durch dieses sehr grüne Tal des Flüsschens Jachen zwischen dem Walchensee und dem Isartal, fällt einem zuerst auf, was es nicht gibt. Anzeichen für modernen Tourismus mit gängigen Infrastrukturen sucht man vergebens. Drei Gasthöfe auf 20 km, das ist nicht viel. Dafür gibt es auf den Wiesengrün-

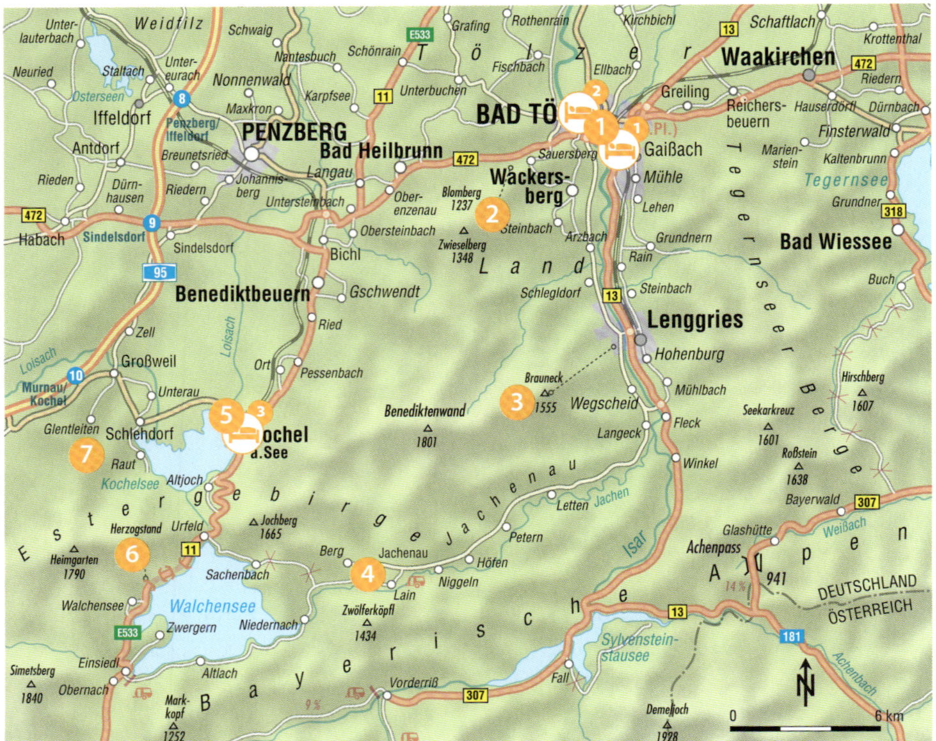

1 Bad Tölz
2 Blomberg
3 Brauneck
4 Jachenau
5 Kochel
6 Auf den Herzogstand
7 Freilichtmuseum Glentleiten
1 Kolberbräu
2 Landhaus Iris
3 Landhotel Herzogstand

den sehr viele, weit verstreut stehende und stattliche Bauernhöfe und auf beiden Seiten eher unauffällige, meist bis oben bewaldete, überwiegend runde Berge. Der Tourismus konzentriert sich auf das Dorf Jachenau (790 m) im Westen, wo es sogar einen netten Dorfladen gibt (gegenüber der Post) – und vor allem auf die freie Landschaft, in der sich auch viele Tagesgäste und Naherholer vergnügen: beim Bergwandern (auf den Staffel, den Hirschhörnlkopf oder die Benediktenwand) und Radfahren (quer durchs Tal und hinüber zum Walchensee). Im Winter verwandelt sich die Jachenau in ein Paradies für Langläufer und Schneeschuhwanderer.

Gästeinformation, Dorf 51 1/2, Jachenau,
Tel. +49 80 43/91 98 91,
www.jachenau.de

5 Kochel

Sehr schön, mit großteils unverbauten Ufern liegt der Kochelsee unmittelbar am Fuß der ersten hohen Alpenberge, die ihn um mehr als 1000 m überragen. Der Ausflug lohnt sich nicht nur wegen der großartigen Naturkulisse, sondern auch wegen zweier sehr unterschiedlicher Sehenswürdigkeiten. In einem hübschen Park am Südrand von Kochel steht das überaus sehenswerte, architektonisch herausragende, moderne Franz-Marc-Museum (Franz-Marc-Park 8–10, Di–So/Fei April–Okt. 10–18, März/Nov. 10–17 Uhr, www.franz-marc-museum.de), das mit seiner Sammlung wichtiger Werke des Expressionisten und »Blauen Reiters« höchstes Ansehen genießt. Gut funktionierende Retro-Technik ist etwas weiter im Besucherzentrum des Walchenseekraftwerks (Altjoch 21, Mai–Okt. 9–17, Nov.–April 10–16 Uhr, www.kochel.de) zu besichtigen. Bereits im Jahr 1924 ging das Hochdruck-Speicherkraftwerk in Betrieb. Durch sechs dicke Rohre schießt das Wasser aus dem 200 m höher gelegenen Walchensee auf die Turbinen im Krafthaus. Merklich wärmer und für das menschliche Wohlbefinden auch wesentlich geeigneter ist das Thermalwasser im »Kristall Trimini« (Seeweg 2, Mai–Sept. tgl. 9–21, Okt.–April Di–So 10–21 Uhr, www.kristall-trimini-kochel-am-see.de), das direkt am Ufer des Kochelsees liegt – mit Innen- und Außenbecken, Wasserrutschen, Saunabereich und einem schönen Freigelände.

Tourist Info: Bahnhofstr. 23, Kochel,
Tel. +49 88 51/3 38, www.kochel.de

6 Auf den Herzogstand

Ringsum von Bergen eingeschlossen, bietet der 16 qkm große Walchensee eines der großartigsten Landschaftsbilder im ganzen deutschen Alpenraum. Wer den Eindruck noch toppen will, fährt mit der Herzogstandbahn hinauf auf 1600 m Höhe. Der Panorama-Naturlehrpfad führt zum nahen Berggasthaus Herzogstand (März–Okt., Di Ruhetag) und dahinter zum Gipfelaufbau, den man in mehreren weiten Kehren zum netten Pavillon auf dem höchsten Punkt des Herzogstands (1731 m) bewältigt. Gute 30 Min. dauert der ganze Aufstieg; er wird mit einer phänomenalen Aussicht belohnt: in der Tiefe Walchen- und Kochelsee, im Norden das Alpenvorland mit dem Starnberger See und dem Münchner Fernsehturm, im Süden die Zugspitze und das Karwendelgebirge und dahinter die Gletscherberge am Alpenhauptkamm. Geübte, trittsichere und schwindelfreie Bergwanderer nehmen nun den atemberaubenden Gratweg hinüber zum Heimgarten (1788 m) unter die Sohlen der Bergschuhe – und kehren von dort auf guten Steigen zum Ausgangspunkt zurück.

Herzogstandbahn, Am Tanneneck, Walchensee, Tel. +49 88 58/2 36, ab Mitte April Mo–Fr 9–17.15, Sa/So/Fei 9–17.45 Uhr, www.herzogstandbahn.de

»KräuterErlebnis«

2012 wurde in der Ludwigstraße 5 in Bad Tölz das Kräuter-Erlebnis-Zentrum e. V. eröffnet. Hier wird koordiniert, was Kräuterpädagoginnen, Land- und Gastwirte, Gärtner und Wanderführer der Kräuter-Erlebis-Region zum Thema beitragen – eine ganze Menge!
www.toelzer-land.de/purerleben

7 Freilichtmuseum Glentleiten

500 Jahre (Berg-)Landwirtschaft in Bayern sind auf dem schönen Wald- und Wiesenhang oberhalb von Großweil zu besichtigen: alte Bauernhöfe, Werkstätten, Handwerkshäuser, Kapellen und Mühlen aus vielen ländlichen Gebieten Oberbayerns, überwiegend aus dem 17. und 18. Jh. Die Szenerien im Inneren der Häuser sind absolut authentisch, von der Möblierung bis zur Bettwäsche. Dass all die Werkzeuge und Maschinen der Seiler, der Hafner, der Weber und Wetzsteinmacher immer noch funktionieren, wird tagtäglich demonstriert. Und es kommen ständig neue Objekte dazu. Große und kleine Besucher freuen sich außerdem über die Berg-, Stein- und Brillenschafe, über Bayerische Landgänse, Süddeutsche Kaltblutpferde und Murnau-Werdenfelser Rinder, die das Museumensemble aufs Netteste beleben. Auch für Speis und Trank ist gesorgt: in der Museumsgaststätte, eingerichtet in einem herrlichen Bundwerkstadel von 1855, im Biergarten am Salettel und im Kramerladen.

An der Glentleiten 4, Großweil, Tel. +49 88 51/1 85 10, Mitte März–Anf./Mitte Nov. Di–So 9–18 Uhr, Juni–Sept. auch Mo, www.glentleiten.de

Hotels

Kolberbräu
35 Zimmer bietet der schöne Hotelbau mitten in der guten Stube von Bad Tölz. Wer Wert auf Ambiente legt und auf ausgedehnte Wellnesslandschaften verzichten kann, bekommt gediegenen 3-Sterne-Komfort, teilweise mit Bauern- und Biedermeier-Mobiliar – und natürlich die bekannte bayerische Küche in den traditionsreichen Gaststuben.
Marktstr. 29, Bad Tölz, Tel. +49 80 41/7 68 80, www.kolberbraeu.de

Landhaus Iris
Sympathisches, familiengeführtes Hotel in der Nähe des Tölzer Kurparks – oldschool im besten Sinn. Die Zimmer sind klein und individuell, der Service ist sehr persönlich. Größtes Problem ist das Frühstücksbuffet – es ist so gut, dass man vielleicht später loskommt als geplant.
Buchenerstr. 26, Bad Tölz, +49 80 41/7 83 60, www.landhaus-iris.de

Landhotel Herzogstand
Schönes Hotel mit zehn Themenzimmern mitten in Kochel. Die Zimmereinrichtung ist sehr bayerisch und sehr individuell, das WLAN gibt es umsonst. Den Start in den Tag zwischen Franz-Marc-Museum, Kochelsee und, na klar, Herzogstandgipfel erleichtert ein feines Frühstücksbuffet, ausgezeichnet mit dem »Best Breakfast Award«.
Herzogstandweg 3, Kochel am See, Tel. +49 88 51/3 24, www.herzogstand.de

Logenplatz mit Top-Aussicht: Die Tegernseer Hütte (1650 m) zählt zu den schönsten Berghütten der Region.

05 Tegernsee und Schliersee

Bevor man über den Stau schimpft, der sich hier an schönen Wochenenden zuverlässig bildet, sei erstens daran erinnert, dass man sich gewissermaßen im erweiterten Stadtgebiet von München befindet, und zweitens, dass man sehr gut mit der Bahn herkommt. Und drittens, dass es sich eben auch um eine sehr attraktive Region handelt! Zwischen Tegernsee und Schliersee, Kreuth und Bayrischzell schlägt das Herz des bayerischen Oberlands. Das macht es als Urlaubsziel ebenso begehrenswert wie als Naherholungsgebiet zu jeder Jahres- und Tageszeit. Egal, ob man den Tag am Ufer der beiden Seen verbummelt, in ihnen schwimmt oder auf ihnen segelt, ob man mit dem Rad um sie herum oder mit dem Mountainbike auf die Almen fährt, ob man Kaffee und Kuchen an der Uferpromenade oder Bier und Brezen auf den Sonnenterrassen der vielen Berggastwirtschaften genießt: Alles geschieht hier mit einer sehr angenehmen Grundgemütlichkeit. Man entdeckt immer wieder etwas Neues und kommt gern wieder. Bergbahnen erschließen auch den weniger Ehrgeizigen die schönsten Panoramen, vom Wallberg hinter Rottach-Egern etwa oder, besonders spektakulär, vom Wendelstein mit seiner berühmten Zahnradbahn. Ansonsten herrscht ein durchaus faszinierendes Neben- und Miteinander von neorustikalem Schick, traditioneller Bodenständigkeit und jugendlicher Hipness, die man nirgends besser erleben kann als im legendären Bräustüberl des ehemaligen Klosters Tegernsee.

Alpenregion Tegernsee Schliersee,
Hauptstr. 2, Tegernsee,
Tel. +49 80 22/9 27 38 90,
www.tegernsee-schliersee.de

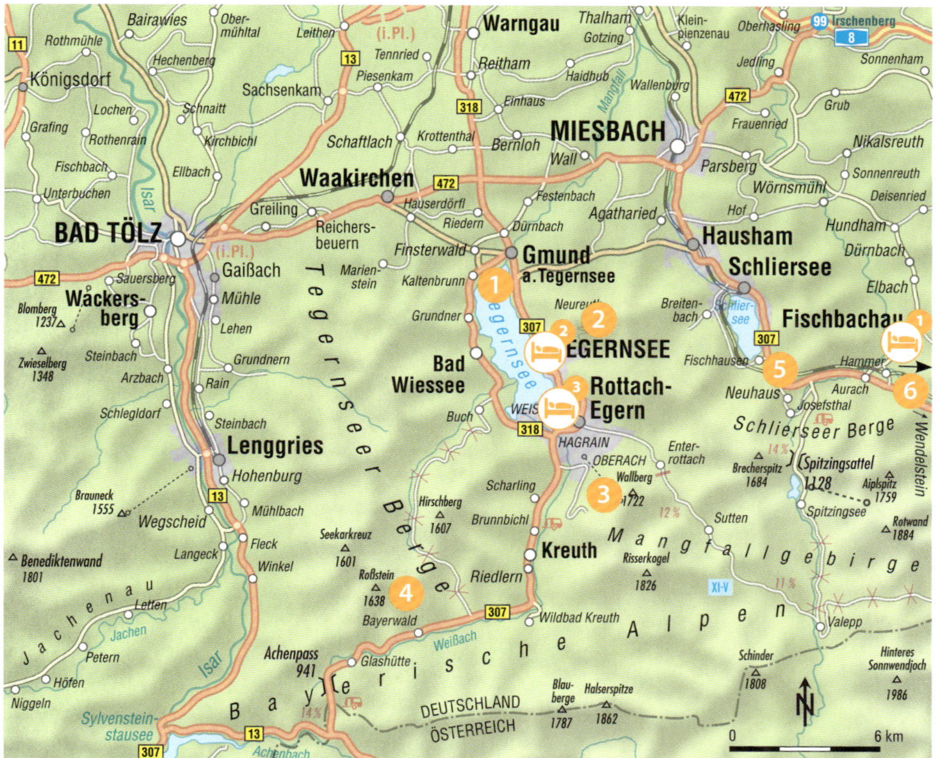

1 Rund um den Tegernsee
2 Neureuth und Riederstein
3 Wallberg
4 Zur Tegernseer Hütte
5 Markus Wasmeier Freilichtmuseum
6 Wendelstein
Hotel 1 Alpenhof
Hotel 2 Das Tegernsee
Hotel 3 Park-Hotel Egerner Höfe

1 Rund um den Tegernsee

Die Strecke misst 20,4 km und ist auch mit nicht elektrifizierten Fahrrädern leicht zu schaffen. Wobei man die Tour problemlos zum ausgefüllten Tagesprogramm erweitern kann, wenn man »mitnimmt«, was unterwegs zu sehen und zu tun ist. Los geht's am Schlossplatz vor dem Gebäudekomplex des ehemaligen Klosters Tegernsee. Mitte des 8. Jh. gegründet und 1803 säkularisiert, dient es heute in erster Linie als Fotomotiv und natürlich als Standort des Bräustüberls. Etwas oberhalb im Kurgarten steht das kleine, feine Gulbransson-Museum (Kurgarten 1, Di–So 10–17 Uhr, www.olaf-gulbransson-museum.de). Hier sind neben wechselnden Ausstellungen vor allem die Werke des großen Karikaturisten Olaf Gulbransson (1873 bis 1958) zu sehen, der sich im Jahr 1929 am Tegernsee niederließ. Ein wortwörtlich heißer Tipp ist die »monte mare«-Seesauna (Hauptstr. 63, tgl. 10–21/23/24 Uhr, www.monte-mare.de) mit ihrem schönen Innen- und Außenbereich und dem fest vertäuten Saunaschiff »Irmingard«. Hinter Gmund genießt man am Nordufer den allerschönsten Blick über den See hinweg auf den Wallberg. Bad Wiessee, gegenüber von Tegernsee, bietet Kur- und Gesundheitsgästen alles, was sie sich wünschen. Rottach-Egern, am Südufer gelegen, hat schicke Hotels und das große Gelände des See- und Warmbads (Nördliche Hauptstr. 35, Mitte Mai–Mitte Sept. ab 9, Juni/Juli/Aug. Mi, So ab 7 Uhr). Schöne Strandbäder findet man aber auch in den Orten. Viel Spaß macht daneben eine »Schifferlfahrt« über den See (www.seenschifffahrt.de); Achtung: Fahrräder darf man nur auf der »Tegernsee« und der »Rottach-Egern« in begrenztem Umfang mitnehmen.

Tourist Info: Hauptstr. 2, Tegernsee, Tel. +49 80 22/9 27 38 60, www.tegernsee.com

2 Neureuth und Riederstein

Diese Wanderung verbindet zwei der schönsten und beliebtesten Berggasthäuser über dem Tegernsee in einer prächtigen Rundtour. Vom Bahnhof geht es am Luxushotel »Das Tegernsee« vorbei in den Wald und auf einem der bezeichneten Wege, zuletzt über einen weiten Wiesenrücken, bequem hinauf zum Berggasthof Neureuth (1263 m, tgl. ab 8.30 Uhr, Mo Ruhetag) mit seiner riesigen Aussichtsterrasse. Ein breiter Weg führt dahinter weiter und über den lang gezogenen Rücken der Gindelalmschneid (1335 m) hinab zu den Wiesen der Kreuzbergalm. Man kann vom Sattel hinter der Alm entweder auf dem breiten Weg direkt zum Berggasthaus Galaun am Riederstein gehen oder, viel schöner, mit einem Umweg über die Baumgartenschneid (1448 m); Vorteil: der grandiose Gipfelblick und der Abstecher zum pittoresken Kirchlein des Riedersteins, den man beim Abstieg »mitnimmt«. Auch wer gleich zum schön zwischen Bäumen gelegenen Galaun-Gasthaus (1060 m, Di Ruhetag) wandert, sollte den Aufstieg über den Kreuzweg zu der unverschämt malerisch auf dem Felszipfel erbauten Kapelle machen. Durch das Alpbachtal geht es dann hinunter nach Tegernsee.

Start und Ziel am Bahnhof Tegernsee, Gehzeit: 4,5 Std., mit Baumgartenschneid 5,5 Std.

3 Wallberg

Bei guter Sicht ist die Fahrt mit der netten Seilbahn zum trapezförmigen Wallberg hinter Rottach-Egern höchst empfehlenswert. Oben genießt man ein tolles Panorama und im Panoramarestaurant bayerische Hausmannskost. Man kann auch dem bunten Treiben der Gleitschirmflieger zuschauen – oder sich per Tandem gleich ins Tal fliegen lassen (paragliding tegernsee.info). In jedem Fall sollte man von der Bergstation (1604 m) nicht nur den kurzen Spaziergang hinüber zum hübschen Wallberg-Kircherl machen, sondern auch den Aufstieg zum Gipfel (1722 m). Wer sich noch mehr bewegen möchte und trittsicher ist, wandert auf dem wunderbar aussichtsreichen Alpenlehrpfad in gut 2 Std. auf den Risserkogel (1826 m). Auch im Winter, bei guter Schneelage, hat der Wallberg hohe Freizeitqualitäten. Während sich Freerider mit Ski oder Board über die steilen, nicht präparierten Hänge stürzen, genießen Schlittenfahrer die Abfahrt auf der 6,5 km langen Naturrodelbahn – mit 825 m Höhenunterschied!

Wallbergbahn, Wallbergstr. 26, Rottach-Egern, Tel. +49 80 22/70 53 70, tgl. 8.45–17 Uhr, Apr. geschl., www.wallbergbahn.de

Bergfilmfest Tegernsee

Mutige Menschen, die sich an den höchsten, schwersten oder sonstwie herausragenden Bergen versuchen und sich dabei filmen lassen: Damit hat sich das Bergfilmfest in Tegernsee zu einem der bedeutendsten seiner Art entwickelt. Immer im Oktober. www.bergfilm-festival-tegernsee.de

4 Zur Tegernseer Hütte

Ihr Bild ziert ungezählte Postkarten, Kalenderblätter und touristische Werbemedien. Die Tegernseer Hütte (1650 m) ist vermutlich die fotogenste Schutzhütte für Bergsteiger und Wanderer in den bayerischen Alpen. Sie steht mit ihrer spektakulären Terrasse unmittelbar am Rand einer hohen, zerklüfteten Felswand zwischen den nur wenig höheren Gipfeln von Roßstein (1698 m) und Buchstein (1701 m).

Historische Bauernhäuser zeigt das Markus Wasmeier Freilichtmuseum am Schliersee.

Die tolle Immobilie erreicht man auf zwei verschiedenen Wegen. Der bequemere führt vom Parkplatz Klamm/Winterstube hinter Kreuth durch das Schwarzenbachtal und über die Buchsteinhütte hinauf. Die steilere Variante beginnt etwas weiter westlich beim Parkplatz hinter Bayerwald. Nach dem Aufstieg über die Sonnbergalmen muss man sich dann entscheiden: Wer absolut trittsicher und schwindelfrei ist, darf den kurzen, reizvollen Klettersteig von Süden direkt zur Tegernseer Hütte nehmen; im Zweifel sollte man jedoch immer den Bogen um den Roßstein herum schlagen und von »hinten« zur Hütte aufsteigen.

Tegernseer Hütte, Kreuth, Mitte Mai–Anf. Nov., Tel. +49 80 29/9 97 92 62, www.tegernseerhuette.de

5 Markus Wasmeier Freilichtmuseum Schliersee

Heile Welt in Oberbayern – das heißt, die dicken BMWs und Audis bleiben draußen auf dem Parkplatz. Markus Wasmeier, lebende Skirennlegende (u. a. drei Mal Olympia-Gold und einmal Bronze) hat sich im Jahr 2007 südlich des Schliersees sein persönliches Denkmal gesetzt: ein Freilicht-Bauernhof- und -Wintersportmuseum. Die historischen Wohn-, Nutz- und Werkstattgebäude sind tatsächlich wunderschön und sorgfältig konserviert, in den Gärten blüht und summt es nach Kräften, und zwischen den Gebäuden fühlen sich Kühe und Schafe, Schweine, Gänse, Enten und Hühner sichtbar wohl. Natürlich sind auch Küche und Atmosphäre im Museumswirtshaus echt bayerisch – und das Bier wird selbst gebraut, nach (300 Jahre) alter Methode.

Brunnbichl 5, Schliersee/Neuhaus,
Tel. +49 80 26/92 92 20,
April–6. Nov. Di–So/Fei 10–17 Uhr,
www.wasmeier.de

Der Schliersee-Whisky

Tegernsee hat sein berühmtes Bier, Schliersee hat einen Whisky, der »Slyrs« heißt (was man ungefähr »Schlürs« ausspricht) und ebenfalls schon viel Ruhm eingefahren hat. Die Destillerie Lantenhammer produziert daneben Edelbrände, Wodka und einen Premium-Gin.
www.lantenhammer.de

6 Wendelstein

Mit der historischen Zahnradbahn von Brannenburg im Inntal hinauf, mit der Seilbahn nach Bayrischzell hinab: Den Ausflug auf den Wendelstein mit seinem markanten Sendemast darf man auf keinen Fall versäumen. Zum einen wegen der aufregenden Fahrt mit der 1912 eröffneten Zahnradbahn, zum anderen wegen der phänomenalen Aussicht. Dass man die letzten 100 Höhenmeter zum 1838 m hohen Gipfel auf einem in die Felsen gesprengten Weg (Geo-Lehrpfad) zu Fuß zurücklegen muss, sollte niemanden davon abhalten, das zu tun. Hinter der Kuppel der Uni-Sternwarte verbirgt sich übrigens ein beachtliches 2-m-Spiegelteleskop! Zurück an der Bergstation besichtigt man das malerische Wendelstein-Kircherl aus dem Jahr 1890 (tolle Hochzeits-Location!) – Deutschlands höchstgelegenes Gotteshaus – und besucht das Berggasthaus mit seiner Panoramaterrasse. Apropos, selbst wenn der Gipfel in Wolken stecken sollte, bekommt man Spektakuläres zu Gesicht: die Wendelsteinhöhle, die das ganze Gipfelmassiv durchzieht und wegen ihrer Höhenlage als geologische Sensation gilt. Egal, in welcher Richtung man über den Berg reist: Zurück zum Ausgangspunkt geht es am Ende mit der Bus-Ringlinie, die beide Talstationen miteinander verbindet.

Zahnradbahn: Sudelfeldstr. 106, Brannenburg,
Tel. +49 80 34/30 81 10,
Bergfahrt 9–15 Uhr stdl.;
Seilbahn: Osterhofen 90, Bayrischzell,
Tel. +49 80 23/7 82, ab 9.15 Uhr halbstdl.;
www.wendelsteinbahn.de

Hotels

Alpenhof

Kleine Wohlfühloase mit großem Komfort am Fuß des Wendelsteins. Plüschige Zimmer, dazu acht Themensuiten in italienischem, asiatischem oder orientalischem Look – und natürlich auch, standortgetreu, als luxuriöses Almquartier. Dazu gibt es einen 350-qm-Spa mit Pool und Dampfgrotte. Im Restaurant »Seeberg« wird bayerische Küche mediterran interpretiert.
Osterhofen 1, Bayrischzell, Tel. +49 80 23/9 06 50, www.der-alpenhof.com

Das Tegernsee

2016 wurde gebaut: Der sehr schick mit Naturmaterialien gestaltete Spa-Bereich wurde erweitert, dazu gibt es zwei neue Chalets in neoalpinem Design. Die Lage ist unverändert grandios: Schöner und ruhiger kann man den Blick auf See und Berge nicht genießen. Toll sind die Turmsuiten, günstiger ist es in den Landhauszimmern der drei dahinter gestaffelten Zubauten. Gastronomie zwischen Gourmet und Biergarten.
Neureuthstr. 23, Tegernsee, Tel. +49 80 22/18 20, www.dastegernsee.de

Park-Hotel Egerner Höfe

In dem Relais & Châteaux Hotel wird Landhaus-Gemütlichkeit im Stammhaus, modernes Design in den Suiten-Höfen oder schickes Hüttenambiente in den zwei »Almen« geboten.
Aribostr. 19–26, Rottach-Egern, Tel. +49 80 22/66 60, www.egerner-hoefe.de

06 Nationalparkregion Berchtesgaden

Die Sage vom grässlichen König Watzmann und seiner Familie ging für die Untertanen am Ende gar nicht so schlecht aus. Die üble Gesellschaft versteinerte bekanntlich zu jenem fantastischen Bergmassiv, das nicht nur den Hintergrund für wohlhabende Orte wie Berchtesgaden und Ramsau und die sie umgebende Bilderbuchlandschaft abgibt. Heute markiert der Gipfel des Watzmann auf 2713 m Höhe den topografischen Höhepunkt des einzigen deutschen Alpennationalparks, der mit weiteren Naturwundern wie dem Königssee und dem Wimbachgries wahre Völkerwanderungen an Gipfelstürmern und Talbummlern in Bewegung setzt. »Wen Gott lieb hat, den lasset er fallen in dieses Land«, dichtete Ludwig Ganghofer in seiner berühmten »Martinsklause«, und das Berchtesgadener Tourismusmarketing nimmt den Spruch natürlich gern auf. Nicht nur die Natur ist hier etwas Spezielles, auch die Landesgeschichte schlug im Südostzipfel Deutschlands einen Sonderweg ein. Noch bis ins frühe 19. Jh. gehörte die Region nämlich zu Salzburg, das keine 30 km entfernt im Norden liegt – was für den Tourismus am Watzmann kein Nachteil ist. Der spielt seine Stärken trotz zahlreicher Kunst- und Kulturschätze vor allem in den Bereichen (Berg-)Sport, Erholung und Gesundheit aus. Das Netz der herrlichsten Wanderwege ist dicht geknüpft, und mit den Thermen in Berchtesgaden und – vor allem – Bad Reichenhall ist man auch auf dem Markt der Wohlfühlangebote bestens aufgestellt.

Tourist Info: Maximilianstr. 9, Berchtesgaden, Tel. +49 86 52/6 56 50 50, www.berchtesgadener-land.com

Lautlos gleiten die Elektroboote über den Königssee zur Halbinsel Hirschau mit der berühmten Wallfahrtskapelle St. Bartholomä.

1 Königssee und St. Bartholomä

Um 8 Uhr legt in der Hauptsaison das erste Boot ab, dann geht es Schlag auf Schlag. 18 große Boote, alle mit Elektroantrieb, erschließen Urlaubern eine Naturkulisse, wie man sie in den Rocky Mountains vermutet, nicht aber in Deutschland. Der Königssee, Mittelpunkt des Nationalparks Berchtesgaden, ist 8 km lang ist und bis zu 190 m tief. Hohe Steilflanken fassen ihn auf beiden Seiten ein. Schon kurz hinter der Seelände im Norden beschreibt der See einen kleinen Knick, und jeder Blick zurück in die Zivilisation ist versperrt. Links Wasserfälle, rechts Felswände, der Bootsführer spielt die Trompete, und die Felsen werfen das Echo zurück. Dann erscheint auf der rechten Seite, sehr weit oben, der Watzmann (2713 m). Und endlich sieht man auch vorne am Ufer die Zwiebeltürmchen und die Kuppeldächer. St. Bartholomä heißt das Gebäudeensemble auf der flachen Halbinsel Hirschau am Westufer des Königssees. Neben der Wallfahrtskirche, im ehemaligen Jagdschloss der Wittelsbacher, wird Bier ausgeschenkt – bei gutem Wetter natürlich im Biergarten. Ein schöner Weg (1 Std.) führt bis an den Fuß der himmelhohen Watzmann-Ostwand, wo Lawinenschnee die »Eiskapelle« gebildet hat, eine Art Mini-Gletscher, aus dem sich der Eisbach ergießt. Wer mehr Ruhe haben möchte, fährt von Bartholomä weiter zum Ende des Sees bei der Saletalm, wandert auf dem bequemen Weg zum kleineren Obersee und an seinem Ufer entlang zur Fischunkelalm (45 Min.). Romantischer wird's wirklich nicht. Am spektakulärsten ist der Blick über den Königssee und auf

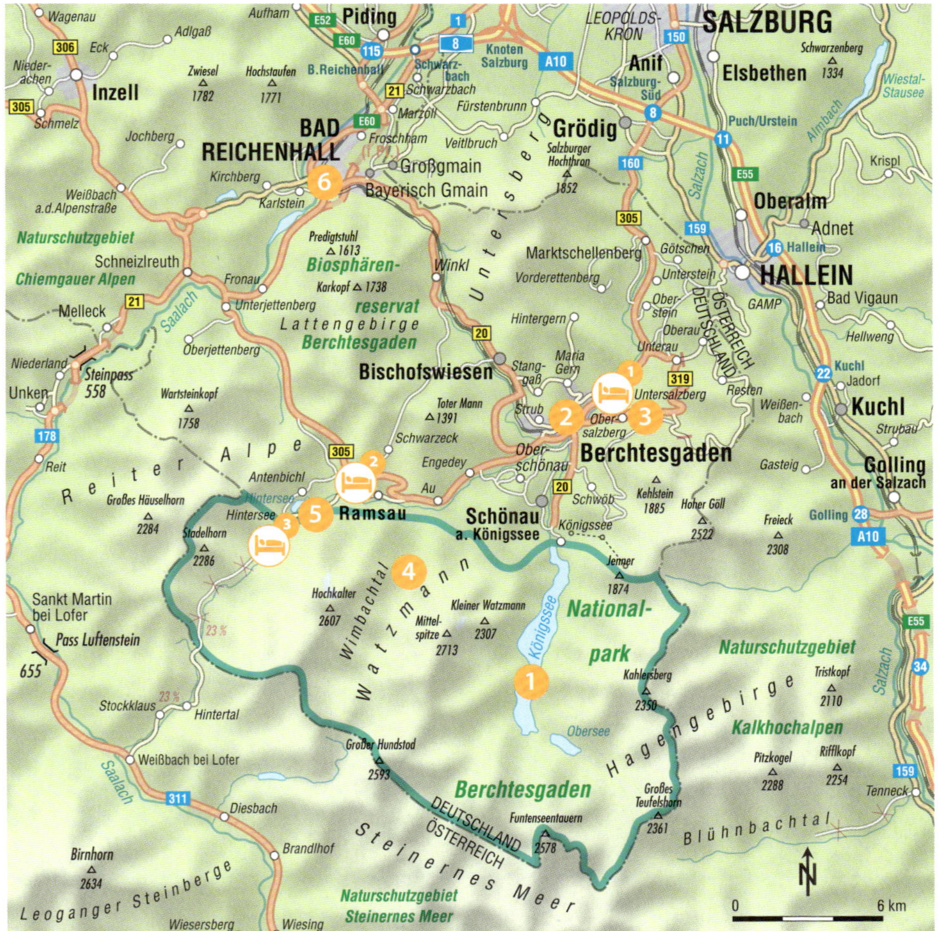

- 1 Königssee und St. Bartholomä
- 2 Berchtesgaden
- 3 Rossfeld, Kehlstein und Obersalzberg
- 4 Wimbachtal
- 5 Ramsau und Hintersee
- 6 Bad Reichenhall
- 1 Kempinski Berchtesgaden
- 2 Berghotel Rehlegg
- 3 Gasthof Auzinger

die fast 2000 m hohe Watzmann-Ostwand von oben: vom Jenner (1874 m), auf den die Seilbahn von Königssee (Jennerbahnstr. 18, tgl. 9–16.30/17 Uhr, Nov.–Mitte Dez. geschl., www.jennerbahn.de) bis knapp vor den Gipfel des Berges führt.

Schifffahrt Königssee, Seestr. 55, Schönau am Königssee, Tel. +49 86 52/9 63 60, www.seenschifffahrt.de, www.koenigssee.com

2 Berchtesgaden

Das Salz hat den Markt, der bis 1810 zu Salzburg gehörte, reich gemacht. Wo man es aus dem Berg herausholte, strömen heute die Besucher hinein – ins historische, multimedial aufgerüstete Salzbergwerk mit seinen netten Holzrutschen (Bergwerkstr. 83, Mai–Okt. tgl. 9–17, Nov.–April tgl. 11–15 Uhr, www.salzbergwerk.de). Im Jahr 2017 feiert man hier 500. Geburtstag – mit Sonderausstellungen, Präsentationen und Veranstaltungen. Danach schnell zurück ans Tageslicht: Mit den Türmen von Stifts- und Pfarrkirche vor der fast unwirklichen Kulisse des Watzmann-Massivs zeigt sich Berchtesgaden von seiner Schokoladenseite. Im Königlichen Schloss (Schlossplatz 2, Mitte Mai–Mitte Okt. So–Fr 10–13, 14–17, übrige Zeit Mo–Fr 11, 14 Uhr, www.schloss-berchtesgaden.de) wird das Ansehen des bayerischen Königshauses hochgehalten, die Stiftskirche präsentiert eine stimmungsvolle Mischung von romanischen und gotischen Stilelementen. Oberhalb des Bahnhofs dient das Haus der Berge (Hanielstr. 7, tgl. 9–17 Uhr, www.haus-der-berge.bayern.de) als Ausstellungs- und Informationsstelle. Hier werden auch die umfangreichen Wanderprogramme der Nationalparkverwaltung koordiniert.

Tourist Info: Maximilianstr. 9, Berchtesgaden, Tel. +49 86 52/9 44 53 00, www.berchtesgaden.de

Almabtrieb

Ist im Almsommer kein Tier zu Schaden gekommen, werden die Kühe prächtig geschmückt und, je nach Witterung, im September oder Oktober zu Tal getrieben. Am spektakulärsten ist der Almabtrieb über den Königssee – per Boot.
www.berchtesgadener-land.com

3 Rossfeld, Kehlstein und Obersalzberg

Natur »erfahren«, im wahren Wortsinn – mit dem Auto. Auf der Rossfeld-Höhenstraße (www.rossfeldpanoramastrasse.de) sammelt man schönste Gebirgspanoramen am laufenden Kilometer. Starten kann man östlich von Berchtesgaden via Obersalzberg oder etwas weiter bei Unterau. Der mautpflichtige, 15,4 km lange Straßenring wurde 1937–40 erbaut. Man kurvt hinauf bis auf 1600 m, bewundert den Hohen Göll (ganz nah), Watzmann und Hochkalter (weiter weg) und auf der anderen Seite die Salzkammergutberge mit dem Dachstein. Vom Ahornkaser empfiehlt sich der Abstecher zum toll gelegenen Purtschellerhaus (1692 m). Ein zweiter Abstecher führt vom Obersalzberg auf den Kehlstein (1885 m), der eine noch überwältigendere Rundschau bietet. Hinauf kommt man aber nur mit dem Spezialbus (Tel. +49 86 52/20 29) und durch einen Tunnel mit anschließendem Lift – direkt ins ehemalige Teehaus Adolf Hitlers, das heute ein »Führer«-loser, aber gut geführter Berggasthof ist. Unten, auf dem Obersalzberg (1020 m), stand bis 1945 Hitlers Berghof, der ab 1933 zum zweiten Regierungssitz nach Berlin ausgebaut worden war. Der dunklen Geschichte des so idyllischen Ortes widmet sich heute die eindrucksvolle Dokumentation Obersalzberg (Salzbergstr. 41, April–Okt. tgl. 9–17, Nov.–März Di–So 10–15 Uhr, Tel. +49 86 52/94 79 60, www.obersalzberg.de).

Riesige Wasserräder trieben einst die Solepumpen der Saline in Bad Reichenhall an.

Rossfeld-Panoramastraße ganzjährig, Kehlstein Mitte Mai–Ende Okt., Tel. +49 86 52/96 70, www.berchtesgaden.com

4 Wimbachtal

Es ist der Weg in eine der grandiosesten Landschaften Deutschlands: vom Parkplatz bei der Wimbachbrücke hinein ins Wimbachtal. 1500 m tief eingeschnitten zwischen den gewaltigen Massiven von Hochkalter (2607 m) und Watzmann (2713 m), zieht es sich hinauf zum Wimbachgries.

Der lange, aber nirgends schwierige Aufstieg kann kurz hinter dem Parkplatz mit der (optionalen) Durchquerung der malerischen Wimbachklamm begonnen werden. Auch die Rast im hübschen Berggasthaus Wimbachschloss, auf halber Strecke, ist optional, wenngleich höchst verlockend. Weiter geht es am Rand des 10 km langen, von Bäumen und Sträuchern gesäumten Schuttstroms hinauf bis in den Talschluss, wo sich eine faszinierende Geröllwüste öffnet, die von den bizarren Felsspitzen der Palfelhörner überragt wird. Hier steht die im Sommer bewirtschaftete Wimbachgrieshütte (1327 m, Tel. +49 86 57/3 44, www.wimbachgrieshütte.de) mit ihrem traumhaften Biergarten. Zurück geht es auf demselben Weg (Gehzeit insges. 5 Std.).

Start bei der Nationalpark-Infostelle Wimbachbrücke, Wimbachweg 2, Ramsau, Tel. +49 86 50/14 31, www.nationalpark-berchtesgaden.bayern.de

5 Ramsau und Hintersee

Seit 2015 ist Ramsau offizielles »Bergsteigerdorf« nach den Kriterien des Alpenvereins für sanften Tourismus. Die etwas abgeschiedene Lage ist heute Trumpf: Besuchern steht ein großartiges Netz von Spazier- und Wanderwegen in jeder Höhenlage zur Verfügung. Viele Touren starten beim Wahrzeichen des Orts, der Pfarrkirche St. Sebastian gegenüber dem netten Bergsteiger-Café. Am Südufer der Ramsauer Ache führt ein Fußweg zum »Zauberwald« mit seinen von Bäumen, Farnen und Moosen überwachsenen Felsblöcken und zum Hintersee. Man kann auch mit dem Auto bis zum Parkplatz hinter dem See fahren (Gebühr). Zu Fuß (gut 2,5 Std.), mit dem Fahrrad oder mit dem Almerlebnisbus (Ende Mai–Anf. Okt., www.almerlebnisbus.de) kommt man durch das wildromantische Klausbachtal hinauf zur Bindalm kurz vor der Passhöhe des Hirschbichl (1183 m, Alpengasthaus).

Tourist-Info: Im Tal 2, Ramsau, Tel. +49 86 57/98 89 20, www.ramsau.de

6 Bad Reichenhall

Schon im 19. Jh. sorgten Solequellen für die Entwicklung des Heilbads. Das »reiche Hal« (Hal = kelt. Salz) war aber schon mehr als 1000 Jahre früher bekannt und begehrt. Vom 17. bis ins frühe 19. Jh. wurden Soleleitungen nach Traunstein, Rosenheim und Berchtesgaden gebaut. Ein Besuch der alten Saline (Alte Saline 9, Mai–Okt. tgl. 10–16, Nov.–April Di–Sa 11–15 Uhr, www.alte-saline.de) ist Pflicht, weil sie mit ihrem äußerst fotogenen alten Maschinenpark ein Industriedenkmal darstellt, wie man es in Bayern kaum ein zweites Mal findet. Ebenfalls Technikhistorie ist die 1928 erbaute Seilbahn auf den Predigtstuhl (Südtiroler Platz 1, tgl. 9–16/17 Uhr, www.predigtstuhlbahn.de) – die älteste im Originalzustand erhaltene und ganzjährig verkehrende Großkabinenseilbahn der Welt. Oben bieten sich ein großartiges Panorama sowie die Gelegenheit zu größeren und kleineren Höhenwanderungen.

Tourist-Info: Wittelsbacher Str. 15, Tel. +49 86 51/60 60, www.bad-reichenhall.com

Hotels

Kempinski Berchtesgaden

Aus 1000 m Höhe blickt man über das Tal von Berchtesgaden auf die schönste Alpenlandschaft. Eine echte Schau ist der Spa-Bereich. Die Zimmer – viel Glas, aber auch Naturstein, edles Holz und ein Farbspektrum im warmen Bereich – bieten zum Bergpanorama allen erdenklichen 5-Sterne-Komfort. Im Top-Restaurant »Le Ciel« wird klassisch-moderne französische Gourmetküche auf Sterneniveau geboten.
Hintereck 1, Berchtesgaden/Obersalzberg, Tel. +49 86 52/97 55 0, www.kempinski.com/de/berchtesgaden

Berghotel Rehlegg

Klimaneutraler Leitbetrieb im »Bergsteigerdorf« Ramsau mit Blick auf Reiteralm, Hochkalter und Watzmann. 4-Sterne-Superior-Standard mit geballter Öko-Power, mit Solarthermie, Photovoltaik, Blockheizkraftwerk, regionaler Bioküche (u.a. feine Wildgerichte) und dem Tesla des Hotelchefs vor der Tür.
Holzengasse 16–18, Ramsau, Tel. +49 86 57/9 88 40, www.rehlegg.de

Gasthof Auzinger

Das älteste Gasthaus am Hintersee ist ideal für Wanderer gelegen. In den Zimmern gibt es bäuerliche Antiquitäten, im Restaurant bayerische Küche. Der berühmte Schweinebraten wird im 150 Jahre alten Holzofen zubereitet.
Hirschbichlstr. 8, Ramsau-Hintersee, Tel. +49 86 57/2 30, www.auzinger.de

Österreich

»Übrigens: Das Bergsteigen wird durch die Existenz von Bergen sehr erschwert.«

Jan Rys
(österreichischer Schriftsteller)

07 Montafon

Drei sehr unterschiedliche Gebirgsgruppen bestimmen das Landschaftsbild im äußersten Südwesten Österreichs, an der Grenze zur Schweiz: im Westen die schroffen, hellgrauen Kalkspitzen des Rätikon, im Norden und Osten die weiten, von dunklen Graten gekrönten Täler und Höhen des Verwallgebirges und im Süden die vergletscherten Dreitausender der Silvretta. Dazwischen verläuft das Montafon, ein Bergtal wie aus dem Bilderbuch. Es beginnt in der Stadt Bludenz, dem Zentrum des Vorarlberger Oberlands mit seiner mittelalterlichen Stadtbefestigung und der äußerst reizvollen, beinahe südländisch anmutenden Altstadt. Und es endet auf der Bielerhöhe in der Silvretta, am Fuß des berühmten Piz Buin (3312 m) und an der Grenze zum Land Tirol. Dazwischen findet man so ziemlich alles, was Menschen an den Bergen begeistern kann – und was schon Besucher wie Ernest Hemingway begeisterte, der Mitte der 1920er-Jahre im Montafon seine Liebe zum Skifahren entdeckte. Ski gefahren wird hier immer noch, und wie. Außerdem wird zwischen all den modernen Liftanlagen auch im Sommer Sport gemacht, sehr gern mit dem Mountainbike, aber natürlich auch zu Fuß, auf einem schier endlosen Netz von Wegen und Routen in jeder Höhenlage und in allen Schwierigkeitsgraden. Wie schön, dass die malerischen Kulturlandschaften mit ihren Bergwiesen und den typischen alten Walserhäusern zwischen den großen Talorten Tschagguns, Schruns und Gaschurn sowie in den Seitentälern – besonders in Bartholomäberg und Silbertal – in weiten Teilen erhalten geblieben sind.

Montafon Tourismus, Silvrettastr. 6, Schruns, Tel. +43 50/66 86, www.montafon.at

Der Lünersee zählt zu den größten Seen in Voralberg und ist Ausgangspunkt für viele spektakuläre Wanderungen.

1 Bartholomäberg

Gleich oberhalb von Tschagguns erstreckt sich auf der sonnigen, wenig bewaldeten Bergflanke zwischen 600 und 1300 m Höhe die Gemeinde Bartholomäberg mit ihren weit verstreuten Häusern. Schon vor 5000 Jahren dürften Menschen hier gelebt haben, und von der Bronzezeit bis weit über das Mittelalter hinaus holten sie Eisen, Kupfer und Silber aus dem Berg. Seit dem Jahr 2010 kann man das behutsam restaurierte Bergwerk oberhalb des Ortes besichtigen (Mitte Juni–Mitte Okt. Mi, Fr, So 13–17 Uhr, nähere Info beim Tourismusbüro Bartholomäberg, s. u.). Der Aufstieg zum Bergwerk dauert zu Fuß ca. 50 Min., er beginnt bei der berühmten Hallenkirche St. Bartholomäus, einem barocken Wunderwerk mit herrlichen Altären – darunter der gotische Knappenaltar von 1525 – unter einer hölzernen Kassettendecke.

Tourismusbüro Bartholomäberg, Dorf 16,
Tel. +43 50/6 68 62 20,
www.montafon.at/bartholomaeberg

Österreichs Wanderdörfer

Tschagguns, Partenen und 36 weitere Orte gehören zum Verbund der österreichischen Wanderdörfer. Diese haben sich eine nachhaltige Tourismuswirtschaft und die professionelle Betreuung wanderinteressierter Menschen auf die Fahnen geschrieben. Alle Dörfer, Regionen, Gastgeber u. v. m. unter: www.wanderdoerfer.at

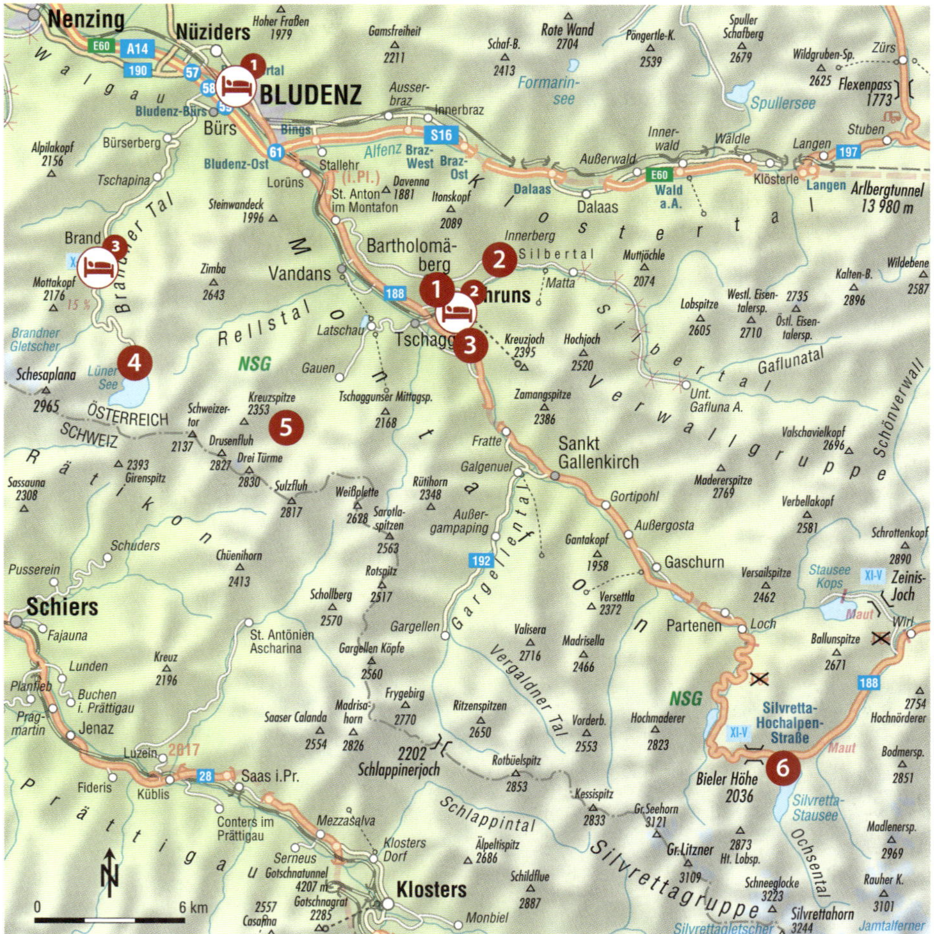

1 Bartholomäberg
2 Silbertal
3 Aktivpark Montafon
4 Zum Lünersee im Brandnertal
5 Zur Lindauer Hütte im Gauertal
6 Silvretta-Hochalpenstraße/Bielerhöhe
Hotel 1 Schlosshotel Dörflinger
Hotel 2 Alpenhotel Montafon
Hotel 3 Valavier Aktivresort

2 Silbertal

Hinter Bartholomäberg, von Tschagguns aus auch direkt zu erreichen, führt das Silbertal fast 20 km weit in das Verwallgebirge. Auch die gleichnamige Gemeinde ist, der Name verrät es, historisch vom Bergbau geprägt. Im Gemeindeamt ist das Montafoner Bergbaumuseum (Juni–Okt. Di–Fr, So 14–18 Uhr) untergebracht. Die Seilbahn auf den lang-gezogenen Höhenrücken des Kristbergs (Dorfstr. 19, www.kristbergbahn.at) erschließt neben der schönen Aussicht auch den 2,7 km langen »Silberpfad« und den »Weg der Erkenntnis« – letzterer ein Archäologie-Lehrpfad – sowie im Winter eine wunderbare Panoramaloipe. Das kunsthistorische Kleinod auf dem Kristberg ist die gotische Knappenkirche St. Agatha. Zu Fuß, mit Fahrrad oder Wanderbus (bis zur Unteren Alpe Gafluna, Mitte/Ende Juni bis Mitte Sept., witterungsabhängig Di, Fr) kommt man ins hintere Silbertal, das als Natura-2000-Gebiet unter strengem Naturschutz steht. Gerade im obersten Talabschnitt, der ungeheuer weiten Ebene der Freschalpe mit ihren vielen Wasserläufen und Seen unterhalb des Silbertaler Winterjöchles (1945 m) sind die Landschaftseindrücke überwältigend. Schwer beliebt, besonders bei Familien mit Kindern, sind Lama-Trekkings, die der Lama-Züchter Horst Kuster in Bartholomäberg und Silbertal durchführt (Tel. +43 664/3 42 65 20, www.mymontafon.com).

Tourismusbüro Silbertal, Zentrum 256, Tel. +43 50/6 68 62 30, www.montafon.at/silbertal

»bewusstmontafon«

Bewusst heimische Produkte aus dem Montafon kaufen – für eine gepflegte Landschaft und gesunde Lebensmittel. Das Logo »bewusstmontafon« tragen Betriebe, die Produkte der Montafoner Landwirte verwenden und Mitglied des gleichnamigen Vereins sind. www.bewusstmontafon.at

3 Aktivpark Montafon

Manchmal will man einfach nur Spaß haben. Im Aktivpark Montafon bekommt man ihn, auf mehr als 80000 qm Fläche, outdoor und indoor, zu jeder Jahreszeit – was bedeutet, dass man im Sommer eislaufen und im Winter (im Alpenbad) baden kann. Unter dem Zeltdach springt man Trampolin, saust auf Minicars, spielt Tischfußball und macht viele andere Sachen, draußen vergnügt man sich im Erlebniswald auf Hängebrücken, Seilbahnen, Rutschen und Schaukeln, in der Halfpipe im Skatepark oder – ganz oldschool, aber zeitlos nett – beim Minigolfen. Die »Aquaszene« im Alpenbad Montafon bietet neben dem Naturbadeteich samt Sprungfelsen auch ein Erlebnisbecken mit Strömungskanal und einer 70 m langen Röhrenrutsche. Beachvolleyball wird natürlich auch gespielt – auf zwei Plätzen.

Schwimmbadstr. 1, Tschagguns, Tel. +43 55 56/72 43 52 01, unterschiedliche Öffnungszeiten, www.aktivpark-montafon.at

4 Zum Lünersee im Brandnertal

Im Westen von Bludenz zweigt die Straße ins Brandnertal ab – zuerst steil und mit vielen Kurven ins hübsche Bergdorf Bürserberg, danach immer gerade taleinwärts nach Brand (1037 m), einem Bilderbuch-Urlaubsort fürs ganze Jahr: ringsum von hohen Bergen umgeben, mit herrlichen Wanderwegen, Bikerouten und sogar einem 18-Loch-Golfplatz (www.gcbrand.at) für den Sommer, mit

Die Mountainbike-Routen im Silbertal sind auch für Familien geeignet.

einem ausreichend großen Skigebiet (64 km Pisten inkl. Skirouten), Loipen, Winterwanderwegen und Hundeschlittentrails für den Winter. Hinter dem Ort kann man im Sommer zur Talstation der Lünerseebahn (www.luenerseebahn.at) hinauffahren. An der Bergstation bei der Douglasshütte (1980 m) beginnt die 2 Std. dauernde Umrundung des eindrucksvollen, tiefblauen Stausees. Ausdauernde und geübte Bergwanderer können vom Westufer des Lünersees über die Totalphütte den Gipfel der Schesaplana (2965 m, 3,5 Std.) erreichen, die den Talboden von Brand majestätisch überragt und ihren Besuchern einen phänomenalen Rundumblick schenkt. Auch den tollen, aber schwierigen Klettersteig auf den Saulakopf (2517 m) erreicht man vom See.

Brandnertal Tourismus, Mühledörfle 71, Brand, Tel. +43 55 59/5 55, www.brandnertal.at

5 Zur Lindauer Hütte im Gauertal

Gleich unter dem »Bewegungsberg« Golm (Seilbahnstraße 1, Tschagguns-Vandans, www.golm.at) mit seiner Ganzjahres-Bespaßungsinfrastruktur – Seilbahnen und Lifte, Flying Fox, Alpine Coaster, Waldseilpark – beginnt eines der schönsten Täler Vorarlbergs. Vom Parkplatz hinter dem kleinen Stausee in Latschau (983 m), oberhalb von Tschagguns, führt der bequeme, auch im Winter offene Weg hinein ins Gauertal, in 3 Std. auf die fantastische Kulisse der Drei Türme (2830 m) zu und bis zur wunderbar gelegenen Lindauer Hütte (1744 m; www.lindauerhuette.at) mit ihrem Alpengarten. Alternativ kann man auch den ebenso einfachen wie schönen und nur 2 Std. langen Latschätzer Höhenweg von der Seilbahn-Bergstation am Golm (1890 m) nehmen oder, noch eine Etage höher, den alpinen Golmer Höhenweg über das Golmer Joch und die Geißspitze (2334 m).

Tourismusbüro, Latschaustr. 1, Tschagguns, Tel. +43 50/6 68 62 10, www.montafon.at/schruns-tschagguns

Montafoner Sommer

Kultur aus dem Montafon für das Montafon: Überwiegend heimische Künstler zeigen im August und September, was sie können, egal ob Jazz oder Klassik, Kammer- oder Volksmusik. Musiziert wird an vielen verschiedenen Orten in der ganzen Region. www.montafon.at/montafoner-sommer

6 Silvretta-Hochalpenstraße/ Bielerhöhe

Hinter der Mautstelle bei Partenen/Gufelgut (1113 m) wird die B188 zur Silvretta-Hochalpenstraße. In vielen Kehren führt sie zum Vermuntstausee (1704 m) und weiter zum großen Silvretta-Stausee bei der Bielerhöhe (2037 m), dem Übergang Richtung Galtür und Ischgl. Auf der Passhöhe kann man im Restaurant Silvrettasee oder im modernen Hotel Silvretta-Haus einkehren. Und man kann zu eindrucksvollen Bergwanderungen aufbrechen: ins Klostertal oder ins Ochsental Richtung Wiesbadener Hütte am Fuß der Gletscherkulisse um den Piz Buin (3312 m). Sehr lohnend ist auch der Aufstieg durch das Bieltal zum Hohen Rad (2934 m). Im Winter wird die riesige weiße Ebene über dem zugefrorenen See zum Dorado für Winterwanderer und Skilangläufer auf der einzigartigen »Loipe 2000«. Mit der Vermuntbahn ab Partenen und Kleinbussen kommt man auf die verschneite Passhöhe.

Tel. +43 55 56/70 18 31 67, Juni–Okt., witterungsabhängig, www.silvretta-bielerhoehe.at

Hotels

Schlosshotel Dörflinger
Oberhalb der Altstadt von Bludenz steht unübersehbar das »Panorama Hideaway«. Es bietet 4-Sterne-Komfort in 40 Zimmern und feine Regionalküche mit modernem Einschlag. Spezielle Golf-Arrangements.
Schloss-Gayenhof-Platz 5, Bludenz, Tel. +43 55 52/6 30 16, www.schlosshotel.cc

Alpenhotel Montafon
Zuerst fällt der parkartige Außenbereich auf, innen werden komfortable Zimmer im modernen Landhausstil geboten. AlpenSPA mit Sanarium, Sauna, Dampfbad, Tepidarium und Whirlpool. Verführerisch sind die vielen Gelegenheiten zum Naschen (Salate, Kuchen) und Nippen (Tees, Säfte) zwischen Frühstück und abendlichen Gourmetmenüs. Sehr praktisch ist der kostenlose Fahrradverleih (E-City Bikes, City Bikes, Kinderräder und Rad mit Kinderanhänger).
Silvrettastr. 175, Schruns, Tel. +43 55 56/7 57 00, www.alpenhotel-montafon.net

Valavier Aktivresort
Die Berge über dem Dorf Brand sind eine Schau. Doch die Versuchung, unten zu bleiben, ist groß: Der »Paradiesgarten« lockt mit Relaxzonen, Kneippanlage, Außenpool, Gartenrestaurant und Streicheltieren. Spa und Fitnessräume gibt es auch noch, außerdem eine tolle Kulinarik.
Mühldörfle 25, Brand, Tel. +43 55 59/2 17, www.valavier.at

Auf Tuchfühlung mit den Naturgewalten: Die Klettersteige bei Längenfeld bieten Unerschrockenen einen ganz besonderen Kick.

08 Ötztal

In nur zwei Generationen vom bergbäuerlichen Armutsgebiet zu einer der wohlhabendsten Tourismusdestination im ganzen Alpenraum: So ein steiler Aufstieg beeindruckt. Dass er im Ötztal gelang, liegt definitiv nicht an jenem Mann, der in der Jungsteinzeit eine Bergtour machte, ungefähr 5250 Jahre später, nämlich im Jahr 1991, nahe dem Similaun (3606 m) am Alpenhauptkamm aus dem Eis taute und als Gletschermumie Ötzi eine zweite Karriere feierte. Es liegt auch nicht am jüngeren DJ Ötzi, der mit volkstümlicher Partymusik die Skihütten und Schirmbars der Region beschallt. Es liegt an den Skihütten und Schirmbars! Oder besser gesagt: Es liegt an dem gigantischen Pisten- und Seilbahnnetz, das sie verbindet. Die moderne, technisch hochgerüstete Sport- und Partyzone um Sölden, Hoch- und Obergurgl ist aber nur ein Gesicht des 60 km langen Tals, das nahe Imst vom Inntal abzweigt und im Wechsel von weiten Talböden und kurzen Steilstufen nach Süden ansteigt. Es beginnt mit den großen Orten Sautens und Oetz und ihrem touristischen Ganzjahresprogramm: vom sommerlichen Badevergnügen am wunderschönen Pibuger See bis zum Skifahren im Gebiet Hochoetz. Auf der nächsten Etage liegt Umhausen mit dem bekannten Ötzi-Dorf und dem größten Wasserfall Tirols. Vor Sölden folgt dann noch der Talboden von Längenfeld mit der Hightech-Therme des Aqua Doms. Wer das ganze Ötztal betrachtet, erkennt: Halligalli und Ruhezonen liegen dicht nebeneinander – doch die Ruhezonen sind größer.

Ötztal Tourismus, Gemeindestr. 4, Sölden, Tel. +43 57 20 00, www.oetztal.com

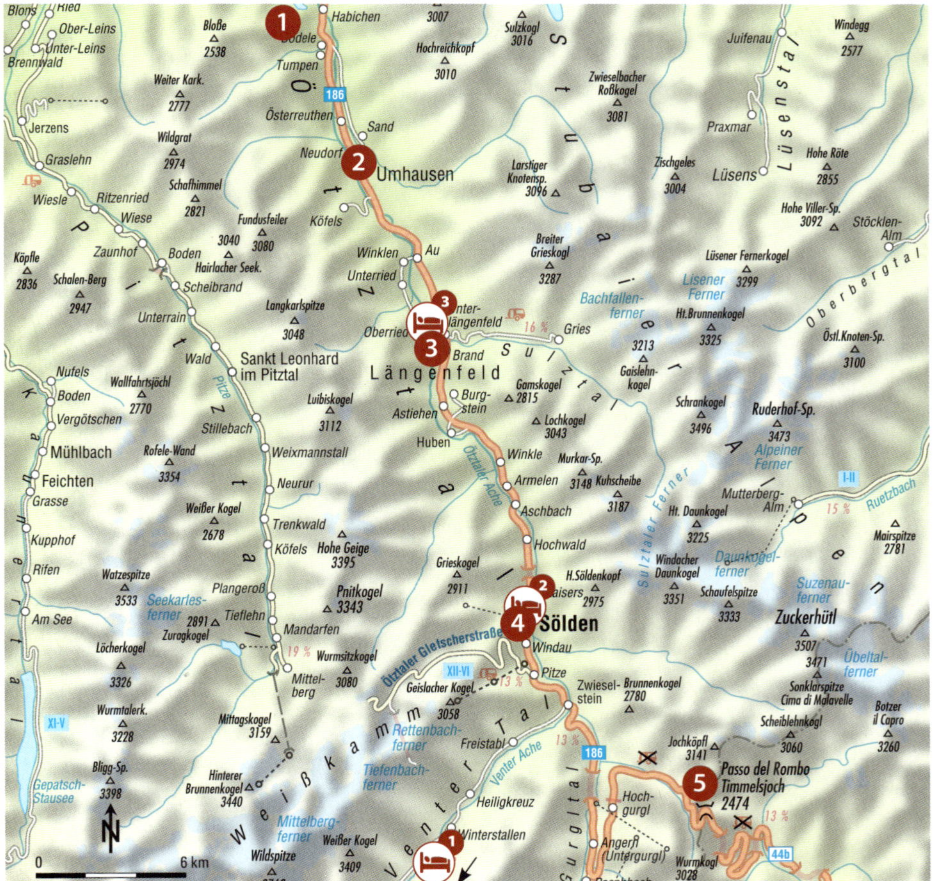

1 Piburger See

2 »Urkraft Umhausen«

3 Klettern und Wellness in Längenfeld

4 Mal hart, mal sanft: Sölden

5 Obergurgl und das Timmelsjoch

Hotel Post [1]

Die Berge [2]

Naturhotel Waldklause [3]

1 Piburger See

Er liegt auf 913 m Höhe und ist trotzdem einer der wärmsten Seen Tirols – eine 800 m lange und 240 m breite Badewanne, gefüllt mit bis zu 24 Grad warmem Wasser. Und das Beste: Er ist bis heute eine Naturidylle geblieben, trotz der großen Badeanlage mit Seerestaurant und Ruderbootverleih am Südostende. Man kommt nur zu Fuß hin, vom Parkplatz in Piburg in knapp 30 Min. oder mit dem Shuttlebus von Oetz. Oder am schönsten: von Habichen aus über die Brücke bei den fantastischen Achstürzen, einer der wildesten Wildwasserstrecken der Ötztaler Ache. In jedem Fall sollte man nicht nur baden, sondern auch einmal rund um den See spazieren. Der Piburger See wurde schon 1929 zum Naturdenkmal erklärt, er ist zusammen mit dem umgebenden Blockwald, den Achstürzen, dem kleinen Habicher See und der hübschen Kulturlandschaft nördlich des Weilers Piburg Teil eines großen Landschaftsschutzgebiets. Wer möchte, darf übrigens auch angeln; Angelkarten gibt's bei der Gemeinde in Oetz (Tel. +43 5252 6218) oder direkt bei der Bade- und Bootsanlage (Tel. +43 664 4418656).

Tourist Info: Hauptstr. 66, Oetz,
Tel. +43 57 20 05 00, www.oetz.com/piburger-see, www.piburgersee.com

2 »Urkraft Umhausen«

Die »Urkraft« ist eine Zugabe des touristischen Marketings, die Umhausen mit seinen vielseitigen, familienfreundlichen Angeboten und Ausflugszielen gar nicht nötig hat. Naturattraktion Nummer eins ist der Stuibenfall, der größte Wasserfall Tirols. Südlich des Orts donnert er über eine 160 m hohe Felsstufe. Auf dem toll angelegten Weg mit seinen vielen Stufen und einer 80 m langen Hängebrücke kann man die einzigartige Flora genießen – und auf der »Ionenplattform« den aufsteigenden Wassernebel. Am Fuße des Wasserfalls liegt das weithin bekannte Ötzi-Dorf (Am Tauferberg 8, Mai–Okt. tgl. 9.30 bis 17.30 Uhr, www.oetzi-dorf.at). In dem archäologischen Frelichtpark wird aufwendig inszeniert, wie der »Gletschermann«

und seine Sippe gelebt haben könnten, wie in der Jungsteinzeit Werkzeuge hergestellt und Tiere gejagt wurden, welche Rituale und Begräbnissitten es gegeben hat. Kinder dürfen Fladenbrot backen, Steinzeitschmuck basteln und Bogenschießen. Gleich nebenan geht es archaisch weiter: Im Ötztaler Greifvogelpark (Am Tauferberg 8, Ende Apr.–Okt., Flugvorführungen tgl. 11.30, 14.30, So/Fei auch 16 Uhr, www.greifvogelpark.at) demonstrieren Geier, Milane, Bussarde, Falken, Eulen, Adler und Co. ihre Flugkünste. Vierte »Urkraft« ist schließlich der sonnige Naturbadesee (Juni–Sept. tgl. 9.30–18.30 Uhr), an (und in) dem man einfach nur entspannen darf.

Info Umhausen, Dorf 24, Tel. +43 57 20 04 00, www.umhausen.com/urkraft

Nicht von dieser Welt: Das moderne Museum an der Timmelsjoch-Hochalpenstraße ist ein architektonischer Blickfang und informiert Besucher über die Entstehung der Passstraße.

3 Klettern und Wellness in Längenfeld

Auf dem sehr weiten Talboden von Längenfeld (1180 m) herrscht eine Atmosphäre der Ruhe – ganz anders als im quirligen Sölden. Heute wird der Ort als »Kraftquelle« vermarktet. Man kann kilometerweit an den Ufern der Ötztaler Ache entlang spazieren, joggen oder radeln und dabei den Blick auf die Bergflanken genießen. »Action« wird auch geboten, z. B. mit zwei aufregenden Klettersteigen unmittelbar über dem Tal. Vor der Kulisse des Lehner Wasserfalls, oberhalb des sehenswerten Heimatmuseums, führt eine mittelschwere Route (wahlweise mit einer extrem schweren Variante) in die Höhe. Durchgehend schwierig und sehr ausgesetzt ist der Reinhard-Schiestl-Klettersteig am südlichen Ortsausgang. Beim Abstieg kann man hier noch die neue Hängebrücke über der Schlucht zwischen den Weilern Burgstein und Brand mitnehmen. Außerdem gibt es sieben Klettergärten. Absoluter Besuchermagnet ist jedoch der Aqua Dome (Oberlängenfeld 140, tgl. 9–23 Uhr, www.aqua-dome.at), die architektonisch bemerkenswerte Therme im Ötztal. Mit ihren verschiedenen Becken, dem Saunabereich und dem Beauty Spa auf dem Dach ist sie kein Spaßbad, sondern ein echter Wohlfühlort. Ihr Wahrzeichen sind die drei großen runden Pools, die wie überdimensionierte Schalen über der schönen Gartenanlage thronen.

Info Längenfeld, Unterlängenfeld 81, Tel. +43 57 20 03 00, www.laengenfeld.com/kraftquell

4 Mal hart, mal sanft: Sölden

Sölden ist flächenmäßig die größte Gemeinde Österreichs. Mit seiner wilden architektonischen Mischung aus monströsem Alpenbarock und zunehmend cooler Modernität erscheint der Ort selbst wenig attraktiv. Aber auf seinen umgebenden Bergen bietet er eine Menge. Die »harte« Winterseite ist der Westen, wo ein dichtes Netz von Seilbahnen und 146 km Pisten die skifreundlichen Hänge überzieht. Höhepunkte sind die Bahn auf dem Gaislachkogel (3058 m), wo James Bond im Film »Spectre« (2015) im kantigen Glaskasten der Bergstation »Ice Q« einen kurzen Auftritt hatte, und das Gletscherskigebiet zwischen Retten- und Tiefenbachferner mit dem Tiefenbachkogel (3250 m) und der Inneren Schwarze Schneid (3340 m). Auf jedem Berg wurden spektakuläre Aussichtsplattformen errichtet. Im Winter 2017/18 sollen die Gebiete von Sölden und dem benachbarten Pitztal mit Liften und Pisten zusammengeschlossen sein und so das größte Gletscherskigebiet der Welt bilden. Söldens »sanfte« Seite ist der Osten, genauer: das weit ins Ruhegebiet Stubaier Alpen hineinziehende Windachtal. Eine Kette von hoch gelegenen Alpenvereinshütten, darunter die Hochstubaihütte (3174 m), erlaubt großartige hochalpine Bergwanderungen. Klassischer Tourenstützpunkt ist das Bergsteigerdorf Vent (1895 m), 17 km hinter Sölden. Hier geht es u.a. auf die Wildspitze (3774 m), den zweithöchsten Berg Österreichs, hier beginnt auch die Tour zum »Ötzi«: durchs Niedertal zur Martin-Busch-Hütte (2501 m), weiter zur Similaunhütte (3019 m) und schließlich zur Fundstelle am Tisenjoch (3210 m); der Aufstieg dauert ab Vent ca. 5,5 Std., in beiden Hütten kann übernachtet werden.

Info Sölden, Gemeindestr. 4,
Tel. +43 57 20 02 00,
www.soelden.com

Wandertheater

Herzog Friedrich von Tirol, der »Friedl mit der leeren Tasche«, flieht durch das Ötztal – und die Zuschauer erleben es live mit, mal ganz nah, mal mithilfe von Funk-Ohrknöpfen aus großer Distanz in der ursprünglichen Natur des hintersten Talabschnitts.
www.wandertheater-friedl.oetztal.com

5 Obergurgl und das Timmelsjoch

In den Sommer kann man von Sölden aus zum Hoteldorf Hochgurgl fahren und weiter auf der aussichtsreichen Timmelsjoch-Hochalpenstraße (ca. Juni–Okt. tgl. 7–20 Uhr, www.timmelsjoch.com) über das Timmelsjoch (2474 m) mit seinem bemerkenswerten Passmuseum ins Südtiroler Passeiertal. Man kann – und sollte – aber auch noch etwas bleiben. In Obergurgl (1907 m) beginnen viele Touren durch das Gurgler Tal, zu Fuß und mit dem Mountainbike, gern unterstützt durch Seilbahnen wie z. B. jene auf die Hohe Mut (2670 m). An der Bergstation beginnt ein großartiger Höhenweg, auf dem man bis zum Rotmoosferner mit seiner wilden Gipfelumrahmung wandern kann. Toll sind die Touren durch den schönen Zirbenwald hinter Obergurgl (Naturdenkmal) und über die Schönwies- zur Langtalereckhütte (2450 m) oder zum sagenhaft gelegenen Ramolhaus (3006 m), noch besser, wenn man die Hütten in einer Rundwanderung verbindet: Dabei geht es unmittelbar vor dem immer noch riesigen Gurgler Ferner durch eine faszinierende Landschaft, die das zurückschmelzende Eis freigegeben hat (Rundtour ab Obergurgl ca. 8 Std., ohne Ramolhaus 6 Std., gut mit Übernachtung in einer der Hütten zu verbinden). Im Winter bieten Hoch- und Obergurgl ein großartiges Skigebiet mit 110 km Pisten. Skibergsteiger und Freerider finden vor Ort professionelle Begleiter bzw. Berg- und Skiführer.

Info Obergurgl-Hochgurgl, Gurglerstr. 118,
Tel. +43 57 20 01 00, www.obergurgl.com

Hotels

Hotel Post
Im Bergsteigerdorf Vent logiert man im traditionsreichen Familienhotel, das hinter seiner alpenländischen Fassade gediegenen 4-Sterne-Komfort bietet. Vom Frühstücksbuffet bis zum Abendmenü kommen regionale Spezialitäten, oft aus eigener Landwirtschaft, auf die Teller. Guter Ausgangspunkt für geführte Hüttenwanderungen und Bergtouren auf die umliegenden Dreitausender.
Vent, Tel. +43 52 54/81 19,
www.vent-hotel-post.com

Die Berge
2016 eröffnetes Lifestyle-Hotel im quirligen Sölden mit interessantem Konzept für ein junges, bewegungshungriges Publikum. Schicke (Innen-)Architektur mit klarer Kante und viel Holz, einem tollen Wellnessbereich auf dem Dach samt Infinity-Pool – und das alles zu sehr attraktiven Preisen.
Gemeindestr. 2, Sölden, Tel. +43 52 54/20 62, www.dieberge.at

Naturhotel Waldklause
Modernes Öko-Wellnesshotel mit tollem Design in Längenfeld, abseits des Ötztaler (Ski-)Rummels, gleich neben dem Aqua Dome. Zimmer und Suiten sind groß, hell und freundlich und an den eigenen Quellwasserbrunnen angeschlossen. Wunderbare 1800-qm-Wohlfühlzone mit Saunen, Pools und Berblick.
Unterlängenfeld 190, Tel. +43 52 53/54 55, www.waldklause.at

09 Innsbruck und Umgebung

Man kann sogar mit dem Flugzeug anreisen, was besonders bei Föhnwetterlagen spannend ist und von Reisenden einen guten Magen verlangt – wenn sich nämlich das Flugzeug hinter der letzten hohen Kette des Karwendelgebirges in die Tiefe fallen lässt. An der Nahstelle von Unter- und Oberinntal, zwischen Zirlerberg und Brennerpass, breitet die Tiroler Landeshauptstadt ihr Häusermeer aus. 130 000 Einwohner leben hier, und dass sie rings von Bergen umgeben sind – darunter die markante Pyramide der Serles (2718 m) und der behäbige Buckel des Patscherkofels (2247 m) –, verleiht dem Alltag in Innsbruck sein ganz besonderes Flair. Es ist genau das, was die Einheimischen ebenso schätzen wie ihre Besucher aus dem In- und Ausland und natürlich auch die vielen Studenten der renommierten Universität: ein durch und durch großstädtisches Angebot von Restaurants, Bars und Cafés, dazu Theater, Konzert und Kino für jeden Anspruch, Museen und Geschäfte – und als Ergänzung dazu, direkt über den Dächern, einen alpinen Sportplatz von größter Vielseitigkeit. Menschen in Funktionsbekleidung und mit geschulterten Rucksäcken oder auch, im Winter, mit Ski und Snowboard erregen auf den Straßen keine Aufmerksamkeit. Und Innsbruck bietet noch mehr: Weil Aktivsein gewissermaßen zur Stadtkultur gehört, sind praktisch alle der beliebten Ausgangspunkte für große und kleine Touren im Stadtgebiet und im Bereich der »Feriendörfer« problemlos mit den »Öffis« – Tram, Bus und Bahn – zu erreichen.

Innsbruck Tourismus, Burggraben 3,
Tel. +43 512/5 98 50,
www.innsbruck.info

Unterschätzte Schönheit: Innsbruck punktet mit seiner reizvollen Altstadt und unzähligen Freizeitmöglichkeiten.

❶ Innsbrucks Altstadt

Für die Besichtigung gibt es eine klare Linie: Von der klassizistischen Triumphpforte die berühmte Maria-Theresien-Straße hinauf, vorbei an schönen Palais aus dem 17./18. Jh. und an der Annasäule – viel fotografiert mit der (am besten) von Schnee überzuckerten Nordkette im Hintergrund. Weiter geht es auf der Herzog-Friedrich-Straße, und man steht vor dem Wahrzeichen der Stadt, dem Goldenen Dachl, einem um 1500 entstandenen Prunkerker, gedeckt mit 2657 vergoldeten Kupferschindeln. Der Stadtturm (Herzog-Friedrich-Str. 21, Juni–Sept. tgl. 10–20, Okt.–Mai 10–17 Uhr) mit seiner Zwiebelhaube bietet einen tollen Ausblick. Nun öffnen sich zu beiden Seiten schmale Gassen mit Renaissance-, Barock- und Rokokogebäuden, mit schattigen Laubengängen, Geschäften, Cafés und Restaurants. Neben dem Goldenen Dachl sind in der Kaiserlichen Hofburg (tgl. 9–17 Uhr, www.hofburg-innsbruck.at) prächtige Rokoko-Schauräume, wertvolle Tapisserien und Gemälde zu besichtigen. Dahinter steht der mächtige Dom zu St. Jakob. Der Barockbau wurde von den bayerischen Brüdern Asam mit einem Deckenfresko und Stuckaturen ausgestattet, das Gnadenbild »Mariahilf« am Hochaltar schuf Lucas Cranach d. Ä. um 1530. Als größte kunsthistorische Sehenswürdigkeit Innsbrucks gilt die Hofkirche (Universitätsstr. 2, Mo–Sa 9–17, So/Fei 12.30 bis 17 Uhr, www.tirolerlandesmuseum.at) mit dem Scheingrab Kaiser Maximilians I., das 28 überlebensgroße »Schwarze Mander« (1508–50) bewachen. Eine Pflichtadresse ist das mächtige Schloss Ambras

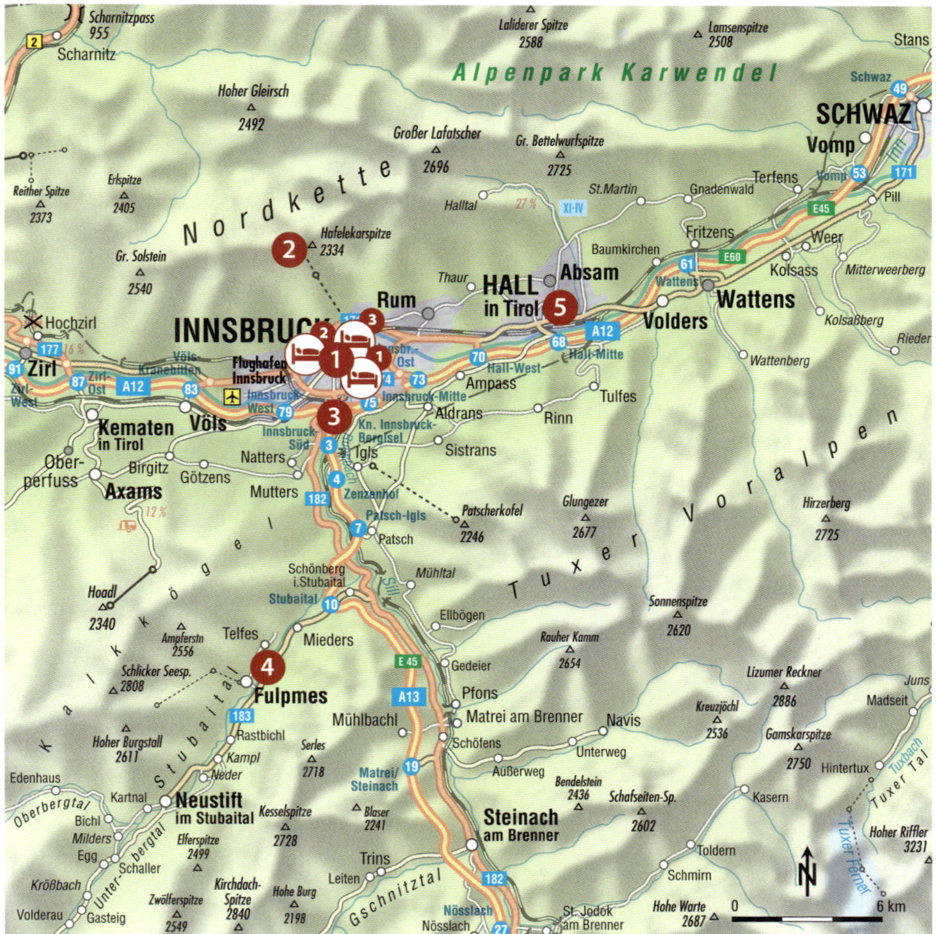

❶ Innsbrucks Altstadt
❷ Nordkette und Alpenzoo
❸ Bergisel und Sillschlucht
❹ Mit der Tram ins Stubaital
❺ Hall und das Halltal
1 Grand Hotel Europa
2 Goldener Adler
3 Schwarzer Adler

(Schlossstr. 20, tgl. 10–17 Uhr, Nov. geschl., www.schlossambras-innsbruck.at) im Südosten Innsbrucks: Im Unterschloss sind die ziemlich spektakuläre Rüstkammer und allerlei (kuriose) Kunst zu sehen. Prächtig möblierte Wohn- und Repräsentationsräume, darunter der herrliche Spanische Saal, werden im Oberschloss geboten. Die sommerlichen Ambraser Schlosskonzerte gehören zu den Fixpunkten des Innsbrucker Kulturkalenders.

Innsbruck Tourismus, Burggraben 3,
Tel. +43 512/5 98 50, www.innsbruck.at

2 Nordkette und Alpenzoo

Die Innsbrucker lieben ihre Nordkette – die eigentlich die südlichste Bergkette des Karwendelgebirges ist, das sich im Norden von Innsbruck erhebt. Es ist die beliebteste Freiluft-Sport-Location der Stadt, mit Lauf- und Wanderwegen, mit Mountainbiketrails, Klettersteigen und wilden Skiabfahrten, mit Almen und Hütten, mit einer tollen Aussicht und architektonischen Highlights. Die Fahrt hinauf beginnt in der hypermodernen Talstation der 2007 eröffneten Hungerburgbahn. Zaha Hadid hat das irre Gebilde entworfen. Über eine Innbrücke fährt die Standseilbahn auf die Hungerburg – nicht ohne vorher beim berühmten Alpenzoo zu halten (Weiherburggasse 37, April–Okt. tgl. 9–18, Nov. bis März 9–17 Uhr, www.alpenzoo.at), wo in Freigehegen und -terrarien, in Volieren und im Aquarium haust, was in den Alpen auch in freier Wildbahn lebt, dort aber meistens schwieriger zu beobachten ist. Mit der Seilbahn geht es hinauf zur Seegrube (1905 m) und weiter zum Hafelekar (2256 m), wo die Architektur der Bergstationen entzückt: klassische Moderne von Franz Baumann aus den Jahren 1927/28 – am schönsten zu erleben im Rahmen der Abendfahrten (Fr 18–23.30 Uhr), beim Diner im Restaurant Seegrube über den Lichtern von Innsbruck (Tischreservierung: Tel. +43 664/88 44 78 17). Im Winter steigen im Club Cloud 9 auch noch coole Iglu-Partys.

Innsbruck Card

Sie ist für 24, 48 und 72 Stunden erhältlich und bietet Zugang zu den wichtigsten Sehenswürdigkeiten und Museen bis hin zu den Kristallwelten in Wattens, Fahrten mit den öffentlichen Verkehrsmitteln und zahlreichen Bergbahnen Nordkette, City-Bike-Verleih etc. www.innsbruck.info

Natur trifft auf Moderne: Die von Stararchitektin Zaha Hadid entworfene Talstation der Hungerburgbahn in Innsbruck fügt sich erstaunlich harmonisch in die Berglandschaft ein.

Innsbrucker Nordkettenbahn, Höhenstr. 145, Tel. +43 512/29 33 44, www.nordkette.com

3 Bergisel und Sillschlucht

Seit die Tiroler Freiheitskämpfer hier 1809 drei Schlachten gegen bayerische und französische Truppen gewannen, die vierte und letzte aber verloren, ist der Bergisel ein Tiroler Mythos. Heute trägt der 746 m hohe Waldhügel ein höchst modernes Gipfelzeichen: Die von Zaha Hadid entworfene Skisprungschanze (Juni–Okt. tgl. 9–18, Nov.–Mai Mi–Mo 10 bis 17 Uhr, www.bergisel.info) ist eher eine Art schräger Brücke, 47 m hoch und 92 m lang, sie hat ein Panorama-Restaurant und eine Aussichtsplattform. Etwas unterhalb ist auch noch das zum Landesmuseum gehörende Tirol Panorama (Mi–Mo 9–17 Uhr) zu besichtigen. Im modernen Anbau des benachbarten Kaiserjägermuseums untergebracht, zeigt es das riesige runde Schlachtgemälde vom Tiroler Freiheitskampf anno 1809. Hier beginnt auch der 2014 Panorama-Rundweg mit der spektakulären Aussichtsplattform Drachenfelsen hoch über der Sillschlucht. Sehr schön ist der Abstieg in die eindrucksvolle Schlucht. Unten angekommen, kann man auf dem schönen Pfad entlang der Sill zurück nach Innsbruck oder talaufwärts weiter nach Mutters zur Bushaltestelle wandern.

Innsbruck Tourismus, Burggraben 3, Tel. +43 512/5 98 50, www.innsbruck.at

4 Mit der Tram ins Stubaital

Man steigt am Innsbrucker Hauptbahnhof in die Trambahn – und eine gute Stunde später im Stubaital wieder aus. Die Fahrt bietet tolle Blicke über die Stadt und später, auf den Telfer Wiesen, idyllische Landschaftsbilder. Mit der Eröffnung der Stubaitalbahn nach Fulpmes (heute die Linie STB der Innsbrucker Verkehrsbetriebe) begann 1904 die touristische Erschließung des Stubaitals, das 10 km südlich der Stadt nach Südwesten abzweigt und an den Dreitausendern des Alpenhauptkamms endet. Heute ist das »Stubai« beliebtes Ferienziel und Arena für Bergsportler aller Art: Wanderer, Bergsteiger, Klettersteiggeher und, natürlich, Skifahrer. Das Skigebiet auf dem Stubaier Gletscher (Mutterberg 2, Neustift im Stubaital, www.stubaier-gletscher.com) ist ein echter Hotspot der Szene. Eine der neuesten Attraktionen, mit eigener Haltestelle der Stubaitalbahn, ist das große Spaß- und Erholungsbad »Stubay« mit seinem schönen Außenbereich am Rand von Telfes (Telfer Landesstr. 111, tgl. 10–21, Sauna 10–22 Uhr, www.stubay.at). Fulpmes, der Hauptort des Tals, hat einen Amboss im Gemeindewappen und eine jahrhundertelange Tradition der Eisenverarbeitung. Bis heute werden hier hochqualitative Werkzeuge (auch Bergsportartikel) hergestellt, Markenname: Stubai. Spannend ist der Besuch im Schmiedemuseum (Fachschulstraße, nur im Sommer Mi 14–17 Uhr) mit funktionstüchtigen Maschinen aus dem 19. Jh. Kunstvoll bearbeitetes Holz ist dagegen im Krippenmuseum (Bahnstr. 11, Do–So 10–12, 14–18 Uhr) zu sehen.

Tourismusverband Stubai Tirol, Dorf 3, Neustift, Tel. +43 501/8810,www.stubai.at

5 Hall und das Halltal

Ihre größte Blüte erlebte die Stadt Hall ab 1486, nachdem im Münzerturm der um 1280 entstandenen Burg Hasegg (April–Okt. Di–So 10–17, Nov.–März Di–Sa 10–17 Uhr, www.muenze-hall.at) die erste Prägewerkstätte für Silbertaler eingerichtet worden war. Mit dem Haller Silbertaler wurde fortan in ganz Europa gezahlt. Ihren frühen Reichtum verdankte die Stadt dem Salz aus dem Halltal. Die schmale Straße, die vom Infoportal am Ende der Bettelwurfsiedlung hineinführt, ist für den Verkehr gesperrt, aber per Shuttlebus erreichbar (Halltal 12, www.karwendel.org/informationszentrum-halltal-eingang). Hier beginnt der 7 km lange historische Solewanderweg: Zunächst steigt man bis zum Alpengasthof im ehemaligen Kloster St. Magdalena hinauf, dann weiter zu den Herrenhäusern, hinter denen der »König-Max-Stollen« für Besucher zugänglich ist. Faszinierend: Das Salzbergwerk wurde von 1275 bis 1967 betrieben!

Tourismusverband Hall-Wattens, Unterer Stadtplatz 19, Hall i. Tirol, Tel. +43 52 23/45 54 40, www.hall-wattens.at

Hotels

Grand Hotel Europa
Wer auf 5-Sterne-Komfort Wert legt, hat in Innsbruck keine andere Wahl. In den Zimmern herrscht italienisches Design vor, die Suiten bieten mit Zirbenholz vertäfelte Tiroler Gemütlichkeit. Im »Europa Stüberl« genießt man eine haubengekrönte Gourmetküche.
Südtiroler Platz 2, Innsbruck, Tel. +43 512/59 31, www.grandhoteleuropa.at

Goldener Adler
Eine Tiroler Institution seit 1390! In dem traditionsreichen Gasthof nahe dem Goldenen Dachl betteten schon Johann Wolfgang von Goethe und Andreas Hofer ihre Häupter, weshalb zwei der Zimmer im Tiroler Stil nach ihnen benannt sind. Im Restaurant werden zeitgemäß verfeinerte Tiroler Spezialitäten und schöne österreichische Weine serviert.
Herzog-Friedrich-Str. 6, Innsbruck, Tel. +43 512/5 71 11 10, www.goldeneradler.com

Schwarzer Adler
Der andere Adler ist »nur« rund 500 Jahre alt: ein Romantik-Hotel mit sehr individuellen Zimmern (Bäder im Swarovski-Design). Sagenhaft ist die Panoramaterrasse mit der zum »Adlernest« umgebauten Seilbahngondel (tolle Dinner-Location!), sehr empfehlenswert das original holzvertäfelte Restaurant.
Kaiserjägerstr. 2, Innsbruck, Tel. +43 512/58 71 09, www.schwarzeradler-innsbruck.com

Auf den Bergen rund um Mayrhofen können sich Mountainbiker inmitten herrlicher Natur so richtig austoben.

10 Zillertal

Willkommen im »aktivsten Tal der Welt« – wobei die Grenzen zwischen Aktivität und Hyperaktivität fließend sind. Bei Jenbach, etwa auf halber Strecke zwischen Kufstein und Innsbruck, zweigt das Zillertal nach Süden Richtung Alpenhauptkamm ab. Schon 1902 dampfte eine Schmalspurbahn über den breiten, flachen Talboden. Die Bahn gibt es immer noch (www.zillertal bahn.at), doch sie fährt heute mit dieselbetriebenen Triebwagen und nur selten, für die Touristen, unter Dampf. Und es kommen viele Touristen, wenn auch weit überwiegend mit dem Auto. Die Schnellstraße endet am Hauptort Mayrhofen, dem die »Piefke-Saga« in den 1990er-Jahren ein Fernseh-Denkmal setzte. Die legendäre Tourismus-Farce ist längst Kult, übrigens auch bei den Einheimischen. Heute ist das Zillertal mit Abstand die größte Ferienregion in Tirol. Dabei erscheint der ganze vordere Talabschnitt wenig attraktiv. Richtig schön wird es erst ganz hinten und in den Seitentälern. Um ihren Gästen etwas zu bieten, investieren die Zillertaler bis heute viel Geld in die modernste Sport- und Freizeit-Infrastruktur: zum Skifahren und Snowboarden im Winter, zum Wandern, Klettern, Mountainbiken und zu allen möglichen Aktivitäten, von denen man noch nicht wusste, dass es sie überhaupt gibt, im Sommer. Aber es gibt noch mehr: einen riesigen Hochgebirgs-Naturpark, der den gesamten hinteren Talbereich mit den wunderschönen »Gründen« und den Dreitausendern am Alpenhauptkamm umfasst. Der Kontrast zwischen Spaßlandschaft und Urlandschaft könnte nicht größer sein.

Zillertal Tourismus, Bundesstr. 27 d, Schlitters, Tel. +43 52 88/8 71 87, www.zillertal.at

1 Mayrhofen

Im Hauptort des Zillertals, einem der großen Ferien- und Freizeitzentren in Tirol, werden keine Berge versetzt, hier werden neue Berge geschaffen. Ihren Hausberg, den Penken (2095 m), haben die Mayrhofener zum »Actionberg« gemacht. Wer mit der hochmodernen Penkenbahn (Hauptstr. 472, Tel. +43 52 85/6 22 77) zur Funsportstation hinaufgondelt, kann dort oben z. B. in »Funballz«, großen durchsichtigen Bällen, über den Speicherteich für die winterliche Beschneiung kugeln. Oder auf geländegängigen Bergrollern den Hang hinabbrettern. Es gibt auch einen »Klettersteig für Jedermann«, was bedeutet: Die Schwierigkeiten bewegen sich im mittleren Bereich, und die erforderliche Sicherheitsausrüstung kann vor Ort kostenlos ausgeliehen werden. Auch für Mountainbiker – mit oder ohne Elektro-Upgrade – ist das Gebiet um den Penken ein Dorado. Gegenüber, auf der anderen Talseite, fährt man in den größten Seilbahnkabinen Österreichs (160 Plätze) auf den »Genießerberg Ahorn«, wo man oberhalb von 1900 m Höhe einen kinderwagentauglichen Genießerrundweg, einen »Sinnespfad« und einen Bergspielplatz vorfindet sowie fünf verschiedene Bergrestaurants, darunter das schicke, moderne Café-Bistro Freiraum. Spektakulär sind die Greifvogelvorführungen auf der »Adlerbühne« (Mitte Juni–Mitte Okt. tgl. 14 Uhr). Jeden Donnerstag im Juli und August startet die Ahornbahn schon zwischen 5 und

Lustige Zillertaler

Die »Schürzenjäger« spielen immer noch, wenn auch in einer anderen Besetzung. Daneben gibt es Ursprung Buam, Haderlumpen, Nachtschwärmer, Gipfelstürmer und überhaupt viele volkstümliche Musikanten. Wer nichts falsch machen will, hört »SASA«. www.sasa.at

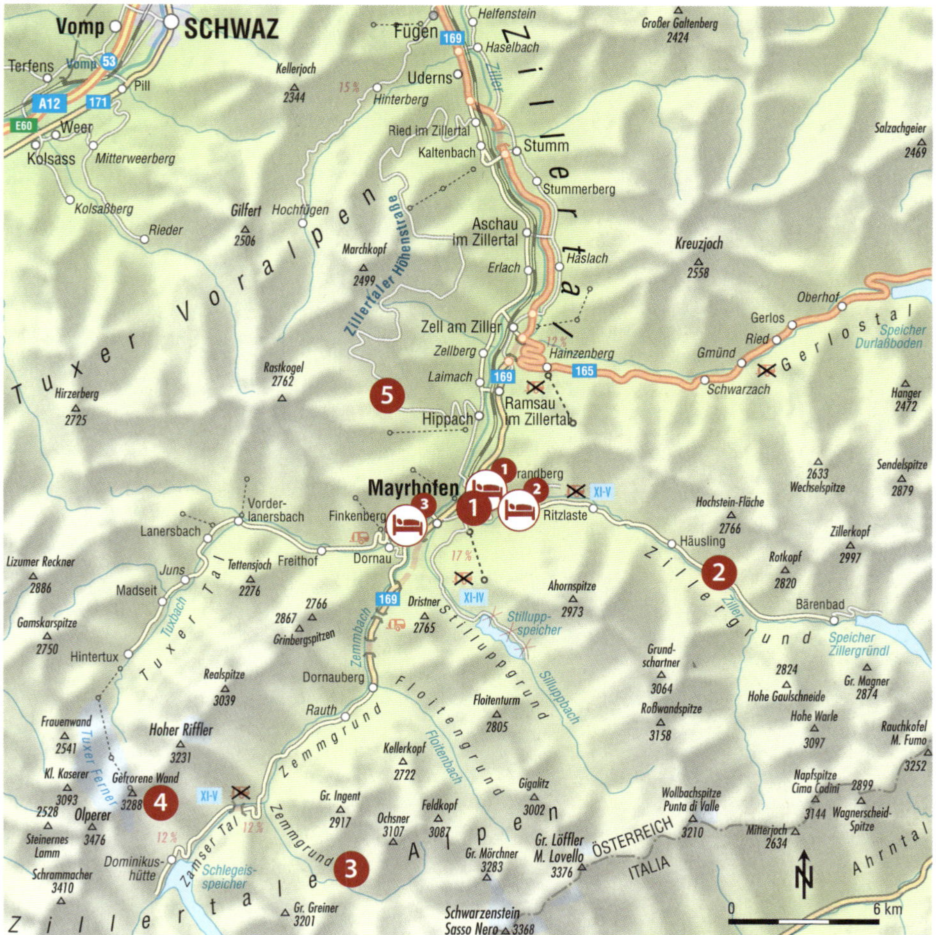

1 Mayrhofen
2 Zillergrund
3 Im Zemmgrund: Berliner Hütte und Schlegeisspeicher
4 Gletscherreise in Hintertux
5 Zillertaler Höhenstraße
1 Elisabeth Hotel
2 Das Zillergrund
3 Stock Resort

6 Uhr morgens zum Sonnenaufgangsfrühstück (Anmeldung erforderlich bis Mi, 14 Uhr), und bei schlechtem Wetter im Sommer wird die Gondel gar selbst zum »schwebenden Café«.

Ferienregion Mayrhofen-Hippach,
Dursterstr. 225, Mayrhofen,
Tel. +43 52 5/67 60,
www.mayrhofen.at,
www.mayrhofner-bergbahnen.com

2 Zillergrund

Man fährt vorne, kurz vor Mayrhofen, in den Tunnel und kommt hinten nach 2,1 km in einer anderen Welt wieder heraus. Der Zillergrund zeigt auch heute noch die ursprünglichen Seiten des Zillertals. Es ist eine magische Naturlandschaft – und eine verkehrsberuhigte Zone: Mehr als 100 Autos am Tag kommen nicht ins Tal hinein. Also nimmt man am besten gleich den Bus (Linie 8328) von Mayrhofen. Er fährt über den Gasthof Bärenbad, vorbei an stillen Seitentälern, bis zur Staumauer des Speichers Zillergründl, die einen 186 m hohen Riegel vor die Idylle schiebt und dennoch sehenswert ist. Touristisches »Zentrum« ist das Dorf Brandberg (1082 m) am sonnigen Hang über dem vorderen Talabschnitt. Von hier führt der wunderbare Bergmähderweg über die herrlichen Wiesen hinauf zum Brandberger Kolmhaus (1845 m). Weitere tolle und meistens sehr einsame Wanderungen führen in die Seitentäler: von Häusling über den steilen Steig hinauf zur fantastischen Bodenalpe, durch den Sundergrund oder die Hundskehle weit hinauf zum Alpenhauptkamm.

Zum Glück alles andere als großstädtisch: die wunderbare Berliner Hütte im Zemmgrund.

Verein Zillergrund Aktiv,
Am Marktplatz 214, Mayrhofen,
www.zillergrund.com

3 Im Zemmgrund: Berliner Hütte und Schlegeisspeicher

Gleich hinter Mayrhofen zieht der Zemmgrund, das längste und wichtigste Zillertaler Seitental, nach Süden zum Alpenhauptkamm. Nach 10 km ist man in Ginzling, nach weiteren 7 km beim großen Gasthof Breitlahner (1257 m). Hier beginnt der Aufstieg ins Allerheiligste des Naturparks. Vorbei an der Klausenhütte, der Grawandhütte und der Alpenrosenhütte – alle bewirtschaftet – erreicht man nach 3 Std. auf dem völlig gefahrlosen Weg die wohl schönste Hütte des Deutschen Alpenvereins. Die Berliner Hütte (2042 m; Tel. +43 676/7 05 14 73, Juni bis Sept., www.berlinerhuette.at) ist nicht nur ein klassisches Schutzhaus vor begeisternder Gletscher- und Gipfelkulisse, sondern eine Art bewohnbares Museum der alpintouristischen Gründerzeit. 1879 eröffnet und 1912 endgültig fertiggestellt, begeistert das denkmalgeschützte architektonische Schmuckstück mit seinem schlossgleichen zweistöckigen Foyer und dem holzgetäfelten Esssaal mit seinen Kronleuchtern. Wer hier übernachtet (unbedingt reservieren!), über Kondition, Trittsicherheit und Schwindelfreiheit verfügt, kann am nächsten Tag eine der großartigsten und beliebtesten hochalpinen Wanderungen unternehmen: den Übergang über das Schönbichler Horn (3133 m) zum ebenfalls sehr schönen Furtschaglhaus (2295 m) und weiter zum Schlegeisspeicher (1782 m). Der Stausee ist selbst ein beliebtes Ausflugsziel und im Sommer vom Gasthof Breitlahner mit Auto bzw. Bus (Linie 4102) auf der Mautstraße zu erreichen. An der 130 m hohen und 725 m langen Staumauer wurde im Juni 2016 der erste Klettersteig an einer Staumauer eröffnet. Man kann sich das gewaltige Bauwerk auch von innen anschauen (Führungen Juni–Okt. tgl. 10–16 Uhr zur vollen Stunde, Treffpunkt beim Bergrestaurant Schlegeis).

Naturparkhaus, Ginzling 239, Tel. +43 52 86/5 21 81, www.naturpark-zillertal.at

4 Gletscherreise in Hintertux

Gleich hinter dem Ort Mayrhofen biegt die Straße ins Tuxer Tal ab. Die 20 km lange Strecke führt über Finkenberg und Lanersbach bis zur Talstation der Gletscherbahn bei Hintertux (Tel. +43 52 87/85 10, www.hintertuxergletscher.at). Hier kann man sommers wie winters bis zur Gefrorenen-Wand-Spitze hinaufgondeln, das sagenhafte Panorama und den Blick auf den schneidigen Olperer (3467 m) genau gegenüber genießen und bis auf Weiteres dem Betrieb im einzigen Ganzjahres-Skigebiet Österreichs zuschauen – oder natürlich selbst fahren. Von der Aussichtsterrasse ist man schnell am Eingang zum »Natur-Eispalast«: Gut gesichert mit Helm und Klettergurt geht es hinein in den eisigen Bauch des Gletschers. Faszinierend! Wieder zurück unter freiem Himmel, dürfen sich Kinder im »Gletscherflohpark« beim Schneereifen-Karussellfahren und auf der Tubingbahn vergnügen. Etwas unterhalb der Zwischenstation, beim Spannagelhaus, kann man sich noch mal unter Tage begeben, um in der Spannagelhöhle Tropfsteine, Kristalle und farbiges Marmorgestein zu besichtigen (Führungen Juni–Mitte Okt. tgl. 10–15 Uhr zur vollen Stunde). Noch abenteuerlicher sind die 3-stündigen Höhlen-Trekkingtouren mit erfahrenen Höhlenführern, die tief in den Bauch des Bergs führen – nur nach vorheriger Anmeldung.

Tourismusverband Tux-Finkenberg, Lanersbach/Tux, Tel. +43 52 87/85 06, www.tux.at

Gauderfest

Am ersten Wochenende im Mai steigt in Zell am Ziller das größte Frühlings- und Trachtenfest Österreichs: mit einem Festumzug, mit Musikkapellen und Trachtengruppen und natürlich mit dem Ausschank des vor Ort gebrauten Gauder-Festbiers. www.gauderfest.at

5 Zillertaler Höhenstraße

Große Bergpanoramen im Drive-thru-Modus. In Hippach, zwischen Mayrhofen und Zell am Ziller gelegen, beginnt die mautpflichtige Zillertaler Höhenstraße, und in Ried endet sie – es gibt auch Auffahrten von Zell, Aschau und Kaltenbach aus. Dazwischen liegen 48 km Fahrstrecke, viele Aussichtspunkte und sehr viele Kurven. Der höchste Punkt wird bei der Jausenstation am Melchboden (2020 m) erreicht; hier ist auch ein kurzer Abstecher zu Fuß auf den Arbiskopf (2133 m) und weiter auf den Rauhenkopf (2268 m) möglich. Und es gibt unterwegs noch viele weitere Berggasthöfe zum Einkehren und Loswandern. Beliebte Zwischenstopps sind der Almgasthof Zirmstadel mit dem einzigen Alpengarten Tirols und die Kaltenbacher Skihütte mit dem Alpenblumenweg und dem »Murmelland«, einem Erlebnisspielplatz mit Murmeltierpark.

Zellbergeben 23, Gemeinde Zellberg, Tel. +43 52 82/23 00, Mai–Okt., www.zillertaler-hoehenstrasse.com

Hotels

Elisabeth Hotel
Wer hier vom Äußeren auf das Innere schließt, liegt daneben. Hinter der neorustikalen Fassade verbergen sich sehr elegant gestaltete Interieurs zwischen Schloss, Alm und (sehr viel) Lounge. Kompromisslos modern ist der schicke neue Spa mit angeschlossenem Garten – und das ambitionierte »Elisense«-Gesundheitskonzept.
Mayrhofen 432, Tel. +43 52 85/67 67, www.elisabethhotel.com

Das Zillergrund
An einem wunderbaren Platz außerhalb von Mayrhofen und abseits des großen Rummels bietet sich das »mountain aktiv relax hotel« als Ausgangspunkt für Touren zu Fuß und mit dem Mountainbike an. Der Natur Alpin Spa bietet das volle Wellnessprogramm – auf 2500 qm. Im Winter bringt der Hotel-Shuttle die Skifahrer zu den Seilbahnen.
Zillergrund 903, Mayrhofen, Tel. +43 52 85/6 23 77, www.neuhintertux.com

Stock Resort
Fast schon eine Stadt für sich ist das immer noch familiengeführte Luxus-Resort in Finkenberg. Zimmer und Suiten sind opulent möbliert, das absolute Highlight ist aber die 5000 qm große Wellness- und Spawelt mit elf Saunen und einem runden Dutzend Innen- und Außenbecken zum Planschen.
Dorf 142, Finkenberg, Tel. +43 52 85/67 75, www.stock.at

11 Wilder Kaiser

Wer jemals aus Deutschland Richtung Brenner und Italien gefahren ist, kennt seine Majestät: Gleich an der österreichischen Grenze bei Kufstein ragt die graue Krone des Kaisergebirges auf, eine mächtige Kulisse mit hohen Wänden, Zacken und Türmen – eines der Schaustücke des Tiroler Berginventars. Die schroffe Gipfeletage ist ein Naturschutzgebiet und natürlich das Revier der Bergsteiger und Kletterer, die sich hier auf einer kaum überschaubaren Menge an Routen jeder Schwierigkeit vergnügen. Darunter und rund herum breitet sich eine sehr sanfte, sehr grüne und sehr üppig erschlossene Urlaubswelt für alle Jahreszeiten aus, bestens bekannt aus dem TV-Dauerläufer »Der Bergdoktor«. Gleich vier Tiroler Ferienregionen teilen sich das Kaiserreich auf: das Ferienland Kufstein zu beiden Seiten des Inn, die quirlige Region Wilder Kaiser mit den Gemeinden Söll, Scheffau, Ellmau und Going, der vergleichsweise stille Kaiserwinkl mit Kössen und dem Walchsee im Nordosten und die Region Kitzbüheler Alpen/St. Johann mit dem wunderbaren Tal der Griesenau im Osten. Gleich darunter schließt sich noch, als glamouröser Hotspot, die Stadt Kitzbühel an – weltberühmter Treffpunkt der Reichen und manchmal auch Schönen. Zu jeder Jahreszeit ist der »Koasa«, wie man ihn als Tiroler und Bayer nennt, übrigens auch ein viel besuchtes, rundum familienfreundliches Naherholungsbiet mit einem Einzugsgebiet von München über Rosenheim bis nach Salzburg.

Tourismusverband Ferienland Kufstein,
Unterer Stadtplatz 8, Kufstein,
Tel. +43 53 72/6 22 07,
www.kufstein.com

Tourismusverband Wilder Kaiser,
Dorf 35, Ellmau, Tel. +43 50/509,
www.wilderkaiser.info

Wandern, staunen, genießen: Im Kaisergebirge finden sich herrliche Routen mit immer wieder atemberaubend schönen Aussichtspunkten.

1 Kufstein

Gleich hinter der österreichischen Grenze richten sich alle Blicke auf die martialische Festung der 17000-Einwohner-Stadt. Bayern errichteten Ende des 12. Jh. auf dem Felskopf über dem Inn eine erste Burg. Was man heute sieht, ist ein »Neubau« aus den Jahren 1504–22, mit dem mächtigen, 90 m hohen Kaiserturm und bis zu 7,5 m dicken Mauern. Vom Unteren Stadtplatz kommt man auf dem Treppenweg oder mit dem Panoramalift hinauf, um die Bastionen, Batterien, Türme, Gänge und Höfe zu inspizieren (Mitte April–Okt. tgl. 9–18, sonst tgl. 10–17 Uhr, www.festung.kufstein.at). Außerdem sind drei Museen zu besichtigen: das Festungs- und Heimatmuseum, das Staatsgefängnis im Kaiserturm, das während der k. u. k. Zeit prominente Insassen hatte, und das Museum im Bürgerturm – für Freunde der Tiroler Kaiserjäger und Schützen. Ansonsten ist die Kufsteiner Festung eine beliebte Eventlocation (Ritterspiele, Konzerte u.a.) und Standort der größten Freiorgel der Welt mit 65 Registern und 4948 Pfeifen. Die »Heldenorgel« erklingt täglich um 12 Uhr, in Juli und August auch um 18 Uhr. Tipp für heiße Tage: Westlich oberhalb der Stadt kann man in Hechtsee, Längsee und Pfrillsee baden.

Tourist Info Kufstein, Unterer Stadtplatz 8, Tel. 43 53 72/6 22 07, www.kufstein.com

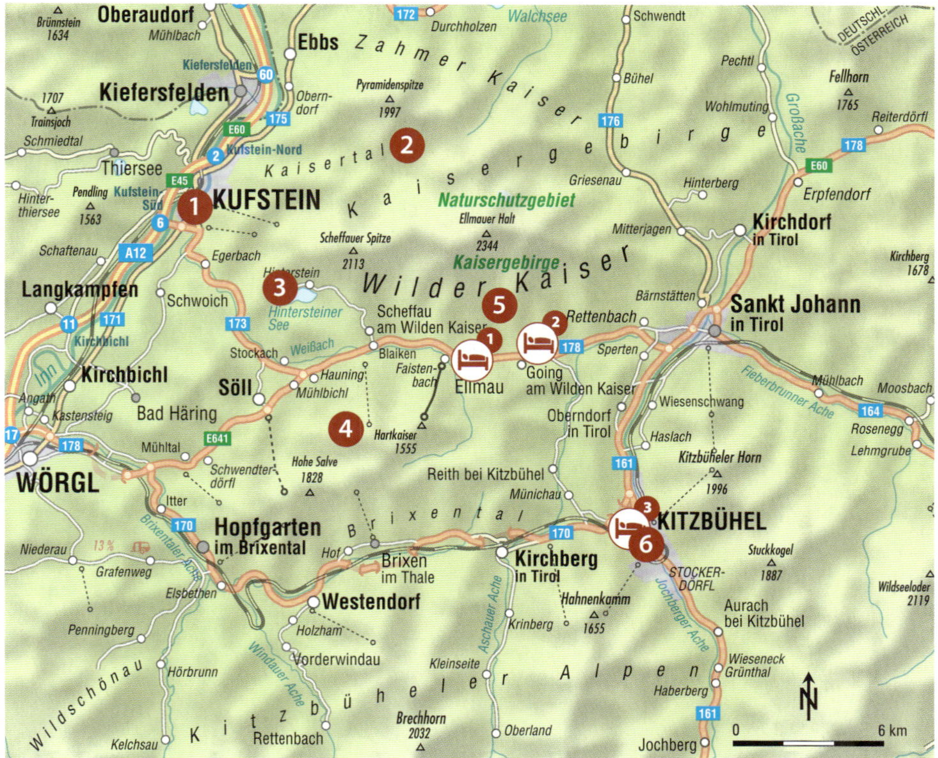

1 Kufstein
2 Kaisertal
3 Hintersteiner See
4 Skiwelt – Sommerwelt
5 Wochenbrunner Alm
6 Kitzbühel
Hotel 1 Kaiserhof
Hotel 2 Stanglwirt
Hotel 3 Sporthotel Reisch

2 Kaisertal

Der Kaiser hat eine gespaltene Persönlichkeit: Es gibt den Wilden Kaiser im Süden und den Zahmen Kaiser im Norden. Zwischen beiden verläuft das Kaisertal, das im Rennen um das schönste Hochtal Österreichs mit Sicherheit einen der vorderen Plätze belegt. Es ist bis heute eine Fußgängerzone geblieben – nur die wenigen Anlieger dürfen auf dem schmalen Natursträßchen mit dem Auto hineinfahren. Hat man die vielen steilen Stufen der »Sparchenstiege« am Nordrand Kufsteins (500 m) geschafft, betritt man das Paradies. Der Weg führt durch eine bäuerliche Bilderbuch-Kulturlandschaft mit malerischen Bauernhöfen wie dem Veiten- und dem Pfandlhof (beide mit wunderbaren Biergärten), mit steilen Wiesen und einer fantastisch-zackigen Bergkulisse, die vom höchsten Kaisergipfel, der Ellmauer Halt (2344 m), gekrönt wird. Anfangs hoch über dem Taleinschnitt verlaufend, erreicht der Weg später im Wald den Kai-

Die Kaiserkrone

65 km, 5000 m Höhenunterschied in Auf- und Abstieg: Das sind die nüchternen Daten der großartigen Wanderung rund um den Wilden Kaiser. Die fünf Tagesetappen sind von Juni bis Oktober zu begehen. Übernachtet wird in Berghütten und Gasthäusern im Tal. www.wilderkaiser.info

serbach und hinter einem Tunnel bald das bewirtschaftete Anton-Karg-Haus in Hinterbärenbad (829 m). Weiter oben steht das Hans-Berger-Haus (936 m), traditionelle Unterkunft der Kletterer. Die Wände ragen hier so hoch und steil über dem Dach empor, dass man unwillkürlich den Kopf einzieht. Auf dem Rückweg sollte man unbedingt ab dem genannten Tunnel die obere Wegvariante nehmen. Sie führt zur Antoniuskapelle, sicher einer der romantischsten Plätze in ganz Tirol und über den Hinterkaiserhof zurück zum Pfandlhof. Die reine Gehzeit nach Hinterbärenbad und zurück beträgt insgesamt gut 5 Std. Die Tour kann nach Belieben verkürzt oder verlängert werden.

Parkplatz in der Sparchner Straße/Kaiseraufstieg, Kufstein; www.kaisertal.at

3 Hintersteiner See

Wenn es im Sommer zu heiß ist, um auf die sonnigen Höhen des Kaisers zu steigen, frischt man sich gern an seinem Fuß ab, nämlich im Hintersteiner See. Der liegt auf 883 m Höhe im Naturschutzgebiet Wilder Kaiser und gilt als einer der schönsten und saubersten Naturbadeseen Tirols. Das mit dem Abfrischen sollte man aber ernst nehmen: Wärmer als 19 bis 20 Grad wird das Wasser nie. Am Nordufer führt eine kleine Straße entlang, hier liegt auch der Hauptbadestrand beim Café Seestüberl. Beim gemütlichen Spaziergang rund um den See – er dauert gut 1 Std. – lernt man auch das unverbaute, waldige Südufer kennen, das mit seinem Prachtblick über den See auf die Kaisergipfel begeistert.

Infobüro Scheffau, Dorf 28, Tel. +43 50/50 93 10, www.wilderkaiser.info

4 Skiwelt – Sommerwelt

Sie hat schon Auszeichnungen als das beste und als das familienfreundlichste Skigebiet der Welt erhalten: die Skiwelt Wilder Kaiser. Nicht weniger als 90 Lifte und Bahnen überziehen die sanften Höhen zwischen Scheffau, Ellmau und Going auf der Nord- und dem Brixental auf der Südseite. 284 km Pisten gehen ihnen damit ins Netz, und nur 40 km davon werden nicht künstlich beschneit. Glühwein und Germknödel genießt man in 77 Skihütten. Und gleich nebenan grenzt das Skigebiet von Kitzbühel an. Da hat man zu tun. Wo im Winter Ski gefahren wird, bis der Bergdoktor kommt, erstreckt sich im Sommer ein gigantischer Spielplatz. 13 Bahnen führen aus den Tälern hinauf, wo sich der Betrieb auf ein halbes Dutzend »Erlebniswelten« konzentriert: das »Hexenwasser« bei Söll, das »Alpinolino« auf dem Talkaser bei Westendorf, der Filzalmsee bei Hochbrixen, »Ellmi's Zauberwelt« am Hartkaiser bei Ellmau und die »Kaiserwelt« auf dem Scheffauer Brandstadl. Während die Kinder Spielgeräte ausprobieren, auf dem Floß oder im Segelboot über Wasserspeicher für die winterliche Beschneiung fahren und natur- und erlebnispädagogische Lehrpfade absolvieren, dürfen die Eltern chillen. Das alles hat mit Natur nur am Rand zu tun, ist aber irgendwie faszinierend. Auch die Gipfelkuppe der Hohen Salve (1829 m), höchster Punkt im Gebiet und einer der heiligen Orte Tirols, ist heute eine »Erlebniswelt«. Die Wallfahrtskapelle steht schon seit 1641 hier oben, das große Panoramarestaurant ist neuer. Von beiden ist die Fernsicht himmlisch.

Skiwelt Wilder Kaiser Brixental, Dorf 84 a, Söll, Tel. +43 53 33/4 00, www.skiwelt.at

Abkühlung gefällig? Der Hintersteiner See ist das perfekte Ziel an heißen Sommertagen.

Hahnenkamm-Rennen

Einige A-, viele B- und noch mehr C-Promis finden sich im Januar in Kitzbühel ein, um eine Woche lang zu feiern – und großen Skisport zu sehen: Die Herren-Abfahrt auf der »Streif« gilt als schwierigste Rennstrecke im Weltcup-Zirkus. www.hahnenkamm.com

5 Wochenbrunner Alm

Von Ellmau führt eine kleine, zuletzt mautpflichtige Straße hinauf zur Wochenbrunner Alm auf 1085 m Höhe. Abgesehen vom Gastbetrieb mit Sonnenterrasse, Wildgehege, Kneippanlage und Almladen ist sie der beste Ausgangspunkt für Bergtouren. Hier beginnt u.a. eine der großartigsten Wanderungen im ganzen Gebiet: auf dem Höhenweg über die Kaiser Hochalm hinüber zum Seestüberl am Hintersteiner See (4,5 Std.). Allerschönste Aussicht bietet auch die Wanderung über die nahe Gruttenhütte zur Wildererkanzel, zum Baumgartenköpfl (1572 m) und weiter zur romantischen, nicht bewirtschafteten Ackerlhütte (1455 m) – hier lernt man den stilleren Ostteil des Kaisergebirges kennen. Wer sportlich, klettergeübt und schwindelfrei ist und über die nötige Ausrüstung verfügt (Helm, Klettersteigset), kann auf dem Gamsängersteig oberhalb der Gruttenhütte auf den höchsten Kaisergipfel steigen, die Ellmauer Halt (2344 m; hin und zurück ca. 7 Std.) – ein echter Tiroler Höhepunkt!

Wochenbrunnweg 44, Ellmau, Tel. +43 53 58/21 80, www.wochenbrunn.com

6 Kitzbühel

Viele nennen die Tiroler Bezirkshauptstadt mit ihren 8300 Einwohnern einen Vorort von München. Das ist nicht ganz richtig und nicht völlig falsch. Vor allem im Winter präsentiert sich Kitzbühel mit seinen teuren Boutiquen und Restaurants und seinem berühmten Skigebiet als Treffpunkt des internationalen Jetsets – wobei die Grenzen zwischen neuem Trash und alter Tradition fließen. Schon im 16. Jh. kamen die Kitzbüheler durch Kupfer- und Silberfunde zu einem Wohlstand, von dem viele prächtige Bürgerhäuser in der sehr sehenswerten Altstadt zeugen. Über deren Dächern bestimmen zwei Kirchtürme die Silhouette: Der schlanke Turm gehört der gotischen Stadtpfarrkirche St. Andreas, der massige, quadratische Turm wurde 1566 der benachbarten Liebfrauenkirche (Ende 14. Jh.) spendiert – für die gewaltige neue Glocke. Einen Besuch verdient das Heimatmuseum (Hinterstadt 32, tgl. 10–17, Do bis 20 Uhr, www.museum-kitzbuehel.at), das neben Exponaten zu Volkskunde und Wirtschaftsgeschichte auch Gemälde des berühmten Kitzbüheler Malers Alfons Walde zeigt. Wo es aber eine Hahnenkamm-Seilbahn und überhaupt ein weltberühmtes Skigebiet mit 170 km Pisten gibt, spielt die Kunst nur eine Nebenrolle. Vor allem im Sommer empfiehlt sich der Ausflug mit der Seilbahn aufs Kitzbüheler Horn (1996 m; Hornweg 23 a, 8.30–17 Uhr, www.bergbahn-kitzbuehel.at). Das 360-Grad-Panorama ist umwerfend.

Kitzbühel Tourismus, Hinterstadt 18, Tel. +43 53 56/6 66 60, www.kitzbuehel.com

Hotels

Kaiserhof
Das familiengeführte 5-Sterne-Superiorhotel ist sensationell gelegen: Der Blick vom Hang, direkt an der Skipiste, zum gegenüberliegenden Wilden Kaiser ist ein Traum. Tolle Wohlfühlwelt, himmlische Küche von Chef Günter Lampert, ausgezeichnet mit zwei Gault-Millau-Hauben.
Harmstätt 8, Ellmau, Tel. +43 53 58/20 22, www.kaiserhof-ellmau.at

Stanglwirt
Die Institution am Wilden Kaiser, Treffpunkt von VIPs und Genusssüchtigen: ein Bio- und Wellnesshotel, das über die Jahrzehnte zu einem eigenen Dorf angewachsen ist, für das man eine Karte braucht. Berühmt ist die 8000 qm (im Sommer 12 000 qm) große Wellness-Erlebniswelt mit Bächen, Grotten, Wasserfällen und üppiger Vegetation, unerschöpflich sind die Sportangebote: in der eigenen Reithalle (mit Lipizzaner-Gestüt!), auf der Driving-Range inklusive Golf Sport Academy, auf den Tennisplätzen und in den umliegenden Skigebieten.
Kaiserweg 1, Going, Tel. +43 53 58/20 00, www.stanglwirt.com

Sporthotel Reisch
Schönes, traditionsreiches Hotel im hübschen Zentrum von Kitzbühel mit »Legendenzimmern«, feiner österreichischer Küche im Restaurant »Kaiserstuben« und guten Drinks in der Bar.
Franz-Reisch-Str. 3, Kitzbühel, Tel. +43 53 56/6 33 66, www.sporthotelreisch.at

12 Nationalpark Hohe Tauern

Natur pur, ohne Schnickschnack und Inszenierung? Gar nicht mehr so selbstverständlich. Eine gute Adresse ist der Nationalpark Hohe Tauern. Hier stehen einige der höchsten Berge Österreichs, darunter der allerhöchste: der Großglockner (3789 m). Das größte Schutzgebiet der Alpen erstreckt sich über Salzburg, Kärnten und Osttirol. Letzteres ist der gebräuchliche Name für den Tiroler Regierungsbezirk Lienz, der nicht nur auf der sonnigen Alpensüdseite liegt, sondern immer noch, ein bisschen wenigstens, im touristischen Windschatten. Erst der Felbertauerntunnel eröffnete 1967 eine direkte Verbindung nach Norden und machte das gefühlte »Ende der Welt« zugänglicher. Vorteil der langen Abgeschiedenheit: Osttirol sind manche Erschließungssünden erspart geblieben. Darum fühlen sich hier alle wohl, die eine noch weitgehend intakte bergbäuerliche Kulturlandschaft mögen. Touristisches Zentrum ist Matrei, wo man sich nicht nur im Nationalparkhaus am Kirchplatz über das Naturinventar informieren kann, sondern auch über Seilbahnen und Skipisten mit dem Glocknerdorf Kals verbunden ist. Heiß geliebt von Bergsteigern und Wanderern wird das Virgental im Westen von Matrei – ein Tourengebiet von sagenhafter Schönheit und Vielfalt am Fuß des 3666 m hohen Großvenedigers.

Nationalparkhaus, Kirchplatz 2, Matrei in Osttirol, Tel. +43 4875/51 61 10, www.hohetauern.at

Tourismusinformation Matrei/Nationalparkregion Hohe Tauern, Rauterplatz 1, Matrei in Osttirol, Tel. +43 50/21 25 00, www.matreiosttirol.com

Alpiner Mythos und sagenhafte Traumroute: die Großglockner Hochalpenstraße zwischen Heiligenblut und Bruck.

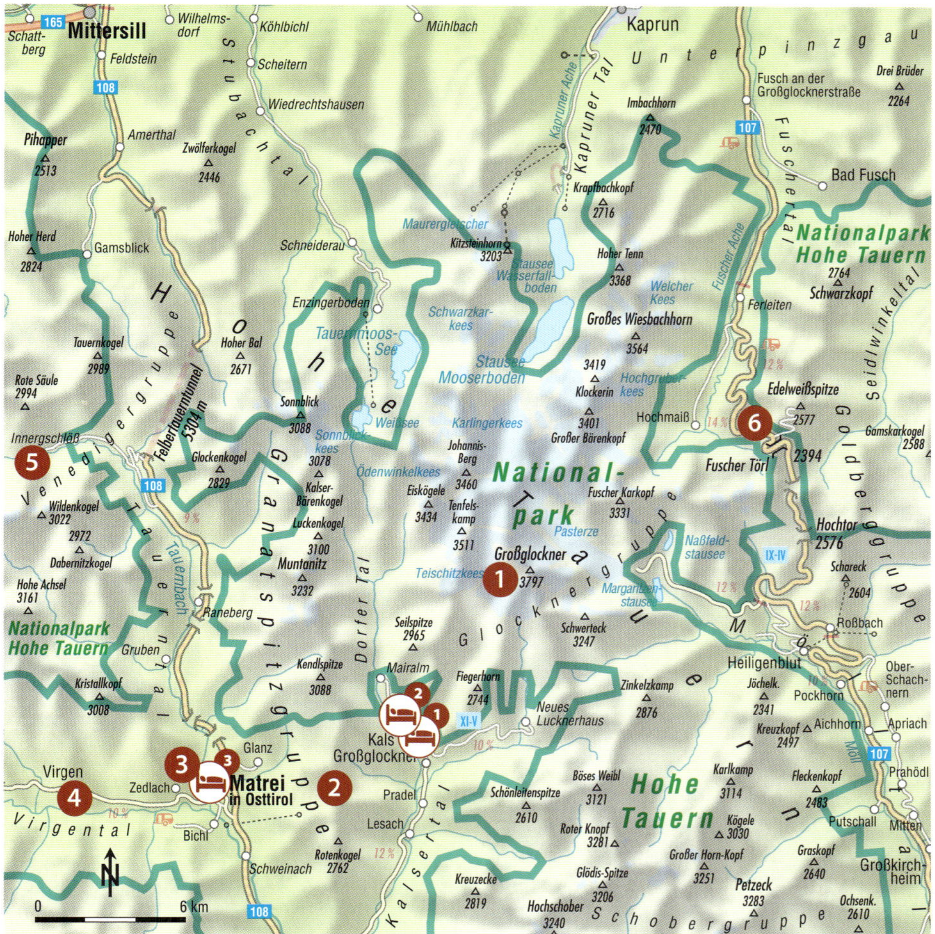

1 Kals und der Großglockner
2 Im »Großglockner Resort«
3 Zedlacher Paradies
4 Wandern im Virgental
5 Gschlößtal
6 Großglockner Hochalpenstraße
1 Gradonna Resort
2 Taurerwirt
3 Hinteregger

1 Kals und der Großglockner

Zum höchsten Berg Österreichs fährt man von Huben im Iseltal zuerst 13 km hinauf ins Dorf Kals mit seinem ungemein fotogenen Wahrzeichen, der kleinen gotischen Kirche St. Georg mitten auf der grünen Wiese, und der Nationalpark-Infostelle mitten im Ort (Ködnitz 7, Tel. +43 48 75/51 61 10). Dahinter führt die mautpflichtige Kalser Glocknerstraße ins Ködnitztal zum Lucknerhaus (1918 m; Wanderbus Mitte Juni–Mitte Sept. tgl. außer So), wo man den Berg in seiner ganzen Pracht vor sich sieht. Noch näher geht es nur zu Fuß. Auf dem guten Weg durch das grandiose Ködnitztal, eingerahmt von mächtigen Steilflanken und vorbei an der bewirtschafteten Lucknerhütte (2241 m), kann man Murmeltiere (so gut wie sicher), Steinböcke (gar nicht selten) und sogar Steinadler (mit etwas Glück) beobachten. Bis zur architektonisch bemerkenswerten Stüdlhütte des Alpenvereins auf 2801 m Höhe kommt man auch ohne alpinistische Fähigkeiten – ab Lucknerhaus in etwa 2,5–3 Std. Man kann nun auf deutlichen Steigspuren über Schutt weiter hinaufsteigen bis zur »Schere« und zum Gletscherrand, wo man dem Großglockner schon sehr nah ist. Wem das nicht genügt, der muss einen Bergführer buchen (Bergführer Kals, Tel. +43 664/4 16 12 89, www.bergfuehrer-kals.at), der ihn zum Gipfel bringt. Auch der einfachste Weg ist nicht wirklich einfach. Von der Stüdlhütte geht es über das Ködnitzkees zur Erzherzog-Johann-Hütte auf der Adlersruhe (3454 m). Die höchstgelegene Schutzhütte Österreichs bietet ein unglaubliches Fernseh-Programm zu Sonnenunter- und -aufgang. Am nächsten Morgen klettert man über eine steile Eisflanke auf den Grat und über die schwindelerregende Felsschneide – besonders gruselig in der Glocknerscharte zwischen Klein- und Großglockner – zum höchsten Punkt.

Tourismusinformation Kals, Ködnitz 7,
Kals am Großglockner, Tel. +43 50/21 25 40,
www.kalstourismus.at

2 Im »Großglockner Resort«

Von Matrei gondelt man hinauf zur Bergstation Goldried (2146 m), von Kals zum kantig-gläsernen Berghotel Adler Lounge (2405 m) und zum Bergrestaurant Blauspitz (2305 m). Wo im Winter gecarvt wird, erschließen die drei Bahnen im Sommer ein weitläufiges Wandergebiet mit grandioser Aussicht. Paradewanderung ist der familienfreundliche Europa-Wanderweg vom Goldried über das Kals-Matreier-Törl-Haus (2207 m) zur Bergstation Blauspitz (2,5 Std.). Letztere ist auch der Ausgangspunkt für die deutlich anspruchsvollere, aber landschaftlich noch begeisterndere Tour über das Hohe Törl (2477 m) und den Sudetendeutschen Höhenweg bzw. »Osttirol 360° Skyline Trail« zur bewirtschafteten Sudetendeutschen Hütte (2650 m, 3,5 Std.). Der Weg ist stellenweise sehr schmal, quert steile Flanken und ist ab und an mit Seilen gesichert. Eine weitere Steigerung bringt der Übergang von der Hütte über den Gradötzsattel (2826 m) hinab zum Kalser Tauernhaus (1755 m) und durch das Dorfertal zurück nach Kals. Wem die Tour zu lang und zu schwierig ist, der kann vom Parkplatz beim Taurerwirt in Kals durch die Daberklamm und das idyllische Dorfertal, vorbei an der Jausenstation Bergeralm und dem Kalser Tauernhaus, bis zum geheimnisvollen Dorfersee (1935 m) gehen – hin und zurück 5 Std.

Großglockner Ultra Trail

110 km Strecke und 6500 m Höhenunterschied: Champions schaffen das in weniger als 17 Std. Nicht ganz so wahnsinnig wie der Ultra Trail mit Start und Ziel in Kaprun ist der Glocknertrail, der in Kals beginnt: 50 km und 2000 m Höhenunterschied. Ende Juli! www.ultratrail.at

Einkehr für Ästheten: Die Stüdlhütte am Großglockner ist ein echter Blickfang.

Goldried Bergbahnen Matrei, Europastraße, Tel. +43 48 75/60 67; Bergbahnen Kals, Großdorf 70, Tel. +43 48 76/82 33, www.gg-resort.at

3 Zedlacher Paradies

Er erscheint wirklich paradiesisch: der 600 Jahre alte Lärchenwald zwischen Matrei und Virgen. Ein Waldlehrpfad mit sieben Stationen führt durch das Gebiet. Die Rundtour ist höchst beliebt bei Familien mit Kindern, denn man lernt hier nicht nur viel über den Wald und seine Bewohner, sondern man darf dabei auch Spaß haben. Und außerdem gibt es noch, ein Stück oberhalb, die Wodenalm (1825 m), in der sich herrlich einkehren lässt.

Parkplatz in Zedlach, Zufahrt von Matrei, Gehzeit 2–3 Std.

4 Wandern im Virgental

Die Wallfahrtskirche Maria Schnee, 1456 errichtet, ist mit ihren Fresken vom Ende des 15. Jh. eines der kunstgeschichtlichen Highlights in Osttirol. Ein schöner Kreuzweg führt von Virgen hinauf zum Gotteshaus, das sich äußerst fotogen inmitten eines uralten, gepflegten Hofensembles erhebt (Führungen Anf. Juni–Anf. September Fr 17 Uhr und nach Vereinbarung, Tel. +43 50/21 25 20). Die meisten Besucher kommen aber, um zu wandern: Das Tourengebiet hat in seiner landschaftlichen Großartigkeit in ganz Tirol kaum ein Gegenstück. Viele bewirtschaftete Hütten erlauben es sogar, das ganze Tal in einer guten Woche auf Höhenwegen zu umrunden. Größter Besuchermagnet ist der Wasserschaupfad Umbalfälle ganz hinten im Tal. Ausgangspunkt ist der Parkplatz in Ströden (1403 m), von dem man den Beginn des Schaupfads bei der Pebellalm zu Fuß in 30 Min. erreicht; es stehen auch Pferdekutschen bereit. Über sieben Stationen geht es an den tosenden Katarakten der Isel vorbei. Weit in die Schlucht ragende Plattformen bieten an heißen Sommertagen erholsame Abkühlung. Rund 1 Std. ist man auf dem Schaupfad unterwegs. Äußerst empfehlenswert ist aber noch der weitere Aufstieg durch das eindrucksvolle Tal bis zur Clarahütte (2036 m), eine der ältesten (1872 erbaut) und ursprünglichsten Schutzhütten des Alpenvereins, die sich mit ihrem flachen Pultdach zwischen himmelhohen Steilflanken duckt. Man kann über den anfangs sehr flachen Talboden noch lange Zeit weiterwandern – bis man hinter einer seilgesicherten Felsstufe die Gletscherzunge des Umbalkeeses erreicht, aus der die Isel entspringt.

Tourist Info Virgen: Virgentalstr. 77, Tel. +43 50/21 25 20; Tourist Info Prägraten: St. Andrä 35 A, Tel. +43 50/21 25 30, www.osttirol.com

5 Gschlößtal

Für viele ist es der schönste Talschluss in den Hohen Tauern. Gleich südlich des Felbertauerntunnels führt eine kleine Stichstraße zum Matreier Tauernhaus (1512 m). Zu Fuß geht es nun am Berghaus Außergschlöß vorbei zur urigen Almsiedlung Innergschlöß mit dem bewirtschafteten Venedigerhaus (1691 m), direkt vor der vergletscherten Ostflanke des Großvenedigers. Hier beginnt der eindrucksvolle Gletscherlehrweg, den der Alpenverein am Zungenende des mächtigen Schlatenkeeses angelegt hat. Die alpine Rundwanderung dauert vom Venedigerhaus aus knapp 3 Std. und weist 500 m Höhenunterschied auf. Bitte nur mit festen Wanderschuhen!

Start beim Alpengasthof Matreier Tauernhaus, Tauer 22, Tel. +43 48 75/88 11, www.matreier-tauernhaus.com

Unterwegs mit Park-Rangern

Sehr attraktiv sind die umfangreichen Programme der Nationalparkverwaltung. In bester Begleitung von Rangern begibt man sich auf die Wildtierpirsch, sucht (und findet) Steine und Kräuter, folgt den Wegen des Wassers. Auch Foto-Workshops werden angeboten. www.nationalparkerlebnis.at

6 Großglockner Hochalpenstraße

In Heiligenblut beginnt die 48 km lange Großglockner Hochalpenstraße – nichts weniger als ein nationaler Mythos und eine der meistbesuchten Sehenswürdigkeiten Österreichs. Zwischen 1930 und 1935 entstand das spektakuläre Bauwerk mit seinen 36 Kehren. Pflicht ist der Abstecher über die 8,7 km lange Gletscherstraße zur Franz-Josephs-Höhe (2369 m): Der Blick auf die Schokoladenseite des Großglockners und auf den 9 km langen Eisstrom der Pasterze, den größten Gletscher der Ostalpen, ist atemberaubend. Die Haupttrasse der Glocknerstraße leitet danach zum Fuscher Törl (2428 m) und vorbei am kurzen Abstecher zum Aussichtsplatz Edelweißspitze (2571 m) hinab nach Ferleiten (1151 m) mit seinem Wild- und Freizeitpark (Mai bis Okt. tgl. 8 Uhr bis Sonnenuntergang, www.wildparkferleiten.at), in dem Luchse, Wölfe, Bären und Murmeltiere leben.

Mai 6–20, Juni–Aug. 5–21.30, Sept.–Okt./Anf. Nov. 6–19.30 Uhr, www.grossglockner.at

Hotels

Gradonna Resort
Der neue alpine Stil: Eine ebenso große wie luxuriöse Anlage, mitten im Wald und direkt an der Skipiste. Haupthaus mit markantem Turm, mehrere Chalets mit eigenen Spa-Bereichen, alle mit klarer (Holz-)Architektur. Das Haupthaus bietet Wellness auf 3000 qm, dazu kann man draußen im Badeteich planschen. Hervorragende Angebote für Wanderungen und Bergtouren, Bike-Ausflüge.
Burg 24, Kals am Großglockner, Tel. +43 48 76/8 20 00, www.gradonna.at

Taurerwirt
Traumhaft gelegenes Wander- und Vitalhotel. Berühmt sind die Wellness- und Gesundheitsprogramme – »gewürzt« mit Kräutern von den umgebenden Bergen. Der Garten mit seinen Pools, Biotopen und Ruhezonen ist eigentlich eine Unverschämtheit: Man kommt hier kaum weg – was angesichts der herrlichen Wege, die gleich vor der Tür beginnen, eine Sünde wäre.
Burg 12, Kals am Großglockner, Tel. +43 48 76/82 26, www.taurerwirt.at

Hinteregger
Stilvoll modern eingerichtetes 3-Sterne-Haus in Matrei – ideal für Ausflüge mit der Seilbahn Richtung Goldried/Kals oder ins grandiose Virgental. Im Restaurant wird tirolerisch gekocht, mit Produkten aus der eigenen Landwirtschaft.
Hintermarkt 4, Matrei, Tel. +43 48 75/65 87, www.hotelhinteregger.at

13 Salzkammergut

Sisi und Franz waren natürlich auch hier: Kaiser Franz Joseph und seine Gattin, Kaiserin Elisabeth, verbrachten die Sommermonate in ihrer großen Villa in Bad Ischl. Der Ort liegt ziemlich genau in der Mitte des Salzkammerguts, einer Region, an der sich neben gekrönten Häuptern auch viele Künstler, Maler und Schriftsteller nicht sattsehen konnten. Und dann ist da noch das gewöhnliche Volk, das einfach nur zum Baden, Wandern und Faulenzen kommt, zum Radeln und Reiten, Dampferfahren, Kaffeetrinken, Schlemmen, Kulturgenießen, Leuteschauen ... Oft als »zehntes Bundesland« der Alpenrepublik bezeichnet, liegt es zum größten Teil in Oberösterreich, zu kleineren Teilen in Salzburg (Wolfgangsee, Fuschlsee) und der Steiermark (Ausseerland). Landschaftlich bedient das Salzkammergut so ziemlich jeden Wunsch: von Gletschereis und schroffen Kalkspitzen am Dachstein über sanfte grüne Wald- und Almberge bis ins liebliche Alpenvorland. 76 größere und kleinere Seen machen die fotogene Kulisse vollkommen.

Salzkammergut Tourismus, Salinenplatz 1, Bad Ischl, Tel. +43 61 32/2 69 09, www.salzkammergut.at

Vom Rudolfsturm am Salzberg blickt man aus der Vogelperspektive auf Hallstatt – und weit über den malerischen Hallstätter See.

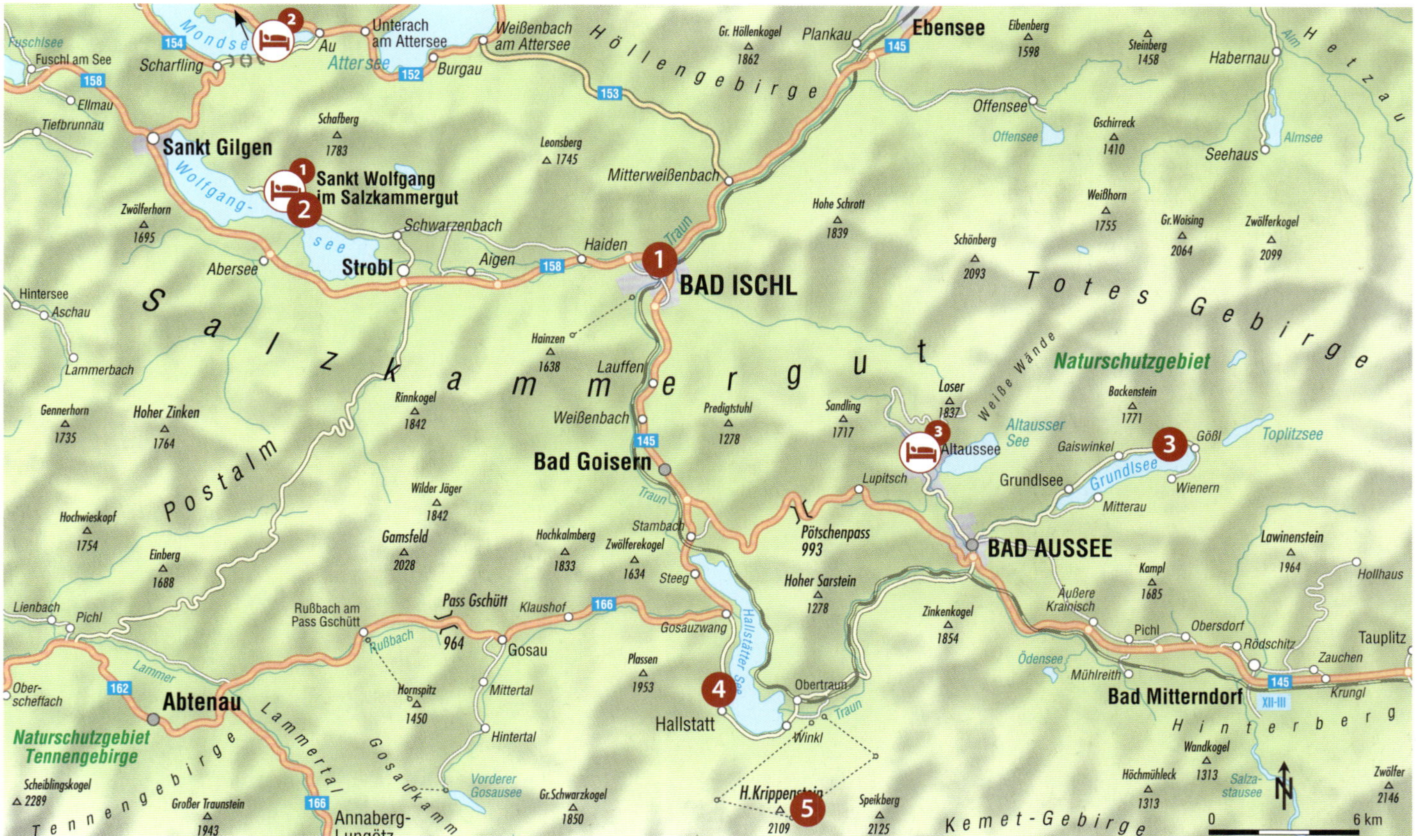

1 Bad Ischl
2 St. Wolfgang und der Schafberg
3 Drei-Seen-Tour
4 Hallstatt
5 Dachstein-Krippenstein
1 Weißes Rössl
2 Hotel Seehof
3 Seevilla

1 Bad Ischl

K.-u.-k.-Kult: In Bad Ischl verlobte sich Kaiser Franz Joseph 1853 mit »Sisi«, der bayerischen Prinzessin Elisabeth. Seine Mutter, Erzherzogin Sophie, schenkte ihm danach die Biedermeiervilla am Fuß des Jainzenbergs, die neoklassizistisch umgebaut und erweitert wurde und dem Regenten als Sommerresidenz diente. Heute darf das Volk in der Kaiservilla (Jainzen 38, Tel. +43 61 32/2 32 41, Mitte März–Sept. tgl. 9.30–17, April/Okt. tgl. 10–16, Jan.–März Mi 10–16 Uhr, www.kaiservilla.at) besichtigen, was damals unter »schöner wohnen« verstanden wurde. Neben den opulent ausgestatteten Räumen und Sälen mit üppigem Trophäenschmuck – Majestät liebte die Jagd – kann man in der Nordwestecke des angrenzenden Kaiserparks das Marmorschlössl, Elisabeths Teehaus besichtigen. Heute ist darin das Photomuseum des Landes Oberösterreich untergebracht. Zurück in der Gegenwart darf man einen ungemein wohltuenden Kulturschock erleben: in der sehr zeitgemäßen, riesigen Wonnewelt der Salzkammergut-Therme des Eurothermen-Resort (Voglhuberstr. 10, Tel. +43 61 32/20 40, tgl. 9–24 Uhr,

Mit der Dampfzahnradbahn geht es vom Wolfgangsee hinauf zum Schafberg (1782 m).

www.eurothermen.at/bad-ischl). Die bietet diverse Sole-Becken und -Whirlpools, eine Salzgrotte und ein Gradierwerk, Sprudelliegen und als Höhepunkt im Außenbereich einen eigenen Fluss. Dazu gibt es eine Saunawelt und die »Wellness Oase Alhambra«. Wenn das der Kaiser noch erlebt hätte!

Tourist Info: Auböckplatz 5, Bad Ischl, Tel. +43 61 32/27 75 70, www.badischl.com

2 St. Wolfgang und der Schafberg

Der Schafberg zeigt Profil: nach Norden senkrechte Felswände, nach Süden eine geneigte Wald- und Wiesenschräge. Über letztere rattert die steilste Dampfzahnradbahn Österreichs bzw. einer ihrer dieselgetriebenen Nachkommen (Schafbergbahnhof, Tel. +43 61 38/2 23 20, Mai–Okt., www.schafbergbahn.at). Auf der 6 km langen Fahrt von St. Wolfgang, gleich bei der Schiffsanlegestelle, bewältigt sie genau 1190 m Höhenunterschied bis zur Bergstation unmittelbar unter dem Hotel Schafbergspitze (1782 m). Die Aussicht von oben ist mit dem Wort atemberaubend nur unzureichend beschrieben. Sie reicht von der schier unendlichen Weite des Alpenvorlands im Norden bis zum vergletscherten Dachsteinmassiv im Süden. Für die Rückkehr kann man den Wanderweg nehmen – wenigstens bis zur Haltestelle Schafbergalm (1365 m). Unten in St. Wolfgang sollte man unbedingt noch einen Blick in die spätgotische Pfarrkirche (www.pfarre-sankt-wolfgang.at) werfen. Unter den vielen Kunstschätzen ist der Flügelaltar von Michael Pacher aus dem 15. Jh. mit 71 geschnitzten Skulpturen und 24 Bildern der bedeutendste.

Wolfgangsee Tourismus, Au 140, St. Wolfgang am Wolfgangsee, Tel. +43 61 38/8 00 30, www.wolfgangsee.at

3 Drei-Seen-Tour

Die schönste Schiffspassage im Salzkammergut? Die Drei-Seen-Tour im Ausseerland ist ein heißer Kandidat dafür. Los geht's bei der Anlegestelle Seeklause am Westende des Grundlsees, über den man nach Gössl übersetzt. Nun heißt es aussteigen und wandern (20 Min.). Dann hat man den sagenhaft geheimnisvollen Toplitzsee erreicht – bekannt aus dem letzten James-Bond-Abenteuer »Spectre« und vom Geraune über einen Nazi-Schatz auf seinem über 100 m tiefen Grund ... Die Plätte gleitet an den völlig unverbauten Steilufern mit Wasserfällen vorbei, und es heißt noch mal aussteigen. Zu Fuß erreicht man schließlich den Kammersee, wo es wirklich nicht mehr weitergeht. Mitten in der absoluten Wildnis am Fuß des Toten Gebirges sieht man hinauf zum Wasserfall, in dem die Traun entspringt, und fragt sich, wann man das letzte Mal vor so einer Kulisse gestanden hat.

Schifffahrt Grundlsee, Mosern 22, Grundlsee, Tel. +43 36 22/86 04 43 33, www.schifffahrt-grundlsee.at

4 Hallstatt

Dicht gedrängt und wie an den Berghang geklebt scheinen die hübschen Häuser geradezu aus dem Wasser herauszuklettern: Den spektakulärsten Blick auf Hallstatt hat man vom Wasser aus (an Bord eines Dampfers der Hallstättersee Schifffahrt, www.hallstattschifffahrt.at), aber auch auf dem verkehrsberuhigten Marktplatz ist der Eindruck großartig – auch wenn eine Mure im Juni 2013 schwere Schäden angerichtet hat. Am Nordende der Altstadt steht die gotische Pfarrkirche mit ihrem prächtigen Marienaltar von 1515. Nebenan sind im Beinhaus der Michaelskapelle etwa 600 kunstvoll bemalte, oft mit Namen und Lebensdaten versehene Totenschädel zu bestaunen. Im Museum Kulturerbe Hallstatt (Seestr. 56, April bis Okt. tgl. 10–16/18 Uhr, Nov.–März Mi bis So 11–15 Uhr, www.museum-hallstatt.at) wird sehr ansprechend vermittelt, warum

Hallstatt seit 1997 zum Unesco-Welterbe gehört. Schon ab 4000 v. Chr. wurde im Hochtal über dem Ort Salz abgebaut. Außerdem fand man hier um 1850 ein keltisches Gräberfeld mit etwa 3000 Grabstellen und wertvollen Grabbeigaben aus dem Donauraum und von der Ostseeküste, aus Italien und sogar aus Afrika. Darum heißt der erste Abschnitt der europäischen Eisenzeit (800–400 v. Chr.) heute Hallstattzeit. Eine Standseilbahn führt vom Stadtteil Lahn hinauf zum Rudolfsturm am Salzberg, wo der neue »Skywalk« Welterbeblick einen schwindelerregenden Blick erschließt. Ein kurzer Fußweg führt weiter zum vermutlich ältesten Bergwerk der Welt. In den etwas überinszenierten »Salzwelten«, einem der größten Touristenmagneten im Salzkammergut, folgt man den Spuren eines historischen Bergmanns durch dämmrige Stollen, über die längste hölzerne Bergwerksrutsche Europas und zu einem unterirdischen Salzsee mit buntem Licht und seltsamen Klängen (April–Nov. ab 9.30 Uhr, www.salzwelten.at).

Tourist Info: Seestr. 99, Hallstatt, Tel. +43 61 34/82 08, www.hallstatt.net

Schifffahrt

Großer Raddampfer oder kleine Plätte: Erst eine Schifffahrt macht den Aufenthalt im Salzkammergut perfekt – und erschließt dabei herrliche Wander- und Ausflugsziele. Eine Übersicht über alle 30 Anbieter gibt es unter: www.salzkammergut.at/seenschifffahrt

5 Dachstein-Krippenstein

Der multifunktionale Berg ist mit der Seilbahn von Obertraun bequem zu erreichen. Die Aussicht vom Krippenstein (2108 m) ist einzigartig: auf der einen Seite die Steinwüste des Dachstein-Plateaus mit dem Gletscher und dem fotogenen Gipfelzacken, auf der anderen das blau-grüne Almen-, Wald- und Seenpanorama des Salzkammerguts. Für einen noch spektakuläreren Blick wurden die »Five Fingers« gebaut, eine Aussichtsplattform in Gestalt einer ausgestreckten Hand, die man in 20 Min. zu Fuß von der Bergstation erreicht. 4 m weit ragen die »Finger« über den 400 m tiefen Abgrund! Ungeheuer eindrucksvoll und auch mit Kindern problemlos zu begehen ist der Heilbronner Rundwanderweg. Er führt in 3 Std. vom Krippenstein über das Heilbronner Kreuz zur Gjaidalm und mit der Seilbahn zurück. Den aberwitzig schwierigen Seewand-Klettersteig oberhalb von Obertraun nehmen sich nur Könner vor, allen zugänglich sind dagegen die berühmten Dachstein-Höhlen. Fantastische Gebilde sind in der Eishöhle zu bestaunen; die Mammuthöhle, eine der größten Höhlen Europas, beeindruckt durch die Dimensionen ihrer Säle und Gänge. Beide Höhlen sind während den Betriebszeiten der Seilbahn geöffnet und von dieser rasch zugänglich. Die etwas kleinere Koppenbrüllerhöhle liegt dagegen im Tal der Koppentraun östlich von Obertraun und kann zu Fuß erreicht werden (Mai–Sept., 9–16 Uhr, stdl.).

Dachstein Tourismus, Winkl 34, Obertraun, Tel. +43 50/1 40, www.dachstein-salzkammergut.com

Hotels

Weißes Rössl
Kult, ganz klar – auch wenn kaum noch einer die Vorlagen (das Singspiel von 1930, die Filme von 1952/1960) kennt. Geboten wird zeitgemäßer 4-Sterne-Komfort und extravagante Wellness: mit beheiztem Bad im See und dem ersten schwimmenden Whirlpool der Welt. Verführerisches Kulinarik-Paket mit berühmter, ausgezeichneter Patisserie.
Markt 74, St. Wolfgang im Salzkammergut, Tel. +43 61 38/2 30 60, www.weissesroessl.at

Hotel Seehof
Bestlage am Mondsee. Die luxuriöse Anlage befindet sich in einer wunderschönen Bucht mit Park und 300 m langem Privatstrand am sonnigen Nordufer. Wellness heißt hier »See-ness« und findet indoor wie outdoor statt. Jede Menge Aktivitäten von Wandern, Radeln, Golfen bis Schwimmen.
Auhof 1, Loibichl am Mondsee, Tel. +43 62 32/50 31, www.seehof-mondsee.com

Seevilla
Direkt am Ufer des Altausseer Sees checkt man in der generalsanierten Villa Wagner von 1880 ein – und freut sich über den phänomenalen Blick, über die modernen Wellness-Arrangements und über die feine Küche. Toller Ausgangspunkt für alle Arten von Aktivitäten!
Fischerndorf 60, Altaussee, Tel. +43 36 22/7 13 02, www.seevilla.at

Für Nervenkitzel in schwindelerregender Höhe sorgt die rund 100 m lange Dachsteinhängebrücke.

14 Rund um Schladming

Großer Sport und großes Kino in der Obersteiermark – das ganze Programm! Rund um die bekannte Stadt Schladming können Besucher aus dem Vollen schöpfen: von neumodischer Totalbespaßung nach allen Regeln der Tourismusindustrie über hochklassige Herausforderungen an den Bewegungsapparat bis hin zum Genuss der stillsten und urwüchsigsten Naturidyllen. Im Norden bildet die gigantische graue Zackenkrone des Dachsteins mit seinen senkrechten Wänden – Teil des Unesco-Welterbes Hallstatt-Dachstein Salzkammergut – die überwältigende Kulisse für allerlei Pulsbeschleunigungen (siehe auch Tour 13). Hier stehen wilde Kletterpartien auf dem Programm, ausgedehnte Touren auf dem Mountainbike oder auch einfach »nur« Wanderungen auf dem sonnigen Hochplateau der Ramsau, das im Winter tief verschneit und von einem Loipennetz überzogen ist, dessen Ausmaße kaum zu überblicken sind. Gegenüber, auf der Südseite der Enns, zeigen die Niederen Tauern, dass sie in Wirklichkeit ganz schön hoch sind. Es ist ein begeisterndes, ursprüngliches Bergland mit vielen Seen und Wasserfällen, mit langen, aussichtsreichen Bergkämmen und Höhenwegen, die im Sommer zu schier endlosen Wanderungen einladen. Im Winter trifft sich die Community natürlich auf dem berühmten Weltcup- und Weltmeisterschaftsberg Planai und seinen drei Nachbarbergen zum gemeinschaftlichen Gipfel-Hopping mit Ski und Snowboard.

Schladming-Dachstein Tourismusmarketing, Ramsauerstr. 756, Schladming, Tel. +43 36 87/2 33 10, www.schladming-dachstein.at

1 Dachstein

Auch wenn er mit 2995 m die Dreitausender-Marke knapp verfehlt, ist der Dachstein einer der ganz großen österreichischen Berge. Mit der Seilbahn kommt man zwar nicht ganz hinauf, aber ziemlich weit. Von Ramsau-Schildlehen fährt man auf der Mautstraße (für Seilbahngäste kostenlos – Maut-Ticket am Automaten in der Bergstation oder an der Kasse der Talstation entwerten lassen) zur Talstation auf knapp 1700 m; offiziell empfohlen wird die Anfahrt von Schladming über Ramsau mit dem Shuttlebus. Dann geht es mit der spacigen Panoramagondel steil hinauf zum Hunerkogel (2700 m). Wer die Fahrt ohne Wartezeiten unternehmen möchte, sollte seine Tickets v. a. zwischen Juni und September unbedingt online reservieren (Adresse s. u.). Oben kommt man aus dem Staunen nicht heraus: In mehreren Schleifen skaten Langläufer auf dem Dachsteingletscher. Von November bis Juli ist die längste Gletscherloipe der Welt (18 km) ein begehrtes Trainingsziel für die nordische Elite. Gute Skibergsteiger freuen sich dagegen über die schier endlos lange hochalpine Route hinab nach Obertraun und über die rasante Tourenabfahrt durch das Edelgrieß. Und weil die sommers wie winters unglaubliche Naturkulisse offenbar nicht mehr reicht, findet man rund um das große Gletscherrestaurant auf dem Hunerkogel noch diverse Installationen: den Skywalk, die »Treppe ins Nichts«, die unerschrockene und schwindelfreie (!) Besucher auf ein kleines gläsernes Glaspodest über dem »Nichts« führen, die spektakuläre Hängebrücke über den Steilabbrüchen sowie der mit ihr verbundene Eispalast im Dachsteingletscher und die in ihm inszenierte »Reise durch die Steiermark« – wobei die letztgenannten drei Attraktionen extra kosten. Echte Natur verspricht dagegen der Aufstieg zum Gipfel des Hohen Dachstein, aber bitte nur mit Bergführer.

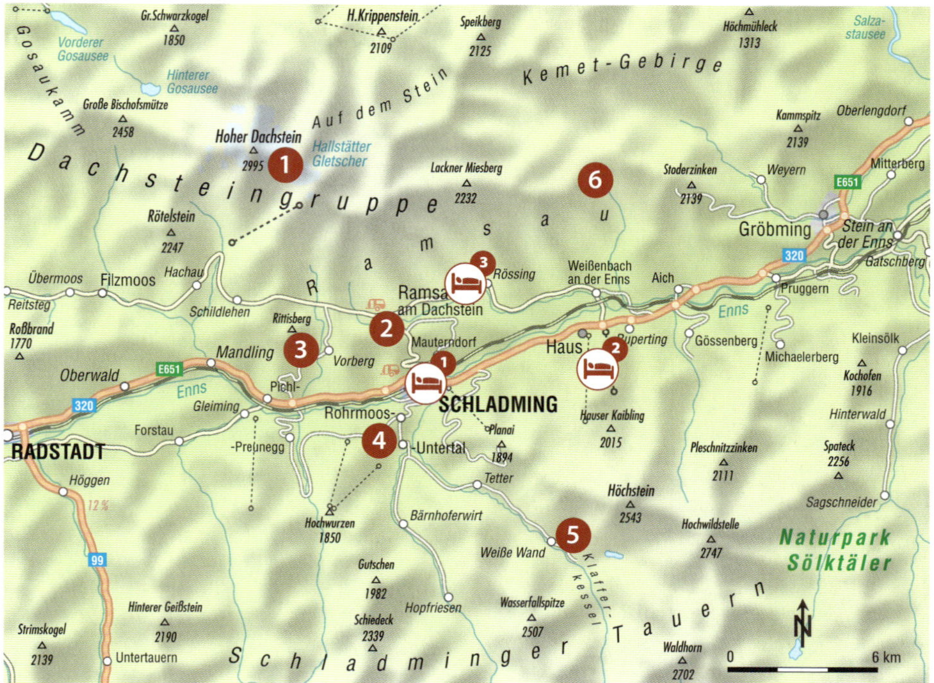

1 Dachstein
2 Ramsau
3 Rittisberg
4 Skifahren und Wandern über alle »4Berge«
5 Klafferkessel
6 Grafenbergalm
Hotel 1 Stadthotel brunner
Hotel 2 Höflehner
Hotel 3 Feistererhof

Mid Europe

Eine Woche lang werden Mitte Juli in Schladming die Backen gebläht: Zum internationalen Blasmusik-Festival reisen um die 2500 Musiker aus aller Welt an. Gespielt wird klassisch und experimentell, in Kirchen, Hallen und unter freiem Himmel, solo und im Orchester. www.mideurope.at

Dachstein-Seilbahn, Ramsau am Dachstein, Tel. +43 36 87/2 20 42, Sommer/Herbst ab 7.50, Weihnachtsferien und Frühling ab 8.30 Uhr, www.derdachstein.at

2 Ramsau

Oberhalb von Schladming liegt auf rund 1100 m Höhe das etwa 18 km lange Hochplateau der Ramsau, eines der beliebtesten steirischen Freizeitreviere zu jeder Jahreszeit. Unter der gigantischen Kulisse der Dachstein-Südwände wird ein bisschen besichtigt (v. a. die Pfarrkirche St. Rupert am Kulm mit spätromanischen und gotischen Fresken und einer Pietà aus dem 15. Jh.), vor allem aber wird gegangen, gelaufen, gewandert. Das Netz der Wege reicht von sanften Waldbergen (Rittisberg, Kulmberg, Sattelberg) bis hinauf zu den Spitzen des Dachstein-Massivs mit vielen Höhenwegen und oft sehr wilden Klettersteigen. Tolle Ziele sind der Alm-Rundwanderweg Lärchboden vom Parkplatz beim Feistererhof und der Aufstieg vom berühmten Lodenwalker durch die Silberkarklamm zur Silberkarhütte; Sportliche können hier zusätzlich zwischen drei Klettersteigen wählen. Im Winter verwandelt sich die Ramsau zu einem der Hotspots des Nordischen Skisports in den Alpen überhaupt. Sagenhafte 220 km umfasst das weltmeisterschaftliche Loipennetz: von der Gletscherstrecke auf dem Dachstein bis zur Nachtloipe im WM-Stadion (Flutlicht bis ca. 21 Uhr). Dass der Sport hier fachkundigst gelehrt wird, versteht sich von selbst.

Tourist Info: Ramsau 372, Tel. +43 36 87/81 83 38, www.ramsau.com

Schladming Dachstein Sommercard

Das Ticket für die ganze Region: Wer in einem der teilnehmenden Übernachtungsbetriebe eincheckt, bekommt mit der Inklusivkarte kostenlosen Zugang zu Bergbahnen, Bädern und Museen. Bonusleistungen decken u. a. Führungen und Ausrüstungsverleih ab. www.schladming-dachstein.at/de/sommercard

3 Rittisberg

Am Westrand der Ramsau erhebt sich ein breiter Waldbuckel. An sich nicht spektakulär, wurden der Rittisberg und seine unmittelbare Umgebung zu einem riesigen Spielplatz für kleine und große Kinder umfunktioniert. Man kann auf den Ein- und Zweisitzern des »Coasters« 1300 m zu Tal sausen und sich auf der E-Motocross-Strecke oder im Segway-Parcours vergnügen, man kann spaßiges Bauerngolf (mit Softbällen!) spielen, Bogenschießen oder über den Hochseilgarten turnen. Es gibt ein großes Freibad mit Beachvolleyballfeld und Campingplatz, und es gibt tatsächlich auch ganz altmodische Wanderwege, die man mit der 4er-Sesselbahn erreicht. Uff.

Erlebnis Rittisberg, Ramsau am Dachstein, Tel. +43 36 87/8 17 76, www.rittisberg.at

4 Skifahren und Wandern über alle »4Berge«

Reiteralm, Hochwurzen, Planai und Hauser Kaibling: Durch ein Netz von 44 Seilbahnen und Liften samt dazugehörigen Pisten miteinander verknüpft, bilden die vier Berge südlich von Schladming und Haus im Ennstal eines der österreichischen Top-Skigebiete. Bekannt von Weltcup- und Weltmeisterschaftsrennen ist vor allem die Schladminger Planai mit ihrer rasanten FIS-Abfahrt über 4,6 km Länge vom Gipfel bis ins Tal. Hier tummeln sich im Winter die meisten Skifans. Wer etwas mehr Ruhe sucht, wird auf Reiteralm und Hochwurzen am ehesten fündig. Für die Statistik sei vermerkt, dass entlang den 123 km Pisten nicht weniger als 56 Skihütten zur Einkehr einladen. Auch im Sommer hat die Skischaukel ihre Qualitäten: Die Seilbahn-Bergstationen auf allen vier Bergen sind Ausgangspunkte für fantastische Höhenwanderungen.

www.4berge.at

5 Klafferkessel

Dieses Naturspektakel ist ebenso still wie gewaltig, und es begeistert umso mehr, weil es wirklich nur zu Fuß, nach längeren Aufstiegen und am besten mit einer Übernachtung am Berg zugänglich ist. Südlich der Planai breitet sich oberhalb von 2000 m Höhe ein stark gegliedertes Plateau mit 30 großen und kleinen Seen aus – Relikten der Eiszeit und ungemein fotogen. Die Tour beginnt im Untertal bei Schladming-Rohrmoos am Almgasthaus Riesachfall (1079 m). An den Wasserfällen und dem Riesachsee vorbei geht es in 2,5 Std. zur Preintalerhütte (1657 m; Tel. +43 664/1 44 88 81, www.preintaler.at).

Kurz vor dem Aufstieg zum Greifenberg (2618 m) grüßt der Obere Klaffensee die Wanderer. Wie die vielen anderen Bergseen in seiner Nachbarschaft ist auch er ein Relikt aus der Eiszeit.

Über die Klafferscharte erreicht man das Seenplateau, nach dessen Überquerung man um den Oberen Klaffersee (2311 m) herum das Waldhorntörl und über den Kapuzinersee wieder die Preintalerhütte erreicht. Vom Oberen Klaffersee führt auch eine sehr beliebte und oft begangene Variante über den Greifenberg (2618 m) hinab zur Gollinghütte (1642 m) und zurück zum Almgasthaus Riesachfall. So oder so, es ist eine sehr lange und anstrengende Tour, und wer nicht wirklich fit ist, sollte besser eine Übernachtung in der Preintalerhütte einplanen (Plätze unbedingt vorher reservieren).

Parkplatz am Riesachfall, Bushaltestelle; gesamte Rundtour ca. 10 Std., geführte Wanderungen unter Tel. +43 36 87/2 27 77 22, www.wildewasser.at

6 Grafenbergalm

Oberhalb von Haus im Ennstal liegt Weißenbach, das mit seinem Blumenschmuck regelmäßig die Auszeichnung als schönstes Dorf der Steiermark erhält. Hier beginnt eine zauberhafte Wanderung am Gradenbach-Wasserfall vorbei zum fast kreisrunden Ahornsee (1485 m) und weiter zum romantischen Grafenbergsee (1639 m). Ziel ist die verwunschene, nicht bewirtschaftete Grafenbergalm (1783 m). Der Rückweg erfolgt auf demselben Weg. Was man in jedem Fall zu sehen bekommt ist pure Natur, die Installationen und Inszenierungen nicht nötig hat.

Start beim Parkplatz (776 m) hinter der Kneippanlage bei Weißenbach; gesamte Tour 6 Std. – kann beliebig verkürzt werden

Hotels

Stadthotel brunner
Der Hingucker in der Altstadt von Schladming: ein absolut modernes Hotel, das trotzdem kein Fremdkörper ist. Schön designte Zimmer mit klarer Linie und heimischen Materialien, kleiner, aber sehr feiner Spa mit finnischer Sauna, Teehaus und Terrasse, Yoga-Studio und ein tolles Restaurant, das eine ebenso furchtlose wie gelungene Mischung zwischen Alm und Ayurveda bietet.
Hauptpl. 14, Schladming, Tel. +43 36 87/22 51 30, www.stadthotel-brunner.at

Höflehner
Das Natur- und Wellnesshotel steht in Panoramalage oberhalb von Haus im Ennstal, unweit der Straße ins Seewigtal; im Winter direkt an der Piste. Sehr empfehlenswert für Familien. Große, neorustikale Zimmer und Suiten mit viel duftendem Zirbenholz, toller Wellnessbereich mit Freibad und hochambitionierte Küche (eine Gault-Millau-Haube).
Gumpenberg 2, Haus/Ennstal, Tel. +43 36 86/25 48, www.hoeflehner.com

Feistererhof
Traumhaft gelegenes, familienfreundliches Bauernhof-Hotel am Waldrand außerhalb von Ramsau, im Sommer direkt an den Wanderwegen, im Winter perfekt eingebunden ins Loipennetz. Sogar einen (kleinen) Skilift gibt es. Zertifizierter Biobetrieb, vorzügliche Küche.
Ramsau 35, Ramsau/Dachstein, Tel. +43 36 87/8 19 80, www.feistererhof.at

Rafting auf der wilden Enns: Zu Wasser ist die Erkundung des Nationalparks Gesäuse ein rauschendes Abenteuer.

15 Nationalpark Gesäuse

Im Westen das weltberühmte Stift Admont mit seiner Klosterbibliothek, im Osten der weltberühmte Erzberg mit seiner gigantischen Stufenarchitektur – und zwischen den beiden denkbar unterschiedlichen Kulturdenkmälern ganz viel Natur mit schroffen Zweitausendern, dunklen Wäldern, lieblichen Almen und dem wild schäumenden Wasser der Enns. Im Lauf von Jahrmillionen hat sich der längste Binnenfluss Österreichs tief ins Gebirge eingegraben und so ein 16 km langes Durchbruchstal mit bis zu 1800 m hoch aufragenden Steilflanken geschaffen: das Gesäuse. Der Name, den man vor Ort übrigens »Xeis« ausspricht, bezeichnet aber auch die fantastische Gebirgsregion links und rechts der Enns. Seit 2002 trägt sie das Nationalpark-Prädikat. Es ist eine urige, begeisternde Region und dabei keineswegs überlaufen. Und es ist ein Dorado für Aktive: Bergsteiger, Wanderer, Radfahrer und Paddler. Als Teil der Region Eisenwurzen im Dreiländereck von Oberösterreich, Niederösterreich und der Steiermark gehört sie zu auch noch zu einem historisch höchst bedeutenden Wirtschaftsraum, in dessen Mittelpunkt der steirische Erzberg steht. Seit rund 1200 Jahren wird hier das Erz abgebaut – ein eindrucksvolles Symbol für den faszinierenden Kontrast zwischen urtümlicher Natur und imposanter Technik. Die Steirische Eisenstraße, die am Rand des Gesäuses durch die Stadt Eisenerz führt, erschließt auf rund 100 km eine spannende Zeitreise durch Vergangenheit, Gegenwart und Mythos des Erzabbaus.

Tourismusverband Gesäuse, Hauptstr. 35, Admont, Tel. +43 36 13/2 11 60 10, www.gesaeuse.at

Verein Steirische Eisenstraße, Freiheitsplatz 1, Eisenerz, Tel. +43 38 48/36 00, www.eisenstrasse.co.at

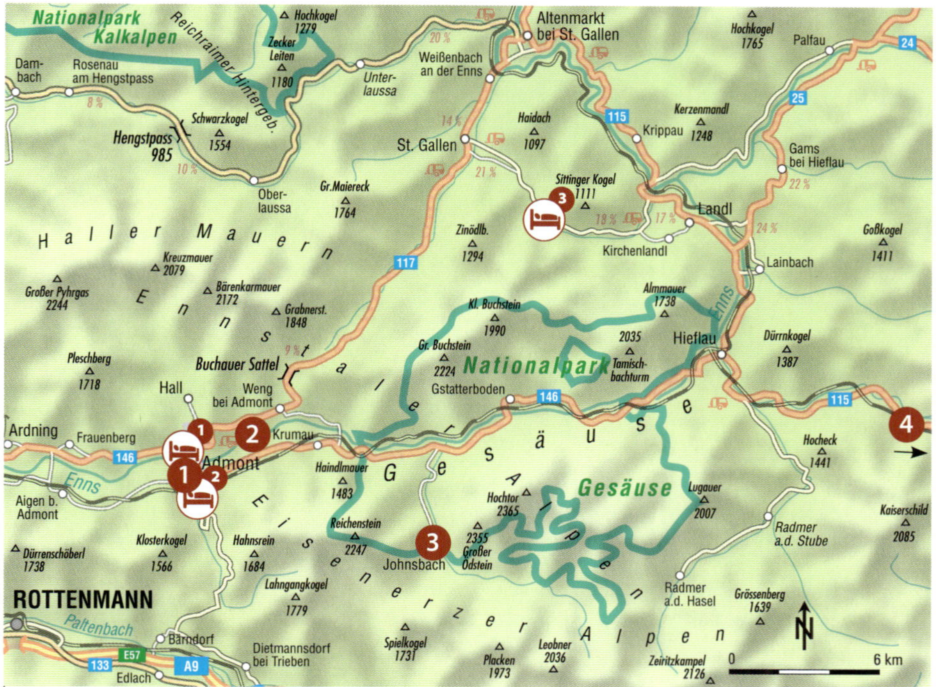

1 Stift Admont
2 Ennspromenade
3 Johnsbach im Gesäuse
4 Eisenerz und Erzberg

1 Spirodom
2 Villa Elisabeth
3 Schloss Kassegg

1 Stift Admont

Kunst und Kultur in schönster Natur: Der Blick über die Klosteranlage des im 11. Jh. gegründeten Benediktinerstifts hinweg auf die gewaltigen Felsspitzen der Ennstaler Alpen ist eines der klassischen Kalendermotive – nicht nur in der Steiermark, sondern in ganz Österreich. Auch hinter den Mauern von Stift Admont gibt es viel zu sehen. Zum Beispiel das Museum für Gegenwartskunst, die Kunsthistorische Sammlung mit Exponaten aus dem Kirchenschatz und eine multimediale Präsentation zur Klostergeschichte. Der größte Schatz wird jedoch im 70 m langen zweigeschossigen Rokoko-Prunksaal aufbewahrt, dem größten klösterlichen Bibliothekssaal der Welt. Unter den Deckenfresken und bewacht von überlebensgroßen Skulpturen, darunter den Darstellungen der »Vier letzten Dinge« (Tod, Gericht, Himmel und Hölle), werden rund 70 000 Bände aufbewahrt. Der Gesamtbestand umfasst an die 200 000 Bände, darunter mehr als 1400 Handschriften ab dem 8. Jh. und 530 Frühdrucke bis zum Jahr 1500. Auch die Außenanlagen sind sehenswert: der Kräutergarten etwa, der »unsichtbare Garten«, den man am besten mit verbundenen Augen betritt, oder die spektakuläre gläserne Panoramastiege, auf der man die Augen wieder öffnen sollte. Schräg gegenüber des Stifts befindet sich das Infobüro des Nationalparks Gesäuse (Hauptstr. 35, Tel. +43 36 13/2 11 60 20, www.nationalpark.co.at).

Admont 1, Tel. +43 36 13/2 31 20, Ende März–Okt. tgl. 10–17, Bibliotheksführungen 10.30 und 14, Nov.–Febr. Fr 10–12, Sa/So 10–14 Uhr, www.stiftadmont.at

2 Ennspromenade

Vom Stift Admont geht es bis zur Grenze des Nationalparks, an den Fuß der hohen, wilden Gesäuse-Berge. Dieser wunderschöne Talbummel verläuft über naturbelassene Spazierwege und durch Auwälder: am Nordufer der Enns Richtung Osten bis zur Lauferbauerbrücke, einem sagenhaften Fotostandort, und am Südufer wieder zurück nach Admont. Für die ganze Tour plant man bequeme 4 Std. ein. Etwas östlich der Brücke verengt sich das Bett der Enns, die hier über große Blöcke hinabstürzt. Leider führt der Wanderweg nicht bis hierher. Das Naturschauspiel der tosenden Ennskatarakte kann man nur von den eingerichteten Parkbuchten auf der Gesäusestraße nahe dem Westportal des Eisenbahntunnels bestaunen.

Ausgangs- und Endpunkt bei der Ennsbrücke in Admont

Hotels

Spirodom
Erst 2013 wurde der zweistöckige Hotelriegel in ruhiger Lage an der Enns eröffnet. Geboten wird moderner 4-Sterne-Komfort mit freundlichen, hellen Zimmern – auf Wunsch mit Blick über die grüne Wiese zum Stift Admont – und einem kleinen Wellness-Bereich. Das Panorama-Restaurant im dritten Stock begeistert mit feiner steirischer Küche und einem sagenhaften Gesäuse-Blick.
Eichenweg 616, Admont, Tel. +43 36 13/3 66 00, www.spirodom.at

Villa Elisabeth
Sehr sympathische und preiswerte Unterkunft in einem schönen Garten mit Bergpanorama nahe dem Stift Admont, erbaut in der touristischen Gründerzeit im 19. Jh. Nach dem tollen Frühstücksbuffet ist man auch für große Unternehmungen im Gesäuse gestärkt.
Paradiesstr. 86, Admont, Tel. +43 664/4 00 27 03, www.villa-elisabeth.at

Schloss Kassegg
Fast schon ein romantischer Overkill. Die Lage des Anwesens ist mit dem Wort idyllisch nur unzureichend beschrieben. Umgeben von Wald, Wiesen und Bergen, bietet sich die fotogene Immobilie als toller Ausgangspunkt für alle möglichen Outdoor-Aktivitäten an – oder zum kontemplativen Abschalten: Es gibt in den Zimmern keine Fernseher.
Hocherb 18, St. Gallen, Tel. +43 36 32/2 04 73, www.hotel-kassegg.at

3 Johnsbach im Gesäuse

Es ist einer der wirklich magischen Orte in der Region: Der historische Friedhof der 150-Seelen-Gemeinde Johnsbach (753 m) verzeichnet in seiner Totenliste die Namen von mehr als 520 verunglückten Bergsteigern. Der Österreichische Alpenverein hat Johnsbach offiziell zum »Bergsteigerdorf« ernannt – aber nicht, weil diese hier überdurchschnittlich oft zu Tode kommen, sondern weil die Gipfel über dem kleinen Ort Wanderer und Kletterer aufs Höchste beglücken und weil der Tourismus hier auf eine besonders »sanfte« Art betrieben wird. Gipfel wie der Große Ödstein (2335 m) und das Hochtor (2369 m) bleiben klettertüchtigen Bergsteigern vorbehalten. Ziele wie die Mödlinger Hütte (1523 m) mit dem herrlichen Johnsbacher Höhenweg, die Almrunde oder die wunderbar gelegene Heßhütte (1699 m) sind auch von Wanderern gut zu erreichen. Ein richtig spannendes Ziel ist die Odelsteinhöhle, die man unter fachkundiger Führung besucht (Info: Tel. +43 36 11/2 17, www.koelblwirt.at).

Johnsbach im Gesäuse, Tel. +43 36 11/2 17, www.johnsbach.at, www.bergsteigerdoerfer.at

4 Eisenerz und Erzberg

Da reibt man sich die Augen: 700 m über den Dächern der Stadt ragt der rostrote Erzberg (1465 m) in den Himmel. Dass hier seit mehr als 1200 Jahren Erz abgebaut wird, sieht man ebenso wenig wie die 40 km Stollen, die den Berg durchziehen. Was man sieht, ist eine gigantische Pyramide mit 30 Stufen von jeweils etwa 24 m Höhe, die an mexikanische Kultstätten erinnert. Immer noch wird hier im Tagebau Erz gewonnen, doch die weltweite Krise der Eisen- und Stahlindustrie hat dazu beigetragen, dass die Bevölkerung von Eisenerz seit 1951 von 13 000 auf heute 4300 Einwohner gesunken ist. Ein Gang durch die Altstadt bietet schönste Fotomotive, vor allem am Bergmannsplatz: den Sgraffitoschmuck am alten Rathaus und den Arkadenhöfen, den Brunnen mit der kleinen Bergmannsfigur und schöne Bürgerhäuser. Sehenswert ist auch der Schichtturm von 1581 – von ihm hat man den besten Blick über die Stadt und auf den Erzberg (Trofengbachgasse 13, Mai–Okt. tgl. 10–15 Uhr, www.abenteuer-erzberg.at). Nachdem der Untertagabbau 1986 eingestellt wurde, richtete man in den Stollen ein Schaubergwerk ein. Spektakulärer ist die Führung über Tage: An Bord des gewaltigen »Haulys«, eines der 11,5 m langen, 5,5 m breiten und 4,5 m hohen Schwerlastkraftwagen, kann man den Erzabbau sozusagen aus der ersten Reihe erleben.

Tourist Info: Mario-Stecher-Platz 1, Eisenerz, Tel. +43 38 48/25 11, www.eisenerz.at

Weidendom

10 km östl. von Admont, am Abzweig nach Johnsbach, dient der Weidendom als Nationalpark-Infozentrum mit Erlebnismehrwert. Man erforscht den Mikro- und den Makrokosmos und verfolgt auf labyrinthischen Pfaden seinen ökologischen Fußabdruck.
www.nationalpark.co.at

Die eleganten Bogenbrücken der Semmeringbahn verschmelzen mit den sanften Kuppen der Region zu einem eindrucksvollen Gesamtkunstwerk.

16 Semmering und Schneeberg

Es ist nur eine Frage der Perspektive. Der ferne Osten der Alpen ist nämlich in Wirklichkeit ganz nah – für die Wiener ... Semmering, Schneeberg, Rax: Wer diese Namen noch nicht mit Bildern von Bergen und Dörfern in Verbindung bringt, wird begeistert sein, wenn er es endlich tun kann. Viele Orte der Region wie Payerbach, Reichenau und Puchberg haben als ehemalige k. u. k. Sommerfrischen eine lange Tradition im Tourismus. Prächtige Villen und Grandhotels zeugen von der alten Zeit. Damals entstand auch die spektakuläre Bahnlinie über den Semmering, die Passhöhe zwischen den heutigen Bundesländern Niederösterreich und Steiermark. Sie ist längst zu einer Art nationalem Mythos geworden und gehört seit 1998 zusammen mit der umgebenden Landschaft zum Weltkulturerbe der Unesco. Auch die benachbarten Bergmassive von Rax und Schneeberg mit ihren fantastischen Panoramawegen werden von Bergbahnen erschlossen, die bereits vor (plus/minus) hundert Jahren Wanderer und Fernseher auf die aussichtsreichen Höhen beförderten. Heute ist die alte Ferienregion, die nach dem Ausbruch der Fernreisewelle in den 1960er- und 1970er-Jahren irgendwie aus der Zeit gefallen schien, wieder schwer angesagt. Wobei Fin-de-siècle-Seligkeit und Retro-Modernität zusammen mit sehr modernen Sportangeboten und der zeitlos bezaubernden Berglandschaft eine höchst attraktive Mischung ergeben.

Wiener Alpen Tourismus, Schlossstr. 1, Katzelsdorf, Tel. +43 26 22/7 89 60, www.wieneralpen.at

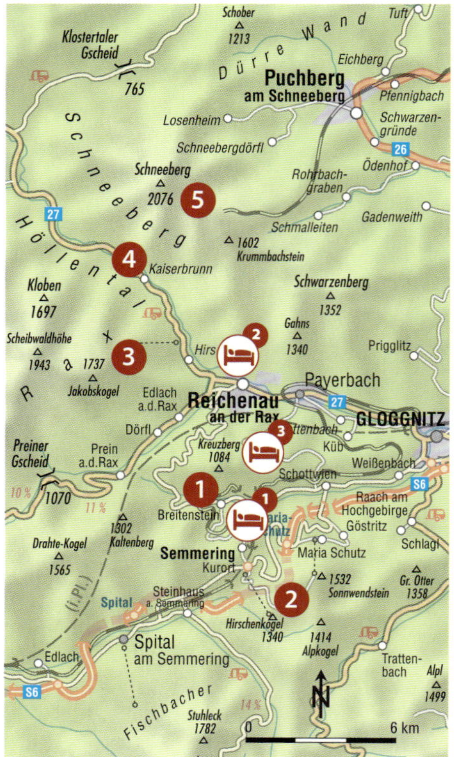

1. Semmering
2. Am »Zauberberg«
3. Auf die Rax
4. Wiener Wasserleitungswanderweg
5. Auf den Schneeberg

- Panhans (1)
- Marienhof (2)
- Looshaus (3)

1 Semmering

Als die kaiserlich-königliche Semmeringbahn 1854 eröffnet wurde, galt sie als Geniestreich der Ingenieurskunst. Sieben Jahre lang arbeitete man an der ersten großen Gebirgsbahn Europas. Auf kühnen Brücken führt sie über tiefe Schluchten und in 15 Tunneln durch den Fels. Es war der Lückenschluss in der Bahnstrecke von Wien Richtung Triest – und beschleunigte nebenbei den Aufstieg der Semmering-Region als Sommerfrische. Bahnfahren oder Bahn anschauen? Beides lässt sich kombinieren! Der niederösterreichische Bahnwanderweg führt vom Semmering über die Bahnhöfe Breitenstein (9,5 km; mit Museum) und Klamm (15,5 km) nach Payerbach (21 km) oder Gloggnitz (23 km). Er bietet herrliche Aussichten auf die technischen und landschaftlichen Reize des Unesco-Welterbes sowie Einkehrmöglichkeiten an den Bahnhöfen. Auch der steirische Bahnwanderweg, vom Semmering nach Mürzzuschlag (17 km), ist mit Infotafeln und Gasthäusern gut ausgestattet. Er ist als Themenweg gestaltet – mit Heimatdichter Peter Rosegger als »Begleiter« und dem Südbahnmuseum in Mürzzuschlag (Heizhausgasse 2, April bis Okt. Mi–Mo 10–13 und 14–17 Uhr, www.suedbahnmuseum.at) als spannendem Schlusspunkt. Hauptanlaufstelle ist das Infozentrum auf dem Semmering mit seinem Medienraum und vielen Modellen.

Infozentrum, Bahnhof Semmering, Tel. +43 26 64/2 00 25, Mai–Okt. tgl. 9–15 Uhr, www.semmeringbahn.at (mit Download des Info-Folders zu den Bahnwanderwegen)

2 Am »Zauberberg«

Als »Zauberberg« macht der Hirschenkogel (1340 m) seit einigen Jahren eine neue Karriere. Die Seilbahn zum Gipfel erschließt ein modernes Spaßrevier. Noch ganz klassisch sind die Panoramawanderung von der Bergstation zur Pollereshütte am Sonnwendstein sowie der 7 km lange »Zauberberg-Spaziergang«. Zeitgemäßes Vergnügen verspricht hingegen die Talfahrt auf Monsterrollern; richtig sportlich wird es auf den Trails des »Bikepark for everyone«. Mehr Herausforderungen bietet der Slopestyle-Park, und wer es krachen lassen will, nimmt den anspruchsvollen Downhill-Kurs. Zu wild? Es gibt auch geführte Offroad-Segway-Touren.

Zauberberg Semmering, Carolusstr. 3, Semmering-Kurort, Tel. +43 26 64/80 38, www.semmering.com

3 Auf die Rax

Das Bergmassiv der Raxalpe liegt dem Schneeberg genau gegenüber. Schon im späten 19. Jh. kam die feine Wiener Gesellschaft hierher, baute Villen und erklomm den Berg. Heute kommt man bequem mit der Seilbahn hinauf zum Raxalpen-Berggasthof (1545 m). Weiter geht es über das Raxplateau. Man bummelt über den Pra-

Festspiele Reichenau

Rund 40 000 Besucher sehen jedes Jahr im Juli die hochklassigen Aufführungen von Stücken und Dramatisierungen berühmter Prosawerke von österreichischen Autoren, die in der Region Urlaub gemacht, gelebt und gearbeitet haben.
www.festspiele-reichenau.com

terstern – er heißt wirklich so! – in 45 Min. zum bewirtschafteten Ottohaus (1664 m). Ein prominenter Besucher war Sigmund Freud, der im Otto-Schutzhaus auf den »Fall Katharina« aufmerksam wurde und notierte: »Es interessierte mich, dass Neurosen in der Höhe von über 2000 Metern so wohl gedeihen sollten.« Mit oder ohne Neurosen sollte man auf dem teilweise felsigen aber unschwierigen Höhenweg am Südrand der Rax-Hochfläche weitersteigen: über den Jakobskogel bis zur Preiner Wand (1783 m) und über den Seeweg zurück zum Ottohaus. Die gesamte Gehzeit ab der Bergstation beträgt ca. 4,5 Std.

Rax-Seilbahn, Dr. Ewald Bing-Str. 3, Reichenau an der Rax, Tel. +43 26 66/5 24 97, im Sommer ab 8 Uhr alle 30 Min., www.raxseilbahn.com

4 Wiener Wasserleitungs-wanderweg

Die Liebe der Wiener zu »ihrem« Schneeberg hat einen klaren Grund: Es ist das Quellwasser der Kaiserbrunnquelle im Höllental. Seit 1873 fließt es aus den Wasserhähnen der Hauptstadt. Seine Reise dokumentiert das Wasserleitungsmuseum in Kaiserbrunn (Kaiserbrunn 5, Mai–Anf. Nov. Sa/So/Fei 10–17 Uhr). Vom Ortsende von Hirschwang (parken evtl. bei der Talstation der Rax-Seilbahn) folgt man dem Weg des Wassers durch das Höllental 4 km weit bis zum Museum nach Kaiserbrunn – immer entlang der zwischen 1869 und 1873 errichteten 1. Wiener Hochquellenwasserleitung. Rund 1,5 Std. dauert die schöne Waldwanderung über der Schwarza – vorbei an Felswänden, über Leitern und Stiegen. Von Kaiserbrunn nimmt man denselben Weg zurück.

Tourist Info: Hauptstr. 63, Reichenau an der Rax, Tel. +43 26 66/5 22 06 und 5 28 65, www.reichenau.at

5 Auf den Schneeberg

Fährt die Semmeringbahn über den Berg hinweg, so rattert die Schneebergbahn auf ihn hinauf: vom Luftkurort Puchberg (577 m) bis zum Bahnhof am Hotel Hochschneeberg (1795 m). 40 Min. dauert die Fahrt. Die längste Zahnradbahn Österreichs wurde 1897 in Betrieb genommen. Heute ziehen moderne Dieselloks die Wagen. Für Nostalgiefahrten werden aber auch noch originale historische Dampfloks eingesetzt. Oben sollte man mindestens den Themenrundweg »Paradies der Blicke« (60 Min.) mit grandioser Fernsicht abgehen. Die »Königstour« ist jedoch die technisch einfache Wanderung vom Bahnhof Hochschneeberg am Damböckhaus (1810 m) vorbei zur Fischerhütte (2049 m) und zum Klosterwappen (2076 m), dem höchsten Berg Niederösterreichs. Die Tour dauert hin und zurück rund 3 Std., sollte aber wirklich nur bei schönem Wetter unternommen werden. Plötzlich einfallender Nebel kann auf dem Hochplateau nämlich für ernste Orientierungsschwierigkeiten sorgen.

Schneebergbahn, Bahnhofplatz 1, Puchberg am Schneeberg, Tel. +43 26 36/36 61, Betrieb Ende April–Ende Okt. tgl. 5 Kurse, bei Bedarf häufiger, www.schneebergbahn.at

Hotels

Panhans

1888 eröffnet, war diese prächtige Immobilie zunächst ein Treffpunkt der gehobenen Wiener Gesellschaft des Fin de Siècle. Heute ist es ein 4-Sterne-Haus mit allem Komfort, jeder Menge Atmosphäre und attraktiven Sportmöglichkeiten. Individuell eingerichtete Zimmer und Studios zwischen Biedermeier, Jugendstil und Landhaus.
Hochstr. 32, Semmering, Tel. +43 26 64/81 81, www.panhans.at

Marienhof

Noch so eine schöne Herberge mit dem Flair der Belle Époque, diesmal im Bergsteigerdorf Reichenau am Fuß der Rax – und mit einer Ausstattung, die den frühen Luxus der Gründerzeit von 1864, dem Jahr der Eröffnung, doch noch um einiges toppt. Leckere österreichische Küche im Restaurant.
Hauptstr. 71–73, Reichenau an der Rax, Tel. +43 26 66/5 29 95, www.marienhof.at

Looshaus

Das Schmuckstück auf dem Kreuzberg, oberhalb von Reichenau – entworfen von Adolf Loos, einem Wegbereiter der architektonischen Moderne. Einfache, kleine, überwiegend im Originalzustand erhaltene Zimmer. Wunderschönes Restaurant – mit Galerie über zwei Etagen und toller Aussicht.
Kreuzberg 60, Payerbach, Tel. +43 26 66/5 29 11, www.looshaus.at

17 Millstätter See

Bestlage in Kärnten! Am Südrand der Hohen Tauern, ganz nah an den großen Dreitausendern und doch schon mit freiem Blick ins Grüne, liegt der Millstätter See, 13 km lang und 1,6 km breit – der zweitgrößte See Kärntens. Wer sich nass machen will, kann das hier beim Schwimmen, Surfen, Segeln und Tauchen tun. Wobei man wissen muss, dass die Kärntner Seestrände oft verbaut sind oder unter Landschaftsschutz stehen. Wildes Baden ist selten gestattet, was aber egal ist, wenn man in den Hotels und Pensionen der Seegemeinden eincheckt – sie besitzen eigene Badestrände. Und dann gibt es ja zum Glück die vielen schönen öffentlichen Strandbäder: feinsandig und richtig familienfreundlich wie in Döbriach, deutlich sportlicher am gegenüberliegenden Ende des Sees in Seeboden. Auch wasserscheue Menschen (soll es ja geben) kommen auf ihre Kosten, nämlich beim Wandern, Radeln und Mountainbiken. Die äußerst abwechslungsreiche Bergwelt zwischen den Nockbergen und der Millstätter Alpe, zwischen Gailtaler Alpen und den Hohen Tauern bietet ein schier unerschöpfliches Tourenreservoir. Keinesfalls versäumen sollte man die Abstecher zum malerischen Weißensee und zum technischen Bravourstück der Reißeckbahn. Auch die Nockalmstraße durch das fantastische Biosphärenreservat steht natürlich auf dem Programm. Und wer unbedingt dem höchsten Berg Österreichs auf die kalte Gletscherhaut rücken will, kann durch das Mölltal bis hinauf zur Großglockner-Hochalpenstraße fahren.

Kärnten Tourismus, Völkermarkter Ring 21–23, Klagenfurt, Tel. +43 463/30 00, www.kaernten.at

Familienfreundlicher Badespaß: Der Millstätter See ist eine Top-Adresse für heiße Ferientage.

1 Rund um den Millstätter See
2 Über die Millstätter Alpe
3 Schloss Porcia, Spittal
4 Weißensee
5 Reißeckbahn
6 Durch die Nockberge

1 Alpenrose
2 Koller's Hotel
3 Thermenhotel Ronacher

1 Rund um den Millstätter See

Kommt man von Norden über die Tauernautobahn, ist er der erste der großen Kärntner Seen. Und in der Kombination von Baden, Bergen, Sport und Entspannung ist er sicher einer der attraktivsten. Die bekannten Ferienorte, vor allem Seeboden, Millstatt und Döbriach, liegen mit ihren schönen Strandbädern alle am sonnigen Nordufer. Das südliche Ufer zwischen Seeboden und Döbriach/Glanz präsentiert sich dagegen naturbelassen als lange, schattige Promenade durch ein dicht bewaldetes Schutzgebiet (14 km, 3,5 Std.; Rückfahrt mit dem Schiff, www.millstaettersee-schifffahrt.at). Sehr stilvolle Wellness für alle – mit Aufguss-Zeremonien in diversen Saunen und warmem Außenpool im See – bietet in Millstatt das Badehaus (Kaiser-Franz-Josef-Str. 334, Tel. +43 47 66/2 63 60, tgl. 10–21 Uhr, www.badehaus-millstaettersee.at). Besichtigt werden kann in Millstatt noch das im 11. Jh. gegründete Benediktinerkloster mit der Stiftskirche und dem Kreuzgang, zwei der schönsten romanischen Bauten Kärntens, sowie dem Stiftsmuseum (Stiftsgasse 1, Mai–Okt. tgl. 10–16 Uhr, www.stiftsmuseum.at). Äußerst lohnend ist auch der

Komödienspiele Porcia

Der wunderschöne Innenhof von Schloss Porcia in Spittal wird im Juli und August zum Theatersaal. Und es darf gelacht werden: Auf dem Programm stehen klassische Komödien von Johann Nestroy, Ferdinand Raimund oder Dario Fo.
www.komoedienspiele-porcia.at

Besuch im Seebodener Bonsai-Museum in Seeboden (Liedweg 3, April, Okt. Di–Fr 10–17, Mai–Sept., Mo–Fr 10–18, Sa 10–17 Uhr, www.bonsai.at), dem größten seiner Art in Europa.

Millstätter See Tourismus, Marktplatz 14, Millstatt, Tel. +43 47 66/3 70 00, www.millstaettersee.at

2 Über die Millstätter Alpe

Wer zwei Wochen Zeit hat, kann gleich den ganzen Millstätter-See-Höhensteig ablaufen: 200 km rund um den See! Man kann sich aber auch nur eine der Paradeetappen vornehmen, etwa den grandiosen Bummel über den Gipfel des Kamplnock, rund 1500 Höhenmeter über dem Nordufer. Vom Parkplatz bei der Schwaigerhütte (1623 m) geht es über die Alexanderhütte und die Millstätterhütte ins Millstätter Törl (1905 m). Hier beginnt die sagenhafte Panoramaroute über den Kamplnock (2101 m) zum Grünen Törl; wer den Gipfel auslassen möchte, wandert einfach auf dem Kaisersteig direkt zum Grünen Törl. Weiter geht es zum Granattor und zum Lammersdorfer Berg (2063 m), von dem ein breiter Weg hinab zur Lammersdorfer Hütte mit Almkäserei (1644 m, www.lammersdorferhuette.at) führt.

Start: Schwaigerhütte, Mautstraße oder Wandertaxi ab Millstatt (www.taxi-millstatt.at); Gehzeit 3,5 Std. bis Lammersdorfer Hütte; zurück mit Wandertaxi

3 Schloss Porcia, Spittal

Das Schmuckstück der Bezirkshauptstadt Spittal, 5 km südlich von Seeboden am Millstättersee: Im 16. Jh. wurde der herrliche Renaissancebau mit Innenhof (Theater- und Konzertprogramm) und dreigeschossigen Arkaden errichtet; heute ist darin das Museum für Volkskultur mit seinen großartigen Sammlungen beheimatet. Die Präsentation zur Landesgeschichte, zu Bergbau, Handwerk und Wintersport ist ganz auf der Höhe der Zeit. Man besucht die »Rauchkuchl«, betritt Almhütten und »fliegt« im Kino des Museums per Joystick über die Berge und Täler Oberkärntens und den Nationalpark Hohe Tauern.

Burgplatz 1, Spittal, Tel. +43 47 62/28 90, Mitte April–Ende Okt. tgl. 9–18, Mitte Okt.–Mitte April Mo–Do 13–16 Uhr, www.museum-spittal.com

4 Weißensee

Er ist so klar und sauber, dass man sein Wasser problemlos trinken kann. Unter den großen Kärntner Badeseen ist er zudem der alpinste. Nicht nur weil sein Seespiegel auf 930 m Höhe liegt, sondern weil gleich hinter seinen Ufern imposante Berge aufragen. Am Weißensee geht es eher gemütlich und familiär zu. Die vielen Badestellen und das im Sommer bis zu 24 Grad warme, kristallklare Wasser sind ein Paradies für Wasserratten. Natürlich wird hier auch gefischt, getaucht, gesurft, gesegelt – und gewandert, auf knapp 200 km markierten Wegen bis in 2200 m Höhe. Der gesamte Ostteil des lang gestreckten Sees ist komplett unverbaut. Wunderschön ist die Wanderung von Neusach am Nordufer entlang zur Ostspitze bei Ortsee (3 Std.); zurück geht es mit der Weissensee-Schifffahrt, die auch viele andere Wandermöglichkeiten erschließt. Sportliche steigen aufs Mountainbike und freuen sich über die angeboten MTB-Strecken und Trails, u. a. auf der Naggler Alm.

Weissensee Information, Techendorf 78, Tel. +43 47 13/2 22 00, www.weissensee.com

Blickfang und beliebter Aussichtspunkt: das Granattor auf der Millstätter Alpe.

5 Reißeckbahn

Technik und Natur, diese Verbindung kann gut funktionieren, ja sie kann sogar ungemein faszinieren – so wie im unteren Mölltal, 20 km von Spittal entfernt. In Kolbnitz/Reißeck befindet sich die Talstation der spektakulären Standseilbahn auf das Reißeck (Zandlach 45). Auf der herrlichen, 25-minütigen Fahrt zur Bergstation Schoberboden (2236 m) überwindet sie eine Höhe von über 1500 m – bei Steigungen bis zu 82 Prozent. Gebaut wurde das steile Meisterwerk für den Transport von Menschen und Material in den 1950er-Jahren. Bis 2014 führte die Reißeck-Höhenbahn von der Bergstation weiter durch einen Stollen zum Hochplateau mit den Mühldorfer Seen und der bewirtschafteten Reißeckhütte. Im Jahr 2016 ruhte der Betrieb jedoch. Wie es ab 2017 weitergehen wird, ist noch unklar.

Tourismus Obervellach-Reisseck, Obervellach 58, Tel. +43 48 24/27 00 30, www.obervellach-reisseck.at, www.verbund.com/tourismus

6 Durch die Nockberge

Die sanft geformte grüne Berg- und Almlandschaft der Nockberge nördlich des Millstätter Sees ist Teil eines großen Biosphärenparks. Hauptattraktion ist die 35 km lange mautpflichtige Nockalmstraße (www.nockalmstrasse.at), die zwischen Innerkrems und Reichenau mitten durch das Gebiet führt. In Innerkrems, 35 km nordöstlich von Spittal, informiert das Besucherzentrum Nockalmhof (Tel. +43 47 36/2 83, www.nockalmhof.at) über den Biosphärenpark. 52 Kehren, manchmal sehr eng gebaut, sind auf der Fahrt zu bewältigen. Die höchsten Punkte der Strecke sind die Eisentalhöhe (2049 m) und die Schiestelscharte (2027 m). Mehrere Berggasthöfe und Naturlehrpfade, ein Almwirtschaftsmuseum sowie eine Heilquelle empfehlen sich für Zwischenstopps. Beliebt ist die Wanderung auf den Königsstuhl (2336 m): Vom Parkplatz auf der Eisentalhöhe (mit Bauernladen) erreicht man am Friesenhalssee vorbei in 1,5 Std. den Gipfel. Die Tour ist auch vom tiefer gelegenen Karlbad (1693 m) möglich, wo zwischen Juni und September »Wellness« auf traditionelle Weise angeboten wird: Steine aus dem Karlbach werden in offenem Feuer erhitzt und erwärmen dann das radonhaltige Wasser aus der hauseigenen Quelle, das die Badetröge aus Lärchenstämmen füllt (drei Wochen vorab buchen unter Tel. +43 664/9 68 39 26).

Nockalmstraße Mai–Okt. (wetterbedingte Änderungen sind möglich) tgl. 8–18 Uhr; Nockberge Tourismus, Bad Kleinkirchheim, Dorfstr. 30, Tel. +43 42 40/2 06 00, www.nockberge.at

Millstätter See Card MCI

Die Inklusiv-Karte für Übernachtungsgäste in der Region bietet kostenlosen Zutritt zu 40 Attraktionen rund um den Millstätter See und bis zu 40 Prozent Ermäßigung auf 15 Bonus-Erlebnisse. E-Bike-Verleih ist halbtags gratis (ganzer Tag: 12 Euro/Person). www.millstaettersee.com

Hotels

Alpenrose
Das erste Biohotel Österreichs steht auf dem Obermillstätter Sonnenplateau und bietet eine derartig tolle Aussicht, dass manche vergessen, den Fernseher im Zimmer zu suchen – den gibt es nämlich nicht. Sagenhafte Küche, die mehr als bio ist, nämlich »naturECHT«.
Obermillstatt 84, Millstatt am See, Tel. +43 47 66/25 00, www.biohotel-alpenrose.at

Koller's Hotel
Die Lage direkt am See ist wunderbar. Wer sich dann noch die luxuriöse Bootshaus-Suite über dem See mit eigenem Dampfbad leistet, wird kaum noch das Hotel verlassen. Auch die anderen Zimmer sind zum Glück sehr schön. Dazu wird Wellness satt geboten – samt einem hübschen, ganzjährig auf 30 Grad geheizten Pool mitten im See.
Seepromenade 2–4, Seeboden, Tel. +43 47 62/8 20 00, www.kollers.at

Thermenhotel Ronacher
Hier wird jeder Luxus geboten, den man sich von einem 5-Sterne-Superior-Haus erwarten darf: Das Hotel bietet neben einer riesigen, an die hauseigene Thermalquelle angeschlossenen Wellnesslandschaft auch ein hervorragendes, haubengekröntes Gourmetrestaurant. Gewürzt wird natürlich mit Kräutern aus dem eigenen Garten.
Thermenstr. 3, Bad Kleinkirchheim, Tel. +43 42 40/2 82, www.ronacher.com

Karibik oder Kärnten? Türkisblau leuchtet im Sommer das Wasser rund um die anmutige Kapuzinerinsel im Wörthersee.

18 Klagenfurt und der Wörthersee

Das große Alpenglück kann man auch in einer Stadt finden. Klingt komisch, ist aber so – wenn es sich um eine Stadt wie Klagenfurt handelt. Wo man sich zwischen prächtigen Renaissancefassaden, auf Plätzen und Märkten fast wie in Italien fühlt. Wo man vor lauter Kunst, Kultur und Dolce Vita die Berge beinahe aus den Augen verliert. Tatsächlich sind die hohen Zweitausender der Nockberge und der Karawanken hier, im Klagenfurter Becken, schon ziemlich weit an den nördlichen bzw. südlichen Horizont gerückt. Wer seine Freizeit in der schönen Natur verbringen möchte, greift da gern auf die geografisch viel näher liegenden Angebote zurück: nämlich auf die berühmten Kärntner Seen und ganz besonders auf den größten. Der Wörthersee ist 17 km lang und bis zu 1,5 km breit, und er beginnt gleich am westlichen Rand der Landeshauptstadt Klagenfurt. Am anderen Ende des Sees liegt der schicke Ort Velden mit seinen Villen, Hotels und Seerestaurants. Dazwischen breitet sich die »Kärntner Riviera« mit ihren tollen Strandbädern und Badehäusern wie in Pörtschach und Krumpendorf aus. Hier treffen sich Reiche, Schöne und alle, die wissen, dass wahrer Reichtum darin besteht, nach Herzenslust zu schwimmen, zu planschen, zu tauchen, zu segeln, zu surfen – und dabei nicht zu frieren. Die Wassertemperatur erreicht mittelmeerverdächtige 28 Grad.
Auch gut: Wer in einem der Hotels am See eincheckt, bekommt zum Bett die Wörthersee Card geschenkt: für freien Eintritt oder Ermäßigungen bei Bädern und vielen Attraktionen auf und neben dem Wasser.

Klagenfurt Tourismus, Neuer Platz 1, Klagenfurt, Tel. +43 463/5 37 22 23, www.visitklagenfurt.at

Wörthersee Tourismus, Villacher Str. 19, Velden, Tel. +43 42 74/38 28 80, www.woerthersee.com

❶ Klagenfurts Altstadt

Knapp 100 000 Menschen leben in der Landeshauptstadt, deren historisches Zentrum mit seinen italienisch inspirierten Bürgerhäusern, Arkadenhöfen und Plätzen zugleich eine der Top-Sehenswürdigkeiten Kärntens ist. Auffällig ist die schachbrettartige Anlage – gut zu erkennen von der Plattform des Turms der Stadtpfarrkirche St. Egyd (Pfarrplatz, Mai–Sept. Mo–Sa 10–17.30, Sa 10–12.30 Uhr). Etwas südlich liegt der Alte Platz. Er ist tatsächlich eine lange Gasse, natürlich Fußgängerzone und mit den umgebenden Häusern aus dem 17. und 18. Jh. sowie der »Goldenen Gans«, dem ältesten Gebäude Klagenfurts, besonders »italienisch«. Nahe seinem westlichen Ende steht das eindrucksvolle Landhaus (April–Okt. Mo–Fr 9–16, Sa/Fei 9–14 Uhr, www.landesmuseum.ktn.gv.at/wappensaal), eine hufeisenförmige Anlage mit Arkadenhof aus dem späten 16. Jh. Absolutes Schmuckstück darin ist der Wappensaal: Seine Wände und Fensternischen sind mit 665 farbenprächtigen Wappen der Kärntner Landstände bemalt. Noch weiter südlich erreicht man den Neuen Platz und das Klagenfurter Wahrzeichen, den Lindwurmbrunnen (1593) mit dem charmanten geflügelten Monster, dem Wappentier der Stadt. Nächster Pflichtstopp ist der Dom St. Peter und Paul, 1582–91 erbaut und im 18. Jh. barock umgestaltet. Nicht weit davon ist man bei der Alten Burg und damit in der Gegenwart angekommen: Hier ist das großartige Museum Moderner Kunst Kärnten MMKK (Burggasse 8, Di–So/Fei 10–18, Do 10–20 Uhr, www.mmkk.at) untergebracht, dessen aufregende Sammlungen und Ausstellungen dem 20. und 21. Jh. gewidmet sind. Wie es davor mit Kärntens Kunst und Geschichte ausgesehen hat, dokumentiert in der Südostecke der Altstadt das Landesmuseum Kärnten – Rudolfinum (Museumgasse 2, Di–Fr 10–18, Sa/So/Fei 10–17 Uhr, www.landesmuseum.ktn.gv.at).

❶ Klagenfurts Altstadt
❷ Von Klagenfurt zum Wörthersee
❸ Die »Kärntner Riviera«
❹ Maria Wörth und Pyramidenkogel
❺ Tscheppaschlucht
❻ Burg Hochosterwitz
Palais Porcia
Seeschlössl
Schlosshotel Velden

Klagenfurt Tourismus, Neuer Platz 1, Klagenfurt, Tel. +43 463/5 37 22 23, www.visitklagenfurt.at

2 Von Klagenfurt zum Wörthersee

Am Rand der Altstadt führt der 4 km lange Lendkanal nach Westen hinaus aus der Stadt bis zum Wörthersee, den er bei Schloss Maria Loretto erreicht. Schöne Villen säumen diese Strecke, die man zu Fuß, mit dem Fahrrad oder an Bord des Solar-Elektroschiffs ES Maria Wörth (Juni–Aug., Abfahrt Klagenfurt/Lendhafen 11, 13, 15 Uhr) zurücklegt. Auf dem Weg lohnt sich ein Besuch des Freizeitpark Minimundus (Villacher Str. 241, tgl. 9–18/19/20 Uhr, www.minimundus.at), der Bauwerke aus aller Welt im Maßstab 1:25 zeigt und zum globalen Spaziergang einlädt. Gleich daneben präsentiert der Reptilienzoo Happ (Villacher Str. 237, tgl. 9–17/18 Uhr, Nov. geschl., www.reptilienzoo.at) kriechende und krabbelnde Wunder der Natur. Einige Tiere darf man sogar anfassen. Dahinter erstreckt sich der grüne Europapark mit schattigen Bäumen sowie Spiel- und Sportplätzen bis zum Ufer des Wörthersees mit seinen drei reizvollen Strandbädern – von Norden nach Süden: Klagenfurt (Metnitzstrand 2, mit großer Wasserrutsche), Loretto (Lorettoweg 48, sehr schön am Ende des Lendkanals) sowie Maiernigg (Süduferstr. 116). Hier ist Stand up Paddling schwer angesagt!

kulturRaum Klagenfurt

So viele Termine! Um Einheimische und Gäste stets auf dem Laufenden zu halten, hat die Kärntner Landeshauptstadt einen eigenen »kulturRaum« eingerichtet: ein Portal für Kulturschaffende – und ein guter Service für Touristen im Veranstaltungsstress. www.kulturraum-klagenfurt.at

Klagenfurt Tourismus, Neuer Platz 1, Klagenfurt, Tel. +43 463/5 37 22 23, www.visitklagenfurt.at

3 Die »Kärntner Riviera«

Das Nordufer des Wörthersees ist im Sommer eines der begehrtesten und mondänsten Ferienziele Österreichs. Man sieht, wird (hoffentlich) gesehen, macht sich gepflegt nass und trocknet dann stilvoll an irgendeiner Strandbar. Vor allem in den ersten 30 Jahren des 20. Jh. entstanden hier wunderbare Beispiele der »Wörtherseearchitektur«, die Barock, Romantik und Jugendstil miteinander verbindet. Prototypische Beisipiele gibt es im schicken Velden, am Ostende des Sees, aber auch in Pörtschach. Hier befindet sich das wohl schönste der klassischen Badehäuser am Wörthersee: Werzers Badehaus (Werzerspromenade 8, tgl. 10–20 Uhr, badehaus.werzers.at). Ursprünglich 1895 errichtet, wurde das Gebäude denkmalgerecht wieder aufgebaut. Nun bietet es alles, was es damals noch nicht gab: Seesaunen mit Seezugang, einen ganzjährig beheizten Pool im See und allerlei raffinierte (Day-) Spa-Schikanen. Es gibt aber noch viele weitere Bäder, etwa das Promenadenbad in Pörtschach, an der Spitze der Halbinsel, von der ein Steg zur Blumeninsel führt. Sehr reizvoll ist auch das Strandbad in Velden (Seepromenade 7, Mitte Mai bis Juni, Sept. 10–18, Juli, Aug. 9–19 Uhr, www.velden.gv.at), wo man beim Baden auf den See und die Promenade samt Schloss blicken kann.

Stolz und voller Zauber: Burg Hochosterwitz inspirierte einst sogar Walt Disney.

Wörthersee Tourismus, Villacher Str. 19, Velden, Tel. +43 42 74/38 28 80, www.woerthersee.com

4 Maria Wörth und Pyramidenkogel

Am schönsten fährt man mit der »Thalia«, einem der letzten Schraubendampfschiffe Europas über den Wörthersee. Ansonsten nimmt man eines der drei Motorschiffe oder die umweltfreundliche (weil elektrische) »Maria Wörth«, die Besucher auch zur gleichnamigen Halbinsel am Südufer befördert. Hier errichteten Mönche Ende des 9. Jh. die erste Kirche, 1146 wurde das Stift Maria Wörth gegründet. Die heutige Stiftskirche ist spätgotisch, ebenso wie die geschnitzte Madonna im Inneren. Nebenan kann man im Chor der älteren Rosenkranzkirche bedeutende Fresken aus dem 11. Jh. bewundern – und draußen im Freien den Blick über den See. Noch großartiger ist dieser freilich vom knapp 100 m hohen Aussichtsturm auf dem Pyramidenkogel (Linden 62, Keutschach, Mai bis Sept. tgl. ab 9, Okt.–April tgl. ab 10, Juli/Aug. bis 21 Uhr, www.pyramidenkogel.info). Der höchste Holzaussichtsturm der Welt bietet nicht nur ein fantastisches 360-Grad-Panorama, er ist auch ein spektakuläres Baudenkmal, dessen elegante Holzstützen gleich drei Aussichtsplattformen tragen. Den Turm erreicht man von Maria Wörth zu Fuß in knapp 2 Std. (400 m Höhenunterschied). Man kann auch mit dem Schiff nach Reifnitz fahren und dort den Bus nehmen (Kombitickets erhältlich). Die Parkplätze direkt am Turm sind bei schönem Wetter oft belegt.

Wörthersee Schifffahrt, Friedelstrand 3, Klagenfurt, Tel. +43 463/2 11 55, www.woertherseeschifffahrt.at

5 Tscheppaschlucht

Und noch ein Ausflug nach Süden, in die wildromantische Landschaft zwischen Ferlach und der slowenischen Grenze. Vom Parkplatz südlich von Unterloibl führt ein Weg hinab zum Loiblbach und zum Eingang in die spektakuläre Tscheppaschlucht (Eintritt). Eine abenteuerliche Steiganlage mit Brücken und Leitern erschließt das Naturwunder. Bei einer Weggabelung im hinteren Bereich gelangt man links zum Gasthaus »Deutscher Peter« – aber erst, nachdem man rechts dem tosenden, 26 m hohen Tschaukofall einen staunenden Besuch abgestattet hat.

Loiblpassbundesstraße B 91, Unterloibl, Tel. +43 42 27/33 04, Anf. Mai–Ende Okt. tgl. 8.30–17 Uhr, www.tscheppaschlucht-ferlach.at

6 Burg Hochosterwitz

Die hiesige Tourismuswerbung verweist gern auf den berühmten Besucher Walt Disney, der sich 20 km nordöstlich von Klagenfurt die Inspiration für seinen Märchenfilm Cinderella holte. Tatsächlich ist der Anblick von Burg Hochosterwitz magisch. Ein steiler Weg (man kann auch den Aufzug nehmen) führt hinauf zum Burgbereich, der durch Mauerringe und 14 Tore geschützt wird. Weil die Festung niemals erobert worden ist, sieht es hier heute noch so gut aus. Natürlich wird Besuchern das volle Programm geboten, mit Burgmuseum, Ritterrüstungen und Waffenkammer, mit der Burgkirche, Gemäldesammlung und einem Restaurant im Rittersaal. Auf dem Weg zur Burg sollte man eine Pause in Maria Saal einlegen, um sich dort die wehrhafte wie wunderbare spätgotische Wallfahrts- und Stiftskirche aus dem 15. Jh. anzusehen.

Launsdorf, Tel. +43 42 13/20 10, Mai–Mitte Sept. tgl. 9–18, März/April und Mitte Sept.–Okt. tgl. 10–17 Uhr, www.burg-hochosterwitz.at

Hotels

Palais Porcia
Wohnen wie im Museum oder in einem neuen Sisi-Film: Neben den historischen Interieurs im Stil verschiedener Epochen, von Barock bis Biedermeier, punktet das feine Stadthotel in Klagenfurt mit seiner superzentralen Lage: Aus den Zimmern blickt man auf den Lindwurm.
Neuer Platz 13, Klagenfurt, Tel. +43 463/5 11 59 00, www.palais-porcia.at

Seeschlössl
14 Zimmer und ein 7000 qm großer, idyllischer Naturpark – damit ist das Seeschlössl in Velden zwar nicht die kleinste, aber eine der feinsten Adressen direkt am Ufer des Wörthersees. Gäste haben Zugang zum Privatstrand mit Badehaus, auf dessen Terrasse sich herrlich die Tage verträumen lassen.
Klagenfurter Str. 34, Velden, Tel. +43 42 74/28 24, www.seeschloessl.at

Schlosshotel Velden
Mehr Luxus am Wörthersee geht nicht. Fernsehzuschauer wissen das spätestens seit der TV-Serie »Das Schloss am Wörthersee«. Im 16. Jh. errichtet und Ende des 19. Jh. zum Hotel umgebaut, bietet das Haus 104 exquisit eingerichtete Zimmer und Suiten, einen sagenhaften Spa- und Wellnessbereich sowie einen schicken Beach Club mit Seezugang. Gespeist wird in drei Restaurants.
Schlosspark 1, Velden, Tel. +43 42 74/5 20 00, www.falkensteiner.com/de/hotel/schloss-hotel-velden

Slowenien

»Der Geist wächst mit der Weite des Augenblicks.«

Johann Wolfgang von Goethe
(deutscher Dichter)

Eine kleine eigene Welt im Bleder See: Die Kirche Mariä Himmelfahrt ist das prächtige Wahrzeichen der Insel Blejski otok.

19 Bled und der Triglav-Nationalpark

Sagenhaft, dieses Bergland im äußersten Südosten der Alpen. Sein Symbol ist der legendäre Zlatorog, ein Gamsbock mit goldenen Krickeln – er ist zugleich das Wappentier des großen Nationalparks rund um den höchsten Berg Sloweniens. Der heißt Triglav, was man »Triglau« ausspricht, und er misst stolze 2864 m. In Zlatorogs Reich, dem größten Naturschutzgebiet des Landes, gelten strenge Regeln. Gut so, denn die Landschaft ist wirklich von atemberaubender Schönheit und nicht nur die Heimat von Gämsen, sondern auch von Adlern und Bären.

Mehr als 400 Zweitausender-Gipfel erheben sich über dem Park, der zu zwei Dritteln von Wäldern bedeckt ist und sich mit bestens unterhaltenen Wegen auch als fantastisches Wandergebiet präsentiert. Zwei berühmte Seen vermitteln den bequemsten Zugang ins Bergparadies: der See von Bled (Blejsko jezero) und 25 km südwestlich der größere Wocheiner See (Bohinjski jezero). Das lebhafte Bled hat mit der Postkartenansicht des Sees mit der Insel in der Mitte und der Burg darüber, mit seinem angenehmen Klima, den Badestränden und Thermalquellen eine mehr als 100-jährige Tradition als Kur- und Ferienort. Deutlich ruhiger ist es am Bohinjski jezero, der bereits in der Außenzone des Nationalparks liegt und ein deutlich alpineres Ambiente bietet. Hier beginnen grandiose Bergtouren durch Klammen und Schluchten, zu Wasserfällen, Bergseen und hochgelegenen Schutzhütten und – der absolute Höhepunkt – auf den Gipfel des Triglav.

Info Center Bled, Ljubljanska cesta 27, Bled, Tel. +386 4/5 78 02 05, www.slovenian-alps.com/de

1 Rund um den Bleder See

Höchstens 1,5 Std. dauert der Spaziergang um den grünblauen und bis zu 25 Grad warmen See. Mit seiner Insel (Blejski otok) samt Kirche und der mittelalterlichen Burg darüber bietet er eine der klassischen Postkartenansichten Sloweniens. Im Bleder Kurpark (Zdraviliški park), unterhalb des Hotel Park, in Mlino und im Ruderzentrum entert man die traditionellen Holzboote mit ihren bunten Leinendächern, Pletnas genannt, die einen zur Insel hinüberbringen. Drüben angekommen, nimmt man die berühmten 99 Stufen der Steintreppe hinauf zur Kirche Mariä Himmelfahrt. Will man hier heiraten, gilt: Der Bräutigam trägt die Braut! 1465 stand hier schon eine einschiffige gotische Kirche mit einem 52 m hohen, frei stehenden Glockenstuhl. Seine barocke Gestalt erhielt das Gotteshaus in der Mitte des 17. Jh. Wer schon mal da ist, muss unbedingt noch zu Ehren der Muttergottes die legendäre Wunschglocke läuten. Dahinter steht die traurige Legende von der schönen jungen Witwe Polixena, die ihrem von Räubern ermordeten Ehemann zu Ehren aus all ihrem Gold ein Glöckchen gießen ließ. Bei der Überfahrt zur Insel kenterte das Boot im Sturm, Glöckchen und Bootsbesatzung versanken in der Tiefe. Polixenia reiste nach Rom und trat in ein Kloster ein. Dann starb sie, und der Papst schickte eine neue Glocke für die Kirche auf der Insel … Zurück an Land, sollte man noch die malerische Burg (Grajska cesta, tgl. ab 8 Uhr, www.blejski-grad.si) auf ihrem Felsen besuchen. Man erreicht sie auf dem ausgeschilderten Fußweg oder auf der Asphaltstraße bis zur Wehrmauer. Ihre Geschichte reicht ins Jahr 1004 zurück. Heute beherbergt sie ein Museum zur Geschichte Bleds, eine Burgdruckerei im Wachturm und einen eigenen Weinkeller. Sehr schön ist die gotische Kapelle im oberen Hof (16. Jh., im 17. Jh. teilweise barockisiert und mit Fresken ausgemalt).

1 Rund um den Bleder See
2 Vintgar- und Pokljuka-Klamm
3 Bohinjsko jezero
4 Bergwanderung Sieben-Seen-Tal
5 Im Dampfzug durch den Nationalpark
Hotel 1 Hotel Kristal
Hotel 2 Bohinj Park ECO Hotel
Hotel 3 Grand Hotel Toplice

Tourist Info: Cesta svobode 10, Bled, Tel. +386 4/5 74 11 22, www.bled.si/de

2 Vintgar- und Pokljuka-Klamm

Auf zum Schluchten-Festival gleich nördlich von Bled! Zuerst geht es hinauf zum knapp 4 km entfernten Dorf Podhom, hinter dem der Fluss Radovna die Vintgar-Klamm ins Gestein geschnitten hat. Erst 1891 entdeckt, wurde sie schon zwei Jahre später für Besucher zugänglich gemacht. Heute ist sie eine der meistbesuchten natürlichen Sehenswürdigkeiten in Slowenien. Die abenteuerliche Strecke misst 1600 m, und sie endet vor dem 26 m hohen Wasserfall Šum, dem größten Flusswasserfall im Land. Von hier führt der Pfad südöstlich hinauf bis zur Kirche St. Katarina oberhalb von Zasip und mit wundervoller Aussicht auf Bled und seine Umgebung zurück zum Ausgangspunkt (ausgeschilderter Parkplatz). Nur wenige Kilometer südwestlich, hinter dem Dorf Krnica, liegt die urtümliche Pokljuka-Klamm. Der Besucherweg führt auf dem Grund der Schlucht bis zum schönsten, mittleren Abschnitt. Besondere Attraktionen sind der 22 m hohe Wasserfall in einer Seitenschlucht (Wasser nur bei Regen!), das sogenannte Loch von Pokljuka (eine Höhle mit eingestürzter Decke), eine eindrucksvolle 24 m hohe Naturbrücke sowie mehrere Terrassen.

Ein hölzerner Abenteuerpfad schlängelt sich durch die atemberaubende Vintgar-Klamm.

Podhom 80, Zg. Gorje (Vintgar-Klamm) bzw. Krnica (Pokljuka-Klamm), Busverbindungen von Bled, www.bled.si/de

Festival Bled

Am vierten Juliwochenende dämmert nach dem Kunsthandwerkermarkt und zahlreichen Konzerten auf der Uferpromenade die »Nacht von Bled«. Boote setzen Tausende schwimmende Lichter auf dem See aus, und auf der Burg steigen die Feuerwerksraketen. www.bled.si/de

3 Bohinjsko jezero

Er ist das urige Gegenstück zum Bleder See: Der Bohinjsko jezero (deutsch: Wocheiner See) ist der größte natürliche See Sloweniens. 4100 m lang und bis zu 1200 m breit, von den Bergwäldern des Triglav-Nationalparks eingefasst, bietet er ein äußerst malerisches Landschaftsbild – wozu auch die schöne Kirche des Hl. Johannes des Täufers (14. Jh.) neben der alten Steinbrücke in Ribčev Laz am Ostende des Sees beiträgt. Hier stehen alle Zeichen auf Ruhe und Erholung. Im Sommer wird gebadet, gepaddelt und gewandert, im Winter kommen Skifahrer auf ihre Kosten. Zu den beliebtesten Ausflügen gehören die leichte Wanderung von Ukanc am Westende des Sees zum eindrucksvollen, 71 m hohen Savica-Wasserfall (1,5 Std. von Ukanc, 20 Min. vom Parkplatz an der Koča pri Savici) und ein Abstecher in die Schlucht des Bachs Mostnica mit seinen fantastischen Gumpen nördlich von Stara Fužina. Grandios ist die Aussicht vom Berg Vogel, den man »Wogel« ausspricht. Mit der Seilbahn (Ukanc 6, Bohinjsko jezero, www.vogel.si) geht es zum Berghotel Vogel auf 1535 m. Die Wanderung zum Gipfel (1922 m) ist einfach, erfordert aber dennoch gute Schuhe und etwas Trittsicherheit (hin und zurück 5 Std.). Weitere Tourentipps erhält man im Besucherzentrum des Nationalparks (Stara Fužina 37–38, Bohinjsko jezero, www.tnp.gov.si).

Tourist Info: Ribčev Laz 48, Bohinjsko jezero, Tel. +386 4/5 72 60 10, www.bohinj-info.com/de

Echt fett: die Cremeschnitte

Auf den Blätterteigboden kommt ordentlich Vanillecreme, dann eine Schicht Schlagsahne und obendrauf eine weitere knusprige Schicht Blätterteig mit Puderzucker: Die originale »Kremšnite« gibt es im Café gegenüber dem Hotel Park in Bled. www.hotelibled.com

4 Das Sieben-Seen-Tal (Bergwanderung)

Diese Tour führt ins Allerheiligste des Triglav-Nationalparks. Das Tal der Sieben Seen verläuft vom Westende des Bohinjsko jezero nach Norden hinauf Richtung Triglav. Auch wenn man den höchsten Berg Sloweniens gar nicht besteigen möchte – das erfordert Bergerfahrung und/oder Begleitung durch einen Bergführer (Info bei der Tourist Info, Ribčev Laz 48, www.bohinj-info.com/de) –, lohnt sich der Aufstieg unbedingt. Gestartet wird an der Koča pri Savici (653 m) hinter Ukanc. Bis zum Ziel, der Berghütte mit dem langen Namen Zasavska koča na Prehodavcih (2043 m, bewirtschaftet Juli–Sept.) sind also 1390 Höhenmeter zu überwinden. Rund 6 Std. ist man unterwegs, weshalb eine Übernachtung in der (oft vollen) Hütte ratsam ist. Beim Abstieg kann man dann noch einmal nachzählen, ob es wirklich sieben Seen sind. In jedem Fall ist die Landschaft fantastisch, und zum Glück liegt auf dem Weg auch noch die Hütte Koča pri Triglavskih jezerih (1685 m), die man bereits nach 3,5 Std. erreicht.

Eine echte Naturschönheit: der ursprüngliche Bohinjsko jezero südwestlich von Bled.

Nationalpark-Besucherzentrum, Stara Fužina 37-38, Bohinjsko jezero, www.tnp.gov.si

5 Im Dampfzug durch den Nationalpark

Es ist ohne Frage eine der exklusivsten Bahnreisen, die man in den Alpen machen kann: die Fahrt mit der historischen Dampfeisenbahn von Jesenice über Bled und Bohinjska Bistrica nach Most na Soči und zur Endhaltestelle in Nova Gorica. Zwischen 1900 und 1905 wurde diese Strecke (zu k. u. k. Zeiten: Karawanken-Wocheiner-Bahn) als Alternative zur üblichen Verbindung Richtung Triest und Venedig erbaut. Das landschaftlich reizvolle, aber schwierige Gelände stellte die Ingenieure vor enorme Herausforderungen – was man unterwegs eindrucksvoll erlebt: So viele Tunnels und Brücken! Höhepunkt ist der 6327 m lange Tunnel hinter Bohinjska Bistrica. Abfahrt in Jesenice ist gegen 9 Uhr, die Ankunft in Nova Gorica ist für circa 12 Uhr geplant; zurück geht es gegen 16.45 Uhr. Der Service an Bord ist dem Event angemessen und auf netteste Weise »oldschool«. Genaue Termine findet man auf der Homepage des Anbieters.

www.abc-tourism.si > EN > Ride on a vintage train through Slovenia

Hotels

Hotel Kristal
Sympathisches Familienhotel mit 30 Zimmern im Dorf Ribčev Laz an der Straße von Bohinjska Bistrica kurz vor dem Ufer des Bohinjer Sees. Im Restaurant werden lokale Spezialitäten serviert, vor allem Wild und Fisch. Fürs körperliche Wohl sorgen auch Massagen und Ayurveda-Anwendungen.
Ribcev laz 4/a, Bohinjsko Jezero, Tel. +386 4/5 77 82 00, www.hotel-kristal.si/de

Bohinj Park ECO Hotel
Moderner Hotelkomplex in Bohinjska Bistrica mit ehrgeizigem Öko-Konzept. Ein besonderes Plus ist der unmittelbar benachbarte Wasserpark Bohinj, der für Hotelgäste kostenfrei zugänglich ist. Süßnasen genießen »Wellness« auch in der hoteleigenen Konditorei.
Triglavska c. 17, 4264 Bohinjska Bistrica, Tel. +386 8/2 00 41 40, www.bohinj-park-hotel.si

Grand Hotel Toplice
Exklusive Top-Adresse in Bled, direkt am Seeufer gelegen. In seiner gut 160-jährigen Geschichte hat das prächtige Haus in seinen heute 87 Apartments viele prominente Gäste beherbergt. Immer noch gibt es einen Privatstrand und ein eigenes Bootshaus – und im Wellness-Studio Luisa u. a. ein Becken mit Thermalwasser.
Cesta svobode 12, Bled, Tel. +386 4/5 79 16 00, www.sava-hotels-resorts.com

Italien

»Ein Gipfel gehört dir erst, wenn du wieder unten bist – denn vorher gehörst du ihm.«

Hans Kammerlander
(Bergsteiger aus Südtirol)

König der Berge: Im Nationalpark Gran Paradiso kann man mit etwas Glück Alpensteinböcke beobachten.

20 Aostatal

Die höchsten Berge der Alpen, von Süden betrachtet: Diese Perspektive ist für viele Gäste neu und ziemlich aufregend. Denn in der kleinsten Region Italiens, dem Aostatal, wird richtig geklotzt. Von den mächtigen Viertausendern im Norden, zwischen Monte Rosa, Matterhorn und Mont Blanc, bis zum ebenfalls über 4000 m hohen Bergmassiv des Grand-Paradiso-Nationalparks im Süden umschließt eine gigantische Bergkulisse das Tal. Und dort gibt es auch noch eine Menge anderer Höhepunkte zu sehen. Aosta, die malerische Hauptstadt, begeistert mit vielen Baudenkmälern aus ihrer über 2000-jährigen Geschichte. Die Römer haben die Stadt gegründet, weil sie schon die Bedeutung des Kleinen und des Großen St. Bernhard erkannt hatten, zweier wichtiger Passverbindungen, die in der Stadt ihren Anfang nehmen. Heute ist das Aostatal nicht nur autonom, sondern zugleich auch eine der reichsten Regionen Italiens. Übrigens, wer sich über die vielen französischen Ortsnamen wundert: Wir befinden uns hier, an den Grenzen zu Frankreich und der Schweiz, in der historischen Landschaft Savoyen. Die Zweisprachigkeit ist amtlich festgelegt! Ansonsten verspricht die atemberaubende Bergkulisse nichts, was sie nicht auch hält. Das heißt, sportliche Betätigungen zu jeder Jahreszeit und auf jedem Adrenalinlevel werden im Übermaß angeboten. Zu viel Action? Man darf auch einfach nur mit offenem Mund staunen.

Tourist Info: Piazza Porta Praetoria 3, Aosta, Tel. +39 01 65/23 66 27, www.lovevda.it/de

1 Aosta

In der hübschen Hauptstadt der gleichnamigen Region kann man Geschichte auf Schritt und Tritt erleben: Der Bummel durch Aosta mit seinen rund 35 000 Einwohnern ist eine Zeitreise durch mehr als 2000 Jahre. Die Stadtgründung reicht ins Jahr 25 v. Chr. zurück, als Veteranen der Praetorianergarde von Kaiser Augustus an dieser strategisch bedeutenden Stelle – am Weg zu den Passrouten über den Großen und den Kleinen St. Bernhard – die »Colonia Augusta Praetoria« gründeten. Aus der Römerzeit erhalten geblieben sind die Ponte Romano über den Fluss Buthier und gleich dahinter der monumentale Augustusbogen. Folgt man von diesem der Via Sant'Anselmo, kommt man zur Porta Pretoria, dem früheren Haupttor. Gleich dahinter führt die Via Baillage zum nahen Römischen Theater, dessen 22 m hohe Südfassade besonders eindrucksvoll erscheint. Nun erreicht man die große Piazza Chanoux mit der prächtigen Rathausfassade und schließlich die Piazza Giovanni XXII und die Kathedrale, an der zwischen dem 11. und dem 19. Jh. immer weitergebaut wurde. Im Domschatzmuseum ist wertvolle sakrale Kunst zu sehen. Bedeutendster Kirchenbau ist jedoch die spätgotische Kollegiatskirche des Klosters Sant'Orso. Im Mittelschiff sind Fresken aus dem 11. Jh. zu sehen, in der Krypta zwölf römische Säulen. Wunderschön ist auch der Kreuzgang mit seinen romanischen Kapitellen aus dem 12. Jh. Zurück in der Gegenwart, darf man sich auch einfach an den vielen Cafés, Restaurants und Bars in den malerischen Gassen der Altstadt freuen. Wer »immer der Nase nach« geht, stößt unweigerlich auf viele Geschäfte mit wunderbaren Würsten, Speckseiten und Käselaiben – nicht zu vergessen die feinen DOC-Weine aus dem Aostatal!

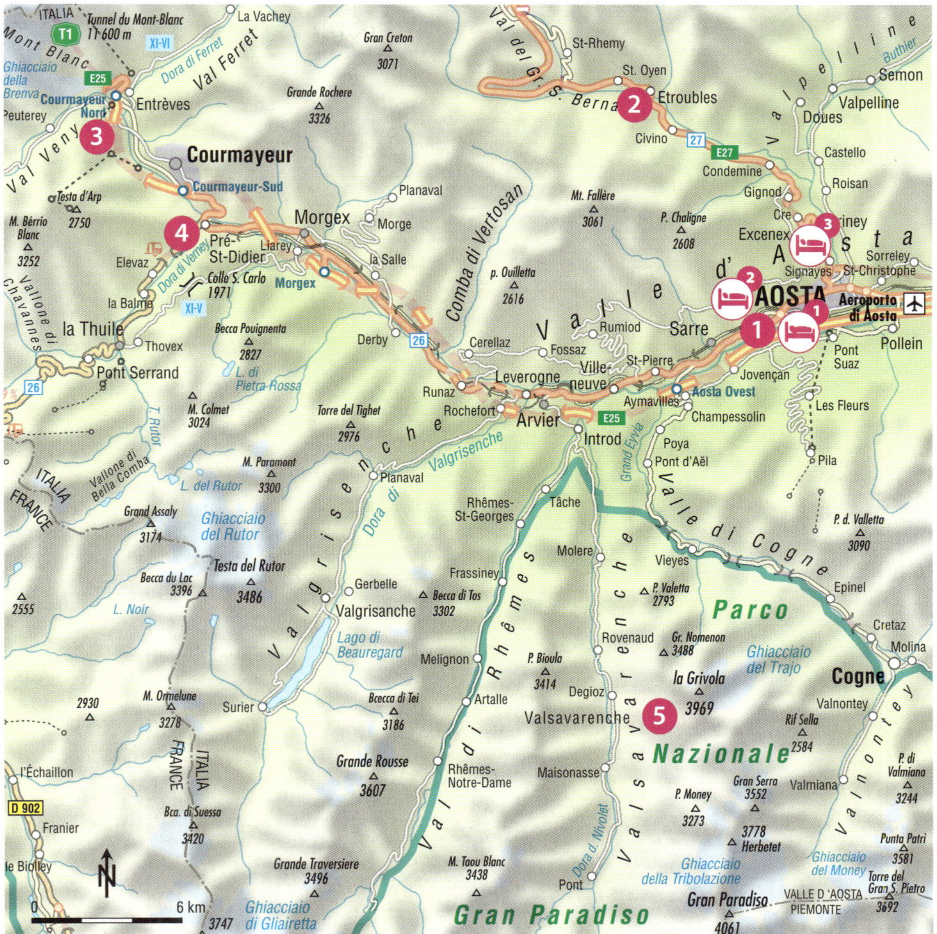

1 Aosta
2 Étroubles
3 Val Veni
4 Therme Pré-Saint-Didier
5 Nationalpark Gran Paradiso
Hotel 1 Duca d'Aosta
Hotel 2 HB Aosta Hotel
Hotel 3 La Roche

Tourist Info: Piazza Porta Praetoria 3, Aosta, Tel. +39 01 65/23 66 27, www.lovevda.it/de

2 Étroubles

Das ganze Dorf ist ein herrliches Freilichtmuseum: Wer von Aosta die Straße zum Großen St. Bernhard nimmt, erreicht nach 18 km die 520-Seelen-Gemeinde Étroubles. Die Fondation Gianadda aus

Martigny, jenseits des Passes im Wallis, fördert die dauerhafte Kunstausstellung mit Werken bekannter Künstler aus Italien, Frankreich und der Schweiz. Anfang und Ende des Ausstellungsparcours markieren Holzskulpturen der Lokalmatadoren Giulio Schiavon und Siro Viérin. Werke von Michel Favre aus Martigny und Chicco Margaroli aus Aosta zieren die Place Émile Chanoux mitten im Dorf (Fußgängerzone). Zusätzlich sind in Étroubles jeden Sommer Ausstellungen mit den überregionalen Heroen des Kunstbetriebs der letzten zwei Jahrhunderte zu sehen. So haben unter anderen schon Chagall, Degas, Debuffet, Alberto Giacometti, Picasso und Rodin den Weg an den Fuß des Großen St. Bernhard gefunden.

Associazione Art Etroubles, www.lovevda.it/de > Kultur > Museen > Alle Museen

Römische Architektur und italienisches Lebensgefühl vor imposanten Alpengipfeln prägen das Stadtbild von Aosta. Hier sollte man auf jeden Fall einen Zwischenstopp einlegen.

3 Val Veni

Neben dem Südportal des Mont-Blanc-Tunnels, bei Entrèves, zweigt das Val Veni nach Westen ab: ein lieblicher, von Wasserläufen durchzogener, von lichtem Wald und Wiesen bestandener Talboden – überragt von Bergen, die so mächtig sind, dass man unwillkürlich den Kopf einzieht. Die Südseite des Mont Blanc mit ihren zerrissenen Hängegletschern ist noch steiler und schroffer als die Nordseite oberhalb von Chamonix. Absoluter Blickfang ist der gigantische dunkle Haifischzahn der Aiguille Noire (3773 m). Vom Parkplatz bei La Visaille (1679 m) wandert man auf der anfangs asphaltierten, später geschotterten Straße in gut 2 Std. bis zum bewirtschafteten Rifugio Elisabetta (2150 m) im Talschluss. Auf dem Rückweg kann man hinter der sumpfigen Ebene des verlandeten Lago Combal links hinauf zur ebenfalls (von Juni bis September) bewirtschafteten Cabane du Combal gehen und weiter auf den nahen Moränenkamm über dem Lago del Miage (2040 m). Der kleine See liegt direkt am Gletschertor des hier von Schutt bedeckten Miage-Gletschers, der vom Mont Blanc herabzieht.

Start in La Visaille, Parkplatz; ca. 42 km von Aosta

Batailles de reines

Kämpfende Kühe? Bei 20 Ausscheidungsturnieren in verschiedenen Orten des Aostatals bestimmen die Tiere bei unblutigen Kämpfen im Frühling, im Sommer und im Herbst auf natürliche Weise ihre »Königin«. Das Finale steigt in der Arena Croix Noire in Aosta. www.amisdesreines.it

4 Therme Pré-Saint-Didier

Wellness total, 30 km westlich von Aosta, kurz vor Courmayeur: Schon den Römern waren die Quellen bekannt, die das Aostatal im 19. Jh. erst richtig auf die touristische Landkarte brachten. 1834 wurde das Thermalbad errichtet, weitere Gebäude folgten, und bald war Pré-Saint-Didier ein gefragter Urlaubsort der Reichen und Schönen – die königliche Familie Italiens eingeschlossen. Bei der Renovierung wurde großer Wert darauf gelegt, die ursprüngliche Architektur der Belle Époque zu erhalten. Wohlfühltechnisch befindet man sich gleichwohl auf dem neuesten Stand: Geboten werden Hydromassagen, Relaxwannen mit Unterwassermusik, Themensaunen und Dampfbäder, Fango, Chromo- und Aromatherapie, Ruheräume mit Bergpanorama … Ein unterirdischer Korridor führt ins alte Casino von 1888, das man nach allerlei Massagen und Treatments innerlich bereichert und äußerlich verschönt verlässt. Oberirdisch verläuft dagegen ein netter Wasserlauf vom Hauptgebäude zu den drei geheizten Garten-Pools, von denen man einen herrlichen Blick auf den Mont Blanc genießt.

Allée Des Thermes, Pré Saint Didier, Tel. +39 01 65/86 72 72, Mo–Do 9.30–21, Fr/Sa 8.30–23, So 8.30–21 Uhr, Reservierung empfohlen, www.termedipre.it

5 Nationalpark Gran Paradiso

Jagdreviere zu Nationalparks! Wo früher die italienischen Könige auf Rot- und Steinwild anlegten, wurde 1922 der erste Nationalpark Italiens gegründet. Er hat eine Fläche von rund 70 300 ha, erstreckt sich zwischen den Regionen Aosta und Piemont und grenzt im Westen an den französischen Nationalpark Vanoise. Abgesehen von der tatsächlich paradiesischen Berglandschaft rund um den 4061 m hohen Gipfel des Gran Paradiso sind es vor allem die majestätischen Steinböcke, die die Besucher anziehen: Während sie im übrigen Alpenraum ausgerottet waren, hatten sie hier, im königlichen Jagdrevier überlebt. Bei einer Wanderung nahe Cogne, dem touristischen Zentrum des Nationalparks (27 km von Aosta), hat man gute Chancen, ihnen zu begegnen. Gestartet wird im südlich gelegenen Weiler Valnontey (1667 m), wo man zunächst den Botanischen Alpengarten Paradisia besichtigt. Zwischen Mitte Juni und Juli blüht es hier besonders farbenprächtig. Dann geht es auf Weg Nr. 18 durch Wald und über die Wiesen der Lauson-Almen – Achtung: Murmeltiere! – zur Bergsteigerhütte Vittorio Sella (2588 m). Ein Höhenweg (Nr. 18b) führt weiter zu den wunderschönen Lauson-Seen und mit herrlicher Aussicht auf die Gletscherberge im Talschluss weiter zur Alpe Herbetet; der Weg ist an einigen Stellen etwas ausgesetzt und mit Ketten zum Festhalten gesichert. Nun geht es steil hinab auf den Talboden und immer neben dem Bach entlang zurück, vorbei am fotogenen Weiler Valmianaz und dem Moorgebiet Prà Suppiaz. Insgesamt ist man 5–6 Std. unterwegs.

Tourist Info: Rue Bougeois 34, Maison de la Grivola, Cogne, Tel. +39 01 65/7 40 40, www.lovevda.it/de, www.pngp.it/de

Saveurs du Val d'Aoste

Die Marke für landwirtschaftliche und önogastronomische Spitzenprodukte aus der Region. Wo immer man dieses Label findet (in Restaurants, Bars, Berghütten, Hotels und Lebensmittelgeschäften), gibt es beste Qualität. www.lovevda.it/de/oenogastronomie

Hotels

Duca d'Aosta
So sieht also ein »modernes Retro-Hotel« aus: außen unauffällig, innen tatsächlich eine Mischung aus Alt und Neu, sehr geschmackvoll eingerichtet und überaus gemütlich. Wunderbar zentrale und ruhige Lage – alle Sehenswürdigkeiten Aostas sind fußläufig erreichbar. Absolut empfehlenswertes Hotelrestaurant Brasserie d'Europe.
Piazza Narbonne 8, Aosta, Tel. +39 01 65/23 63 63, www.alpissima.it

HB Aosta Hotel
Mitten in der Altstadt liegt dieses komfortable Designhotel. In den modern eingerichteten Zimmern schmücken riesige Bergfotografien die Wände, ansonsten sind Etagen und Zimmer in den Leitfarben Rot, Braun oder Beige gestaltet. Kleiner, aber schön eingerichteter Wellnessbereich.
Via Malherbes 18/A, Aosta, Tel. +39 01 65/4 36 45, www.hbaostahotel.com

La Roche
Etwas außerhalb von Aosta neben der Straße zum Großen St. Bernhard bietet der sympathische Familienbetrieb Wohnungen und gemütliche Doppelzimmer. Auf Wunsch wird auch ein (gutes!) Frühstück serviert – das man natürlich am besten auf der aussichtsreichen Terrasse einnimmt. Eine gute Adresse für Gäste mit sportlichem Bewegungsdrang!
Località Signayes, Aosta, Tel. +39 01 65/26 24 26, www.laroche.it

21 Comer See

George Clooneys Villa steht in Laglio, aber er ist nicht der einzige Promi am Comer See. Vor allem am rund 60 km langen Westufer reihen sich in schicken Orten die prächtigen Villen und Palazzi, mediterrane Parkanlagen und gut besetzte Yachthäfen. Am Ostufer geht es weniger mondän zu, aber, was das Wichtigste ist: Die Landschaft mit ihren schmalen, steilen und dicht bewaldeten Uferstreifen, mit ihren ursprünglichen Bergkulissen, ist auf beiden Seiten großartig und auch für Menschen ohne Villa und Yacht zugänglich. Die schönste Anreise ist die durch das Engadin und über den Malojapass, die schnellste ist jene durch den neuen Gotthardtunnel und über Lugano. Und was macht man nun am Comer See? Anders als am supersportlichen Gardasee stehen die Zeichen hier eher auf Genuss und Erholung, auf Dolcefarniente, auf Promenieren und Kaffeenippen, auf Kunst, Kultur und Blumengucken. Ideal eignet sich dafür die Mitte des Sees, wo der berühmte Ort Bellagio die Spitze der Halbinsel bildet, die den See nach Süden hin in zwei Arme teilt. Linienschiffe, Tragflächenboote und Autofähren sichern die Logistik beim unbeschwerten Villen- und Garten-Hopping.

Tourist Info: Piazza Cavour 17, Como, Tel. +39 031/26 97 12, www.lakecomo.it

Die Abendsonne rückt Bellagio ins schönste Licht. Vom See aus ist der Blick auf die Stadt besonders reizvoll.

1 Kloster Piona

Den Ausflug ans Ostufer des Sees kann man ideal auch in die An- oder Abreise einbinden. Etwas südwestlich von Colico ragt eine kleine Halbinsel ins Blau. An ihrer Spitze steht die Zisterzienser-Abtei von Piona. 1252–1257 erbaut, ist die romanische Klosteranlage ein kunsthistorisches Highlight der Region. In der Klosterkirche San Nicola begeistern der schlichte, feierliche Innenraum mit farbigen Fresken sowie die uralten Löwenskulpturen aus Marmor. Ein Traum ist der Kreuzgang mit seinen von wunderbaren Kapitellen abgeschlossenen Säulen. Dass die Abtei noch »aktiv« ist, erkennt man an den umgebenden Gärten, in denen Obst- und Olivenbäume wachsen – und am Klosterladen: Hier wandern selbst gemachte Kräuterliköre und Honig sowie selbst gemixte Teemischungen über die Theke. Musikfreunde können den Besuch der Abtei mit dem Festival Musica sull'acqua verknüpfen – am schönsten an lauen Sommerabenden (www.festivalmusicasullacqua.org).

Via Abbazia di Piona 55, Colico, Parkplatz an der Abtei, Schiffsanlegestelle, Besuch generell 9–12 und 14.30–18, Klosterladen bis 17 Uhr, www.abbaziadipiona.it

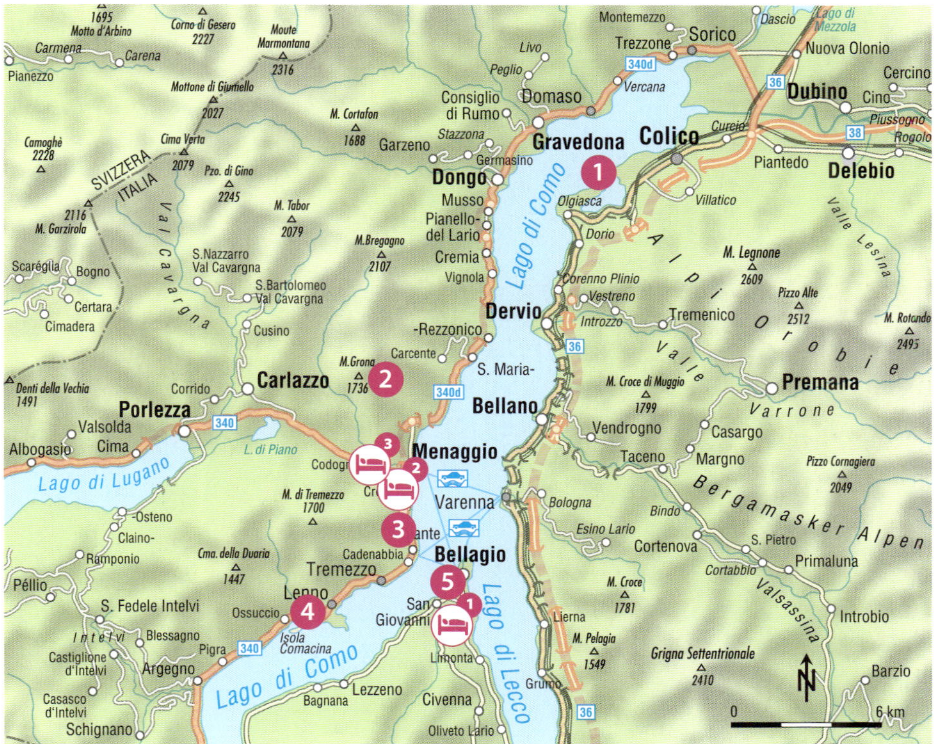

1 Kloster Piona
2 Monte Grona
3 Menaggio und die Villa Carlotta
4 Isola Comacina und Villa del Babianello
5 Bellagio
1 Il Perlo Panorama
2 Grand Hotel Victoria
3 Hotel Royal

2 Monte Grona

Mag es unten am Seeufer noch so schön sein: Irgendwann muss man einfach hinauf auf die Berge. Ein lohnender Gipfel ist der Monte Grona (1736 m) im Norden über Menaggio. Der Aufstieg beginnt in Breglia (749 m) oder am Parkplatz Monti di Breglia (996 m) oberhalb des Ortes. Zunächst geht es zum Rifugio Menaggio (1383 m, www.rifugiomenaggio.eu), wo man von März bis Dezember einkehren kann. Von der Hütte führt die Wanderung nach Norden zu einer Wegverzweigung. Hier entweder links steil hinauf zum Sattel der Forcoletta (1611 m); alternativ weiter geradeaus und mit sanfterer Steigung auf den Kamm, den man vor der kleinen Kapelle Sant'Amate (1623 m) erreicht, nun auf dem Kamm nach links und ebenfalls zur Forcoletta. Über Schutt und Felsen, am Schluss mit einem Drahtseil gesichert, gelangt man nach insgesamt etwa 2,5 Std. auf den Gipfel. Die Sicht auf Comer und Luganer See ist phänomenal. Wer schwindelfrei und trittsicher ist, kann für den Abstieg den Sentiero Panoramico wählen (nicht bei Regen!), ansonsten nimmt man denselben Weg zurück. Ist man früh genug bei der Kapelle Sant'Amate, kann man

Ein acht Hektar großer Park umschließt die Villa Carlotta bei Menaggio. Vom Ufer aus kann man die Pracht und Größe der hier in verschiedensten Stilen angelegten Gärten nur erahnen.

weiter nach Norden bis auf den Monte Bregagno (2107 m) steigen. Knapp 2 Std. braucht man für diesen Weg, einfach. Der Panoramablick ist unvergesslich!

Start am Parkplatz Monti di Breglia (996 m), 11 km nördl. von Menaggio, Bus C13 bis Breglia (749 m)

3 Menaggio und die Villa Carlotta

Sie ist gewissermaßen das Spiegelbild der Villa Melzi bei Bellagio am gegenüberliegenden Ufer: die Villa Carlotta in Cadenabbia, einem Ortsteil von Menaggio (Via Regina 2b, Anf. April–Mitte Okt. 9–19.30, ab Mitte März und bis Ende Okt. 10–18 Uhr, www.villacarlotta.it). Bezaubernd sind vor allem die prächtigen Gartenanlagen. In der Villa selbst wird demonstriert, wie man im 18. Jh. wohnte, wenn man es sich leisten konnte. Über das benachbarte Cadenabbia mit der Villa La Collina – ehemaliger Urlaubssitz von Bundeskanzler Konrad Adenauer – kommt man ins wenige Kilometer entfernte, hübsche Menaggio. Hier ist man aktiv, beim Schwimmen (im Norden das Strandbad) und Kite-Surfen, Wandern und Mountainbiken. Extratipp: der Wochenmarkt, jeden dritten und vierten Freitag im Monat. Und noch ein Tipp: das große Blumenfest Mitte Mai mit Musik und Tanz unter freiem Himmel rund um die Piazza Garibaldi und auf der Seepromenade.

Tourist Info: Piazza Garibaldi 3, Menaggio, Tel. +39 03 44/3 29 24, www.menaggio.com

4 Isola Comacina und Villa del Babianello

Nur wenige 100 m vom Ufer, beim netten Ort Ossuccio, befindet sich die einzige Insel im Comer See (Kombi-Tickets für das Taxiboot und Buchung von geführten Rundgängen im Museum Antiquarium, s. u.). Auch wenn beim Bummel über das winzige Eiland auf den ersten Blick nur die Kirche San Giovanni ins Auge fällt: Im Mittelalter gab es hier mehrere Kirchen, darunter die Basilika Sant'Eufemia, von der nur Reste zu sehen sind. 1169 wurde die damals strategische bedeutende Insel jedoch verwüstet und fiel daraufhin in einen Dornröschenschlaf, aus dem sie erst im 20. Jh. wieder erwachte. Heute bietet sie neben ihrer archäologischen Bedeutung und Schönheit vor allem das gute Essen in der Locanda dell'Isola Comacina (Tel. +39 03 44/5 50 83, www.comacina.it), wo man stolz darauf ist, seit 1947 das gleiche Menü anzubieten. Zurück in Ossuccio, kann man neben dem Museum noch die romanische Kirche S. Maria Maddalena besichtigen sowie auf den »Heiligen Berg« (Unesco-Welterbe) steigen: 14 Kapellen

Feuer frei!

»Fuochi Lariani« nennen sich die hübsch anzusehenden atmosphärischen Erscheinungen über dem Comer See. Zwischen Ende Juni und Ende August gibt es an mehreren Orten Feuerwerk mit Party bis tief in die Nacht. Alle Orte und Termine unter: www.comer-see-italien.com

mit 230 lebensgroßen Figuren aus Gips und Terrakotta säumen den Weg zur Wallfahrtskirche Madonna del Soccorso. Bestaunen sollte man auch die wohl allerschönste Immobilie am See – die Villa del Balbianello im benachbarten Lenno, am Ende der Halbinsel Dosso di Lavedo (Zugang mit Boots-Shuttle von der Anlegestelle am Lido die Lenno oder von dort zu Fuß in 20 Min.). Das einstige Franziskanerkloster hat Karriere als Film-Location gemacht – u. a. im James-Bond-Streifen »Casino Royale« und in »Star Wars«. Auch die inneren Schauwerte der Villa kann man im Rahmen einer Führung erleben.

Isola Comacina/Museum Antiquarium, Via Somalvico, Mitte März–Ende Okt., www.isola-comacina.it

Villa del Balbianello, Lenno, Mitte März–Mitte Nov. Do–So und Di 10–18 Uhr, www.visitfai.it/villadelbalbianello

5 Bellagio

Bellagio ist nicht nur wegen seiner fantastischen Lage an der Spitze des »triangolo lariano«, der dreieckigen Landzunge zwischen den Städten Como und Lecco die »Perle des Comer Sees«. Am schönsten ist der Anblick vom Wasser aus, von einer der vielen Fähren. Heute schwärmen die Touristen in der Hochsaison in Scharen über die Uferpromenade, bevor sie sich in die verwinkelten Gassen des alten Fischerörtchens begeben und am oberen Rand der Altstadt die romanische Basilica San Giacomo betreten. Von hier ist es nur noch ein kurzer Spaziergang zur Punta Spartivento, dem »Ort des geteilten Windes«. Das nördliche Ende der Halbinsel bietet das allerschönste Seepanorama. Über den Dächern der Stadt steht auf einem grünen Hügel die historische Villa Serbelloni. Grandios sind die nach Osten gerichteten Parkanlagen mit einem 18 km langen Wegenetz (Besichtigung Mitte März–1. Nov. Di–So 11 und 15.30 Uhr, Anmeldung und Start bei Promo Bellagio neben der Basilica San Giacomo, s. u., Dauer ca. 2 Std.). Auf der Westseite Bellagios schlendert man durch eine schattige Platanenallee zur Villa Melzi (Via Melzi d'Eril, Ende März bis Anf. Nov. 9.30–18.30 Uhr, www.giardinidivillamelzi.it). Im Jahr 1808 von dem Politiker und Napoleon-Freund Francesco Melzi d'Eril erbaut, kann man heute das Museum in der Orangerie und die Kapelle besichtigen – insbesondere aber die herrlichen Gartenanlagen. Vor allem im April und Mai entfalten Azaleen, Rhododendren und andere mediterrane Gewächse hier ihre atemberaubende Blütenpracht.

Promo Bellagio: Piazza della Chiesa 14, Tel. +39 031/95 15 55, www.bellagiolakecomo.com

Leinen los

Ohne die vielen Schiffs- und Fährverbindungen hätte man am Comer See ein Problem. Besonders gut erschlossen ist der mittlere Bereich zwischen Bellano, Menaggio, Varenna, Bellagio, S. Giovanni, Villa Carlotta, Tremezzo und Lenno. Alle Fahrpläne: www.navigazionelaghi.it

Hotels

Il Perlo Panorama
Möglicherweise die Bestlage in Bellagio? Wer sich von der schicken Uferpromenade ins Hinterland begibt, wird begeistert sein. Tatsächlich bietet dieses schöne kleine Hotel zusätzlich zum atemberaubenden Panorama über die Stadt, den See und die Berge auch nette Zimmer und attraktive Preise.
Via Valassina 180, Bellagio, Tel. +39 03 19/5 02 29, www.ilperlo.com

Grand Hotel Victoria
Die große alte Dame an der Uferpromenade in Menaggio bezaubert ihre Gäste mit dem Charme der Belle Époque. Vorne sieht man über den See, hinten taucht man in die Gassen der Altstadt ein. 1890 erbaut, wurde das Hotel mit seinen 55 Zimmern und Suiten in den letzten Jahren im alten Stil renoviert.
Via B. Castelli 9/13, Menaggio, Tel. +39 03 44/3 20 03, www.grandhotelvictoria.it

Hotel Royal
Etwas oberhalb der Altstadt genießt man von der parkartigen Gartenanlage (mit Pool) den Blick auf Menaggio und über den Comer See. Das hübsche kleine Familienhotel mit angeschlossenem Gästehaus bietet nur 15 Zimmer und 3 Suiten. Sehr empfehlenswert ist auch die Küche im Restaurant »Chez Mario«.
Largo Vittorio Veneto 1, Menaggio, Tel. +39 03 44/3 14 44, www.royalcolombo.com

Gipfel der Gefühle: Wer ab Riva die Via dell'Amicizia bezwingt, wird mit einem sagenhaften Panoramablick belohnt.

22 Gardasee Nord

Ein blauer Fjord, auf beiden Seiten von hohen, steilen Bergen umgeben: Dieses fantastische Bild bietet der Gardasee an seinem nördlichen Ende. Es gehört noch zur Autonomen Provinz Trentino und bietet Besuchern eine umwerfende Alpenkulisse mit mediterraner Note. Prachtvolle Bauten in Riva und Arco zeugen von der langen Geschichte – zuerst ohne, dann mit Touristen. Früher verbrachte das österreichische Kaiserhaus hier die Wintermonate, heute bestimmt der Sport das Bild. Das obere Ende des Gardasees verleitet unweigerlich zu mehr oder weniger schweißtreibenden Aktivitäten. Die Möglichkeiten sind schier unerschöpflich. Schon im Frühling reisen die Aktiven zu ihren wilden Workouts an: Mountainbiker auf den alten Militärstraßen und Singletrails, Kletterer und Klettersteiggeher an den sonnigen Felsen rund um Arco, Wind- und Kitesurfer an der ganzen Küste zwischen Riva, Torbole und Malcesine. Ja, auf den Wind ist am Gardasee Verlass: Morgens bläst er als »Pelèr« von Norden, nachmittags als »Ora« von Süden. Und die die Bergwanderer? Wollen vom lang gestreckten Rücken des Monte Baldo am liebsten nicht mehr hinunterkommen … Es gibt noch eine weitere gute Nachricht: Man darf am Gardasee auch einfach nur bummeln: durch die verwinkelten Gassen und Arkadengänge unter der Burgruine von Arco, über hübsche Plätze, vorbei an fotogenen Villen und schließlich auf die wunderschöne Hafenpromenade von Riva.

Tourist Info: Largo Medaglie d'oro 5, Riva del Garda, Tel. +39 04 64/55 44 44, www.gardatrentino.it/de

❶ Riva

Römer, Trentiner, Veronesen, Mailänder, Venezianer: In ihrer langen Geschichte hatte die zweitgrößte Stadt am Gardasee (16 000 Einwohner) viele Herren. Ihre für den Handel strategisch günstige Lage am Nordende des Sees weckte allzeit Begehrlichkeit. Im 19. Jh. kamen dann die Touristen, und bis 1919 gehörte Riva als k. u. k. Ferienort zu Tirol. Noch heute sorgen die alten Grand Hotels für nostalgisches Flair, ihre Attraktivität bezieht die Stadt aber aus dem Mix von Erholung, Kultur und Sportangeboten. Im schönen alten Bahnhof (Viale F. Filzi) ist heute die Tourist Info untergebracht. Von dort geht es zur Wasserburg La Rocca (Piazza c. Battisti, 3/a, Juni–Sept. tgl. 10–18, März–Mai und Okt. Di–So 10–18 Uhr, www.museoaltogarda.it), deren Ursprünge ins Jahr 1124 zurückreichen; heute ist sie ein Museum zur Stadtgeschichte. Westlich davon ragt Rivas Wahrzeichen, die 1220 erbaute Torre Apponale (Piazza III. Novembre, Mitte März–Mai Di–So 10–18, Juni–Sept. tgl.10–18 Uhr) 34 m hoch in die Luft. Der Aufstieg (165 Stufen!) wird mit einer tollen Aussicht belohnt. Auch Kirchen kann man in Riva besichtigen. Etwa die barocke Pfarrkirche Santa Maria Assunta an der zentralen Piazza Cavour oder die kunstgeschichtlich bedeutendere Kirche Santa Inviolata im Norden der Altstadt mit ihren Fresken, Stuck- und Schnitzarbeiten sowie einem Bild der wundertätigen Madonna hinter dem Hochaltar.

Tourist Info: Largo Medaglie d'oro 5, Riva del Garda, Tel. +39 04 64/55 44 44, www.gardatrentino.it/de

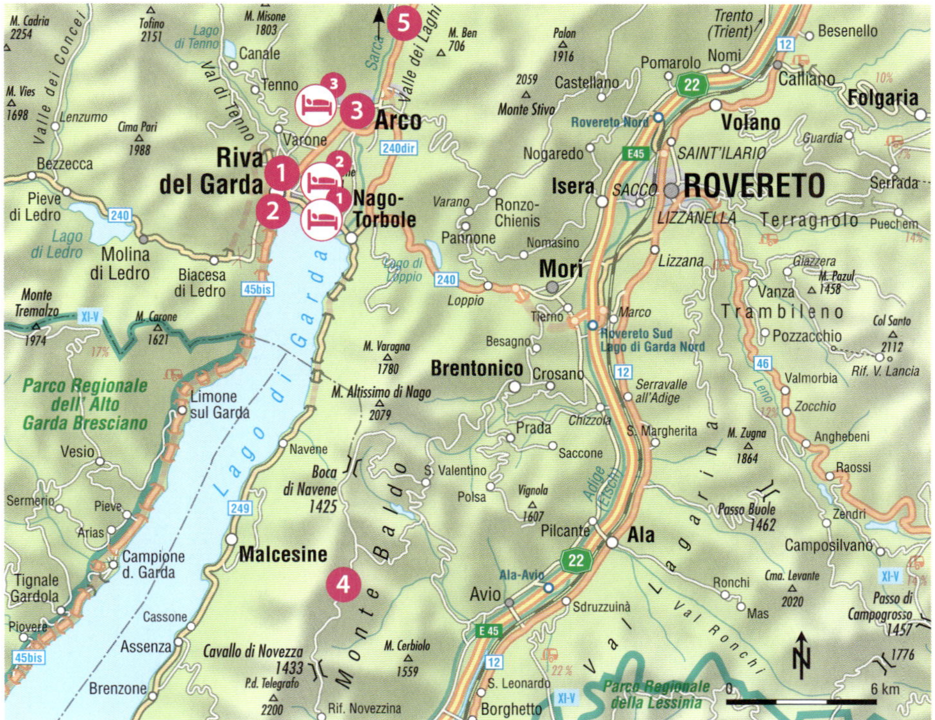

❶ Riva	❺ Trient
❷ Klettersteig Via dell'Amicizia	1 Du Lac et Du Parc Grand Resort
❸ Arco	2 Lido Palace
❹ Monte Baldo	3 Vivere

❷ Klettersteig Via dell'Amicizia

Die Gardaseeregion ist ein Kletterdorado. Eine Art »Klettern light« bieten die vielen Klettersteige: Rund zwei Dutzend Routen gibt es hier. Absoluter Klassiker ist die Via dell'Amicizia bei Riva: eine spektakuläre Route, steil und luftig, ziemlich anstrengend, zwar mittelschwer – dennoch nur für Geübte. Der Blick auf Riva und den See sind toll! Absolute Schwindelfreiheit wird vorausgesetzt; die nötige Ausrüstung kann man im Ort leihen. Gestartet wird am Parkplatz neben der Hauptstraße im Westen der Altstadt. Über die Bastione (211 m) und das Rifugio Barbara kommt man zum Einstieg. Senkrecht, teilweise sogar leicht überhängend führen schmale Leitern in die Höhe. Zwischendurch kann man auch mal auf einer kleinen Plattform verschnaufen. Weiteren Leitern und drahtseilgesicherten Stellen folgt man auf den Gipfel der Cima S.A.T. (1246 m). Auf kurvigen aber bequemen Wegen geht es wieder hinab nach Riva. Insgesamt ist man 6 Std. unterwegs und bewältigt stolze

Rockmaster

Sportklettern auf allerhöchstem Niveau, zehn Tage lang: Die Mutter aller Kletterwettkämpfe steigt Ende August/Anfang September in Arco. Der Rockmaster hat in der Szene Kult-Charakter und bietet auch Nichtkletterern spannende Unterhaltung.
www.rockmasterfestival.com
www.vallediledro.com

1250 Höhenmeter. Man sollte früh aufbrechen – oder, wenn es im Sommer zu heiß ist, am besten gar nicht!

Start am Parkplatz neben der Hauptstraße im Westen der Altstadt; geführte Touren und Ausrüstungsverleih u. a. bei Canyon Adventures in Torbole, Via Matteotti 122, Tel. +39 04 64/50 54 06, www.canyonadv.com/de

3 Arco

Rund 6 km nördlich von Riva liegt die 14 000-Einwohner-Stadt, auf drei Seiten von hohen Bergen umgeben, in der Sarca-Ebene. Das sehr hübsche Zentrum hinter dem Stadttor verströmt mit wunderschönen Villen (Palazzo Merchetti und Palazzo Nuovo), dem prächtigen Casino, der Stiftskirche Santa Maria Assunta und dem Stadtgarten noch den Charme vergangener k. u. k. Zeiten. Wahrzeichen Arcos ist die Burgruine, die sich malerisch hoch über den Dächern erhebt – zu Fuß in 20 Min. zu erreichen (Via castello, März/Okt. 10–17, April–Sept. 10–19 Uhr, Nov. bis Febr. eingeschränkt, www.comune.arco.tn.it/conoscere). Vermutlich gab es sie schon im 6. Jh., um 1200 wurde sie jedenfalls stark erweitert, und 1495 dokumentierte Albrecht Dürer das damals noch intakte Gemäuer für die Nachwelt. Zu besichtigen sind wertvolle Fresken in der Sala degli Affreschi, das Burggefängnis, der große Turm und mehrere Zimmer. Von der Burg aus führt ein Kreuzweg auf den Monte Colodri. Westlich des Bergfelsens sollte man noch das großartige, 1872 gegründete Arboretum besichtigen (Via Fossa Grande, April–Sept. tgl. 8–19 Uhr, Okt.–März tgl. 9–16, Eintritt frei). Gewächse von allen Kontinenten sind hier zu bewundern, darunter Steineichen, eine mächtige Zypresse und eine noch mächtigere Sequoia. Der erzherzogliche Palast ist für die Öffentlichkeit geschlossen.

Tourist Info: Viale delle Palme 1, Arco, Tel. +39 04 64/53 22 55, www.gardatrentino.it

4 Monte Baldo

Den Gardasee von oben? Muss man gesehen haben! Dank der Seilbahn von Malcesine, 14 km südlich von Torbole, kommt man ohne zu schwitzen hinauf auf 1760 m. Nach der Zwischenstation wird es spektakulär: Dann drehen sich die Gondeln der Seilbahn im Kreis. Den Drehwurm kann man oben verstärken, denn das 360-Grad-Panorama über Wasser und Berge ist wahrhaft schwindelerregend. Die moderne Bergstation ist ein Ausgangspunkt für viele grandiose Wanderungen. Königstour ist der stellenweise schwierige Höhenweg auf dem Kamm nach Süden zur Punta Telegrafo (2200 m) mit dem bewirtschafteten Rifugio Barana. Toll und ohne Schwierigkeiten sind die Abstiege über die riesigen Wiesen nördlich der Bergstation. Am schönsten ist es auf dem Monte Baldo im Frühsommer: Der Blumenreichtum ist legendär. Wer es dagegen auf die ganz weite Fernsicht abgesehen hat, kommt besser im Frühjahr oder im späten Herbst, denn schöne Sommertage sind am Gardasee dunstig. Aber bei der Planung des Ausflugs nicht vergessen: Im Sommer muss man an der Seilbahn mit Wartezeiten von bis zu einer Stunde rechnen.

Via Navene 12, Malcesine, April–Okt. tgl. 8–18, Dez.–März 8–16 Uhr, Nov. geschl., www.funiviedelbaldo.it

5 Trient

Manche sprechen von der schönsten unbekannten Stadt Norditaliens. Tatsächlich kennen die meisten Trient gerade mal von den Schildern an der Autobahnausfahrt. Ein großer Fehler, hier bei der Fahrt zum Gardasee nicht auszusteigen! Mitten in der

Ledrosee

Das alpine Geschwisterchen des Gardasees ist der Lago di Ledro westlich oberhalb von Riva. Zwar kein Geheimtipp mehr, aber immer noch ein tolles Ziel für Wanderer und alle, denen es zwischen Riva, Torbole und Malcesine zu voll ist.
www.valledileldro.com

Wissenschaft zum Bestaunen und Anfassen: Sechs Stockwerke und eine Dachterrasse umfasst der gläserne, von Star-Architekt Renzo Piano entworfene Museumstempel MUSE in Trient.

Altstadt liegt die fotogene Piazza Duomo mit den beiden Wahrzeichen der Stadt: dem um das Jahr 1000 erbauten Stadtturm und dem Neptunbrunnen. Daneben erheben sich der Bischofspalast Palazzo Pretorio – er enthält heute das interessante Diözesanmuseum (Di geschl.) – und die Kathedrale San Vigilio, die man am besten nachmittags besucht, wenn das Licht durch die farbige Glasrosette der Westfassade fällt. Der Altstadtbummel führt vorbei an prächtigen Palazzi aus der Renaissance und endet am Castello del Buonconsiglio (Via Bernardo Clesio 5, Mai–Okt. Di–So 10–18, Nov.–April Di–So 9.30–17 Uhr, www.buonconsiglio.it), der sehenswerten fürstbischöflichen Burg. Sie ist eine der bedeutendsten Stätten des Katholizismus: Hier fand als Reaktion auf die Reformation in Europa von 1545 bis 1563 das Konzil von Trient statt. Auf dem Weg zurück in die Gegenwart sollte man im Palazzo delle Albere vorbeischauen: Dort ist ein Teil der Sammlungen des Museums für zeitgenössische Kunst MART in Rovereto untergebracht. Von außen etwas eigenwillig präsentiert sich das moderne Aushängeschild im kulturellen Inventar, das Wissenschaftsmuseum MUSE (Corso del Lavoro e della Scienza 3, Di–Fr 10–18, Sa/So/Fei 10–19 Uhr, www.muse.it). Entworfen von Renzo Piano, sieht es wie ein Hightech-Gebirge aus. Alles ist hier interaktiv und anfassen ist ausdrücklich erwünscht. Infotainment auf der Höhe der Zeit, mit einem breiten Themenspektrum: vom Dinosaurier bis zum 3-D-Drucker.

Tourist Info, Via Manci 2, Trento, Tel. +39 04 61/21 60 00, www.discovertrento.it

Hotels

Du Lac et Du Parc Grand Resort

Die in einem Park gelegene Hotelanlage in Riva bietet im angeschlossenen Multisport Center Sailing du Lac Segel- und Windsurfkurse sowie freies Segeln mit erfahrenen Lehrern. Dazu werden E-Bikes, Mountain- und Citybikes vermietet. Wer umweltfreundlich mit der Bahn anreist (DB/ÖBB), erhält Rabatte auf das Sportangebot; Gäste der »Sport+Hotel«-Pakete profitieren vom Shuttleservice zum Bahnhof Rovereto.

Viale Rovereto 44, Riva del Garda, Tel. +39 04 64/55 24 53, dulacetduparc.com/de, www.sailingdulac.com

Lido Palace

Historisches Belle-Époque-Schmuckstück, das mit Glas, Design, Kunst und viel Fingerspitzengefühl zu einem neuen Gesamtkunstwerk umgebaut wurde. Küche und Frühstück sind ausgezeichnet, der schicke CXI-Spa garantiert einen entspannten Aufenthalt.

Viale Carducci 10, Riva del Garda, Tel. +39 04 64/02 18 99, www.lido-palace.it

Vivere

Moderner Agriturismo zwischen Weinreben und Oliven. Hinter den großen Fensterfronten liegen sechs Suiten (vier mit Kochnische, alle mit privatem Eingang und Garten). Abends trifft man sich vor dem offenen Kamin und genießt den Wein des Hauses.

Via epifanio Gobbi, Arco, Tel. +39 04 64/51 47 86, www.agrivivere.com

23 Meran und Vinschgau

Palmen und Gletscher: Kein Klischee wird öfter bemüht, wenn die Tourismuswerbung nach einem starken Etikett für das Meraner Land sucht. Dabei gäbe es noch einige andere Begriffspaare: Wein und Obst, Blumen und Gärten, Kunst und Kultur, Sport und Wellness … Das alles soll Platz haben auf diesem überschaubaren Flecken Südtirol? Es hat Platz. Auf gut 300 m Höhe liegt Meran. Die vergletscherte Texelgruppe im Norden der Stadt reckt ihre Gipfel auf knapp 3300 m Höhe. Kurpromenade und Gipfelkreuz trennen gewaltige 3000 m Höhenunterschied – bei einer horizontalen Distanz von nur 12 km Luftlinie! Auf engstem Raum wechseln mediterrane Parkanlagen, alpines Bauernland und einsame Hochgebirgswildnis. Der enorme Höhenunterschied verbindet Landschaften, die normalerweise viele Breitengrade trennen. In den Gärten von Schloss Trauttmansdorff wachsen exotische Pflanzen in üppiger Pracht – blühende Beweise für das milde Klima am Fuß der hohen Berge. Seinen Ruf als alte Kurstadt hat Meran längst zeitgemäß aufgefrischt, nicht zuletzt durch die schicke neue Therme. Jede Menge Bewegung verschaffen einem ungezählte Kilometer Rad- und Wanderwege. Toll sind auch die vielen Seilbahnen, die einen rasch aus dem Tal hinauf in die kühlen Höhen bringen. Dazu bietet die faszinierende Berg- und Tallandschaft des nach Westen anschließenden Vinschgaus ein schier unerschöpfliches Tourenrevier – mit kunst- und kulturhistorischen Zwischenstopps.

Ferienregion Meraner Land, Gampenstr. 95, Meran, Tel. +39 04 73/20 04 43, www.meranerland.com

Mediterranes Flair trifft auf alpine Kulisse – diese besondere Mischung macht Meran als Reiseziel so spannend.

1 Meran
2 Schloss Trauttmansdorff
3 Schloss Tirol
4 Wanderabenteuer Muthöfe
5 Der Waalweg zum Schloss Juval
6 Churburg
7 Glurns
Therme Meran (1)
Schloss Rubein (2)
Vigilius Mountain Resort (3)

1 Meran

Wer durch Meran spaziert, hat alle Jahreszeiten im Blick: unten die Palmen und Bananenstauden an der Winterpromenade, oben die oft schneebedeckten Dreitausender der Texelgruppe. Grandios ist auch die Ansicht vom berühmten Tappeinerweg, der 100 m über der Stadt verläuft, von der Zenoburg im Osten nach Grätsch im Westen: vier bequeme, sonnige Kilometer mit mediterranem Flair. Zurück in der Stadt, flaniert man zwischen Villen aus der Zeit von Kaiserin »Sisi«, die in Meran ihr Winterquartier bezog, bummelt im Zentrum durch die Laubengassen, setzt sich in ein Café und genießt das sehr zeitgenössische gute Leben – das mit der spektakulären Therme (Thermenplatz 9, tgl. 9–22, Sauna Mo–Fr erst ab 13 Uhr, www.termemerano.it) des Star-Designers Matteo Thun sein modernes Wahrzeichen bekommen hat. Aus dem herrlichen Thermenpark führt eine Brücke hinein in die Altstadt mit dem Kurhaus und seinen Promenaden.

Tourist Info: Freiheitstr. 45, Tel. +39 04 73/27 20 00, www.merano-suedtirol.it

2 Schloss Trauttmansdorff

Als »Paradies auf Erden« offenbart sich Schloss Trauttmansdorff am Ostrand von Meran – ein 12 ha großes Areal mit mehr als 80 unterschiedlichen Gartenlandschaften. Hier wächst und blüht es so üppig, dass man einen ganzen Tag in den Gärten verbringen kann. Auch das Schloss selbst ist sehenswert: Einst Feriensitz für Kaiserin Elisabeth, beherbergt es heute Südtirols sehr unterhaltsames Landesmuseum für Tourismus, das »Touriseum«. Auf dem ausgeschilderten »Sissi-Weg« kann man von der Kurpromenade in Meran in 45 Min. durch alte Villenviertel bis zum Schloss gehen. Oder man nimmt den Bus ab Bahnhof Meran, Linie 4 oder 1B.

St-Valentin-Str. 51a, Meran, Tel. +39 04 73/25 56 20, Ende März–Mitte Okt. tgl. 9–19, Mitte Okt.–Mitte Nov. tgl. 9–16/17 Uhr, www.trauttmansdorff.it, www.touriseum.it

Erinnerungsstücke und Kunst aus aller Welt zeigt Bergsteigerlegende Reinhold Messner in seinem Messner Mountain Museum, das im Schloss Juval im Vinschgau untergebracht ist.

3 Schloss Tirol

Die stolze Stammburg der Grafen von Tirol, wichtigste Burg Südtirols und so etwas wie die Wiege des ganzen Landes, steht nördlich oberhalb von Meran auf einem Bergsporn neben dem Dorf Tirol. Die ältesten Bauteile in der Vorburg datieren zurück ins 9. Jh. Aus späteren Zeiten stammen die romanischen Portale im Südpalas und die Burgkapelle mit gotischem Freskenschmuck. Im Bergfried wurde vor einigen Jahren das Landesmuseum für Kultur- und Landesgeschichte eröffnet, das die Geschichte Südtirols von den Anfängen bis heute dokumentiert.

Schlossweg 24, Tirol, Tel. +39 04 73/22 02 21, Mitte März–Anf. Dez. Di–So 10–17, Aug. bis 18 Uhr, www.schlosstirol.it

4 Wanderabenteuer Muthöfe

Mit der Seilbahn geht es vom Dorf Tirol zu den Muthöfen. Diese kleben schon seit dem 13. Jh. abenteuerlich am Steilhang auf rund 1400 m Höhe über dem Talkessel von Meran. Heute ist der Gasthof Hochmuth neben der Bergstation mit seiner Sonnenterrasse und regionaler Küche ein beliebtes Ausflugsziel und Ausgangspunkt für Wanderer. Wirklich nur für Schwindelfreie ist der Vellauer Felsenweg, der direkt beim Gasthof startet. Er verläuft gleich zu Beginn quer durch hohe Felswände und dann hinab nach Vellau, von wo man auf dem Tiroler Höhenweg und dem Herrschaftsweg zum Farmerkreuz und zurück zur Talstation kommt (3 Std.). Ein anderer Weg führt von der Bergstation in gut 1 Std. hinüber zum Gasthof Mutkopf (1684 m). Der weitere Aufstieg zur Mutspitze (2294 m; 2 Std.) ist anstrengend, wird aber mit einer unfassbaren Aussicht belohnt.

Seilbahn Hochmuth, Haslachstr. 64, Dorf Tirol, Mitte März–Mitte Nov. 7.30–18, Juli–Sept. 7.30–19 Uhr, www.seilbahn-hochmuth.it

5 Der Waalweg zum Schloss Juval

Hausherr im Schloss Juval, das Ende des 13. Jh. über dem Eingang des Schnalstals erbaut wurde, ist seit 1983 Reinhold Messner. Der Bergfex bezieht hier sein Sommerlager, weshalb man es im Juli und August nicht besichtigen kann. Juval ist einer von sechs Standorten des Messner Mountain Museum in Südtirol. Thema ist hier der »Mythos Berg«, stimmungsvoll illustriert mit allerlei Kunst, einer großen Tibetika-Sammlung und Masken von fünf Kontinenten. Daneben leistet sich die Bergsteigerlegende im Umfeld des Schlosses einen Bergtierpark sowie das Weingut Unterortl, den Biohof Oberortl

Vinschgerbahn

Öffentlicher Nahverkehr für Einheimische und Touristen: Im 30- bis 60-Min.-Takt fährt die Vinschgerbahn von Meran nach Mals. 75 Min. dauert die Fahrt, gehalten wird an 16 Stationen, die in ein gemeinsames Rad- und Wanderwegenetz eingebunden sind. www.vinschgerbahn.it

Tiroler Kulturfrühling

Weder Klassik noch Musikantenstadl. Beim Kulturfrühling in Dorf Tirol erklingt von Ende März bis Mitte Mai »echte« Volksmusik, die ihre Traditionen jedoch auch für neue Töne öffnet. Die zeitgemäße Fusion klingt vielseitig, interessant und spannend. www.dorf-tirol.it

und den Gasthof »Schlosswirt«. Stilecht erreicht man das Schloss nur zu Fuß: Vom Parkplatz Juval an der Staatstraße zwischen Naturns und Staben nimmt man den Shuttlebus zum Schlosswirt Juval, von wo es noch ca. 15 Minuten Gehzeit sind. Am schönsten ist der Aufstieg von Tschars über den Tscharser Waalweg. Waale sind uralte Bewässerungskanäle, die das Wasser aus der Gletscherregion der Ötztaler Alpen auf die umliegenden Wiesen leiten. Die Runde über den Sonnenhof zum Schloss und, ab Sonnenhof hinab und über den Stabner Waalweg zurück nach Tschars dauert ca. 3 Std. (reine Gehzeit).

Juval, Kastelbell, Tel. +39 04 71/63 12 64, Ende März–Juni und Sept.–Anf. Nov. Do–Di 10–16 Uhr, www.messner-mountain-museum.it; Tourist Info: Staatsstr. 5, Kastelbell-Tschars, www.kastelbell-tschars.com

6 Churburg

Sie sieht aus wie eine Filmkulisse, ist aber echt. Und es waren echte, wilde Ritter, die das bestens erhaltene Gemäuer oberhalb von Schluderns im oberen Vinschgau schon im 13. Jh. bewohnten. Wie wild diese Ritter waren, belegen ihre Waffen, vor allem aber die ausgestellten Rüstungen – die martialische Blechsammlung ist in Europa einzigartig. Es gibt aber noch viel mehr zu sehen, etwa bunt bemalte Arkadengänge aus der Renaissance mit Bildergeschichten über Tiere und die Welt. Darüber hinaus bekommt man bei Führungen prächtige Säle und schöne holzgetäfelte Zimmer zu sehen.

Churburg 1, Schluderns, Tel. +39 04 73/61 52 41, 20. März–31. Okt. Di–So/Fei 10–12, 14–16.30 Uhr, www.churburg.com

7 Glurns

Unter den vielen magischen Orten Südtirols ist Glurns ein ganz besonders schöner. Rund 900 Einwohner leben hier auf rund 900 m Höhe inmitten vollständig erhaltener Stadtmauern. Mit 350 Schießscharten versehen, trennen sie Glurns in eine Inner- und eine Außerstadt. Hinter den klotzigen Stadttoren flaniert man auf kopfsteingepflasterten Gassen zwischen bestens erhaltenen bzw. sanierten Laubenhäusern. Auch moderne Kunst ist zu sehen: Im Paul-Flora-Museum (Florastr. 3, Mai/Juni/Sept./Okt. Di–So 11–16, Juli/Aug. tgl. 10–17, www.paulfloramuseum.org) kann man das wunderbare Werk des eigenwilligen Zeichners Paul Flora bewundern, der 1922 in Glurns geboren und 2009 auf dem Friedhof seiner Heimatstadt beigesetzt wurde.

---

www.glurns.eu

Hotels

Therme Meran
Zentral und doch ruhig – so mag man es in Meran. Das moderne Designhotel bietet geräumige, sehr geschmackvolle Zimmer, eine Showküche im Restaurant und natürlich, ganz wichtig, einen Tunnel, der den Gästen direkten Zugang zu Matteo Thuns Designer-Therme erlaubt. Piazza Therme 1, Meran, Tel. +39 04 73/25 90 00, www.hotelthermemeran.it

Schloss Rubein
Ein sehr ruhig, östlich der Altstadt gelegenes Schlösschen aus dem 12. Jh. Hier wohnt man wie in einem Museum für historische Wohnkultur. Rund ums Haus erstreckt sich ein großer Park mit Blumen, hohen Bäumen und einem Pool. Christomannosstr. 38, Meran, Tel. +39 04 73/23 18 94, www.rubein.com

Vigilius Mountain Resort
Man gönnt sich ja sonst nichts. Der vielbeschäftigte Matteo Thun setzte die 5-Sterne-Super-Luxus-Designherberge auf das Vigiljoch oberhalb von Lana, mitten hinein in die Natur. Die Anreise erfolgt mit der Seilbahn, die einen auf 1500 m Höhe hinaufschaukelt. In der erstklassigen Küche des Restaurant 1500 werden natürlich viele Kräuter aus der Umgebung verarbeitet. Und so manch andere feine Zutaten die keinen Koch, sondern eher einen Philosophen am Herd verlangen. Vigiljoch, Lana, Tel. +39 04 73/55 66 00, www.vigilius.it

24 Bozen und Südtirols Süden

Spätestens, wenn man an schönen Sommerabenden oberhalb der Bozner Altstadt über die Oswaldpromenade bummelt und über den Zypressen im Vordergrund die 3000 m hohe Zackenkrone des Rosengartens rot aufleuchten sieht, wird man zum Fan. In einem weiten Talkessel liegt die Hauptstadt Südtirols, das seit 1919 zu Italien gehört und den Status einer Autonomen Provinz genießt. Apropos genießen: Den berühmten Dreiklang von Kunst, Kultur und Kulinarik erleben Südtirolfans nirgends intensiver als in Bozen und seiner Umgebung. Die Region bietet unternehmungslustigen Besuchern einige absolute Highlights. Dazu gehören das Hochplateau des Ritten und das ursprüngliche Sarntal sowie die malerischen Orte, Burgen und Seen entlang der berühmten Weinstraße. Lebensqualität hat hier eine lange Tradition, denn Bozen war schon immer ein reicher Handelsplatz auf der Transitachse über den Brenner. Heute ist die 106 000-Einwohner-Stadt gleichermaßen Freilichtmuseum wie florierendes Wirtschaftszentrum – mit einer international renommierten, dreisprachigen Universität und jeder Menge modernem Gewerbe im Umland. Und weil sie so ideal in der Mitte des Landes liegt, rundherum von den schönsten Bergkulissen umgeben, bietet sie sich außerdem für Ausflüge in alle Himmelsrichtungen an. Ausflüge, die man am Ende wieder im faszinierenden Ambiente einer alpinen Großstadt beschließt.

Ferienregion Südtirols Süden, Pillhofstr. 1, Frangart, Tel. +39 04 71/63 34 88,
www.suedtirols-sueden.info

Kuriose Skulpturen: Die Rittner Erdpyramiden sind aus dem Lehm eiszeitlicher Moränen entstanden.

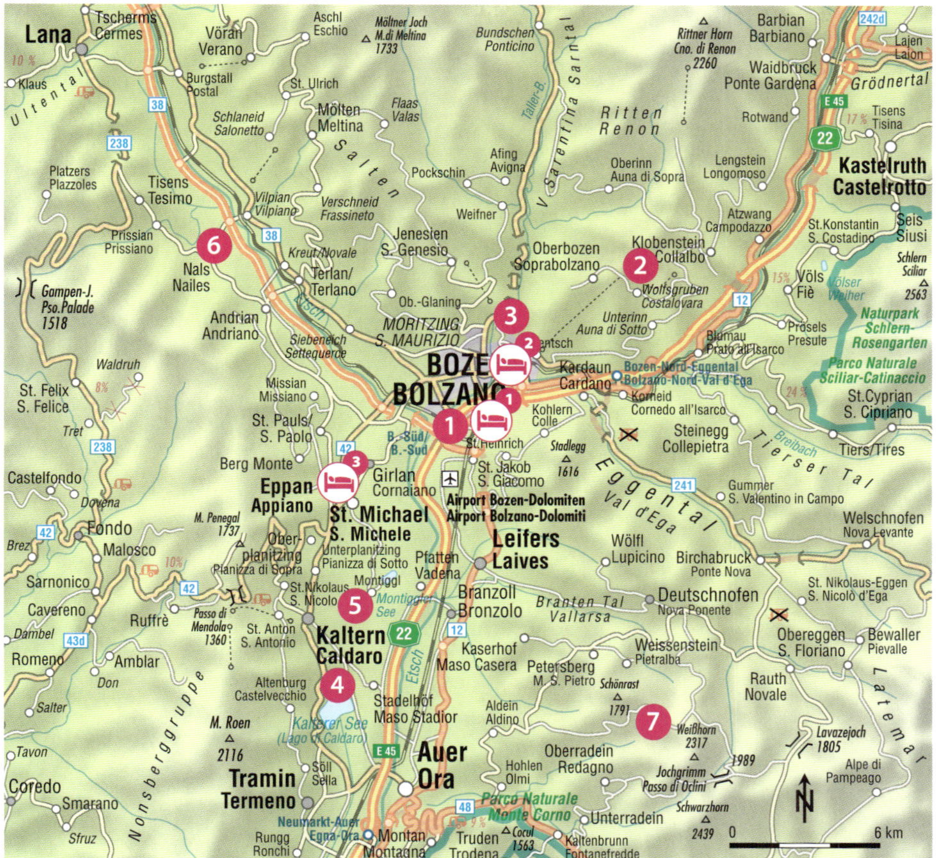

1 Bozen
2 Auf den Ritten
3 Schloss Runkelstein
4 Kalterer See und Kaltern
5 Montiggler See
6 Südtiroler Weinstraße – mit dem Fahrrad
7 Bletterbachschlucht
Hotel 1 Parkhotel Laurinl
Hotel 2 Hotel Hanny
Hotel 3 Stroblhof

1 Bozen

Bozen brummt zu jeder Jahreszeit, und das schon seit dem 12. Jh. Damals entstanden die ersten Laubengänge, unter denen man sich heute durch die Südtiroler Metropole shoppen und schlemmen kann. Eine Erkundung der Stadt beginnt am besten gegenüber dem Waltherplatz – darauf das Denkmal des mittelalterlichen Minnesängers Walther von der Vogelweide – beim großartigen gotischen Dom mit seinem barocken Domschatz (Di–Sa 10–12, Do auch 15–17 Uhr). Pflicht ist natürlich eine Visite der 5300 Jahre alten Gletschermumie »Ötzi« im Südtiroler Archäologiemuseum (Museumstr. 43, Di–So 10–18 Uhr, Juli/Aug./Dez. auch Mo, www.iceman.it). Zurück in der Gegenwart, spaziert man nach Süden zum futuristischen Kubus des Museums für moderne und zeitgenössische Kunst, Museion (Piazza Piero Siena 1, Di–So 10–18, Do 10–22 Uhr, www.museion.it). Weit mehr als ein Forum für Kunst, ist es längst kultureller Mittelpunkt der Stadt geworden. Ein schöner Spaziergang führt jetzt über die Guntschnapromenade in den Ortsteil Gries mit dem Benediktinerstift Muri-Gries und seiner Klosterkellerei sowie zur alten Pfarrkirche mit dem geschnitzten Marienkrönungsaltar. Lohnend ist auch der Abstecher zum Messner Mountain Museum Firmian in Schloss Sigmundskron (Sigmundskronerstr. 53, Fr–Mi 10–18 Uhr, www.messner mountain-museum.it/firmian). Es erhebt sich im Westen der Stadt auf einem Hügel neben der Autobahnausfahrt Bozen-Süd und bietet einen faszinierenden Themen-Parcours, der sich mit der Geschichte des Bergsteigens und dem alpinen Tourismus unserer Tage auseinandersetzt. Übrigens: Rund um den Waltherplatz und die historische Altstadt ist abends richtig viel los. Nicht zuletzt den Studenten verdankt Bozen sein quirliges Nachtleben.

Tourist Info: Waltherplatz 8, Tel. +39 04 71/30 70 00, www.bolzano-bozen.it (viele Special-Interest-Führer via App zum kostenlosen Downloaden)

Hier schlägt das Herz der Dolomiten-Metropole: der Waltherplatz in Bozen.

2 Auf den Ritten

Mit der Gondel (Talstation: Rittnerstr. 12, Mo–Fr 6.30–21.48, Sa/So/Fei 7.10–21.48 Uhr) geht es aus dem Bozner Talkessel im 4-Minuten-Takt hinauf nach Oberbozen, wo man auf 1200 m Höhe an heißen Tagen befreit durchatmet. Hier betritt man einen phänomenalen Aussichtsbalkon vor großer Dolomitenkulisse. Von der Bergstation transportiert die Rittner Schmalspurbahn Besucher ins knapp 7 km entfernte Klobenstein. Alle Wanderwege rund um die beiden Ferienorte sind kaum zu schaffen, in Oberbozen sollte man jedoch den gut ausgeschilderten Karrenweg hinab ins Katzenbachtal nehmen, wo man die schönsten der berühmten, bis zu 30 m hohen Rittner Erdpyramiden bestaunen kann. Interessant ist auch ein Besuch beim Plattner Bienenhof in Oberbozen (Wolfsgruben 15, Ostern–Okt. tgl. 10–18 Uhr, www.museo-plattner.it) – ein Freilicht- und Imkereimuseum mit schönem Außenbereich und Hofverkauf.

Tourist Info: Dorfstr. 5, Ritten,
Tel. +39 04 71/35 61 00, www.ritten.com

3 Schloss Runkelstein

Am Ausgang des Sarntals, 3 km nördlich von Bozen, thront diese Bilderbuchburg aus dem 13. Jh. auf einem Felsvorsprung. Im Innenraum kann man den größten profanen Freskenzyklus bewundern, der aus dem Mittelalter erhalten blieb. Zwischen 1388 und 1420 entstand der bunte Comic-Strip, der u. a. die Geschichte von Tristan und Isolde sowie vieler weiterer Helden, Herrscher und mythologischer Figuren erzählt. Man erreicht das Schloss vom Waltherplatz aus zu Fuß (ca. 40 Min.), mit den Buslinien 12 (Mo–Sa) bzw. 14 (So/Fei) oder mit dem kostenlosen Shuttle-Bus (ab Ende März, alle 30 Min., Abfahrt neben dem Taxistand).

St.-Anton-Str. 15, Bozen, Mitte März–Okt. Di–So 10–18, Nov.–Mitte März Di–So 10–17 Uhr, Tel. +39 04 71/32 98 08, www.runkelstein.info

4 Kalterer See und Kaltern

Längst ist der angeblich wärmste Badesee der Alpen kein Geheimtipp mehr. Der Weg nach Kaltern lohnt sich dennoch. Der Ort lockt mit hübschen Bürgerhäusern und einem Bauernmarkt (Di Vormittag). Rund um Kaltern dreht sich freilich alles um das Thema Wein – was im Südtiroler Weinmuseum (Goldgasse 1, Ende März–Mitte Nov. Di–Sa 10–17, So/Fei 10– 12 Uhr, www.weinmuseum.it) dokumentiert wird. Über die Weinproduktion vor Ort informiert auch der Zusammenschluss »wein.kaltern« (www.wein.kaltern.com). Vor der Verkostung etwas Bewegung gefällig? Beim großen Parkplatz des Lido an der Nordwestecke des Sees beginnt eine tolle Rundwanderung: Zuerst hinauf Richtung Altenburg, dann durch die Rastenbachklamm – über schmale Steige, Holzbrücken und Leitern – zurück zum Ausgangspunkt (ca. 3,5 Std.). Sehr schön ist auch der Naturlehrpfad durch das Natur- und Vogelschutzgebiet am Südufer des Sees.

Tourist Info: Marktplatz 8, Kaltern,
Tel. +39 04 71/96 31 69, www.kaltern.com

5 Montiggler See

Weniger bekannt als der Kalterersee, aber eigentlich noch schöner: Der Große Mon-

Südtirol von unten

Deutsch, italienisch oder tirolerisch? Unter dem faschistischen Triumphbogen auf dem Bozner Siegesplatz befindet sich seit 2014 ein spannendes Doku-Zentrum über die bewegte neuere Geschichte Bozens und Südtirols. www.siegesdenkmal.com

tiggler See liegt etwas versteckt im Wald südlich von Eppan und bietet ein ebenso idyllisches wie spaßiges Badeerlebnis. Eine Schau ist die 130 m lange Wasserrutsche. Entspannter und ohne neuzeitliche Bespaßung funktioniert der Badebetrieb am sehr malerischen Kleinen Montiggler See (tgl. 8.30–18.30 Uhr, www.kleiner montigglersee.com), der sich 300 m weiter nördlich befindet.

Montigglerstr. 55, Eppan, Tel. +39 04 71/66 41 55, Mitte Mai–Mitte Sept. tgl. 9–18.30 Uhr, www.eppan.com; Anfahrt mit Bus 139 ab St. Michael Zentrum bzw. Bahnhof

6 Südtiroler Weinstraße – mit dem Fahrrad

1964 wurde die älteste Weinstraße Italiens gegründet, die durch 4250 ha Rebflächen führt. Das sind 84 Prozent der Südtiroler Weinberge. Start ist in Nals, von dort geht es im weiten Bogen über Bozen durch das Südtiroler Unterland bis nach Salurn. Auf dem Weg liegen bekannte Weinorte (u. a. Kaltern, Tramin, Kurtatsch, Margreid, Kurtinig), Burgen, Seen und natürlich etliche Weingüter und Buschenschänken. Ein Highlight ist Burg Hocheppan (Hocheppaner Weg 16, März–Nov. Do–Di 10–18 Uhr, Führungen Burgkapelle 11–16 Uhr, www.hocheppan.com), wo in der Burgkapelle St. Katharina ein romanischer Freskenzyklus bewundert werden kann, der die älteste Darstellung eines Knödels in Tirol zeigt – man suche ihn in der Szene von Christi Geburt. Wer die Weinstraße mit dem Auto abfährt, hat aus naheliegenden Gründen weniger davon. Besser, man nimmt das Fahrrad. Die Strecken sind dabei absolut familienfreundlich – für die Kinder gibt es Traubensaft. Leih-Räder und E-Bikes bekommt man am Bahnhof Bozen Süd/Messe (Marco-Polo-Str., Juni–Sept tgl. 10–12.15 und 13–19 Uhr), in St. Michael/Eppan (Bahnhofplatz 3) und an der Bushaltestelle Kaltern/Rottenburgerplatz (beide: Mitte April–Okt. tgl. 9–12.15 und 13–18 Uhr).

Verein Südtiroler Weinstraße, Pillhofstr. 1, Frangart-Eppan, Tel. +39 04 71/86 06 59, www.suedtiroler-weinstrasse.it

7 Bletterbachschlucht

Der »Grand Canyon Südtirols«: Wer ihn betritt, findet sich in einem offenen Geologie-Lehrbuch wieder, das Jahrmillionen der Erdgeschichte dokumentiert – ins Gestein »geschrieben« vom kleinen Bletterbach. Es gibt kürzere und längere Touren. Der leichte Geo-Rundweg führt in ca. 2 Std. durch die Schlucht, bestens ausgeschildert und mit Infotafeln versehen, die die Entstehung der Schichten und Fossilien erklären. Gestartet wird in den Besucherzentren in Aldein oder Radein, wo man Helme (wichtig!) ausleihen kann. Nicht vergessen: Trinkwasser, Proviant und feste Wanderschuhe.

Einstieg entweder ab Besucherzentrum Aldein oder GEOMuseum Radein (beide Mai–Okt. tgl. 9.30–18 Uhr), Führungen ab Aldein tgl. 10.30, ab Radein So 10.30 Uhr (Anmeldung!), Tel. +39 04 71/88 69 46, www.bletterbach.info

Hotels

Parkhotel Laurin
Das Jugendstil-Schmuckstück zwischen Bahnhof und Vogelweide-Platz präsentiert sich neuerdings als hippes Stadthotel: In den Räumen hängt Kunst, die Bar (mit Summer Lounge im angeschlossenen Park) bietet Live-Jazz und einen Kamin. Jeden Do von 19 bis 21 Uhr legen DJs auf. Eine Schau ist das Rooftop-Zimmer mit Dachterrasse!
Laurinstr. 4, Bozen, Tel. +39 0471/31 10 00, www.laurin.it

Hotel Hanny
Für alle, die »Stadt« wollen, aber gerne auf dem »Land« schlafen: 15 Min. dauert der Spaziergang aus der Bozner Altstadt – dann hat man das Hotel in den Weinbergen erreicht. Den Blick auf den Bozner Talkessel sowie, von der nahen Oswaldpromenade, auf die Dolomiten genießt man ohne Verkehrslärm.
St. Peter 4, Bozen, Tel. +39 04 71/97 34 98, www.hotelhanny.it

Stroblhof
Außenrum Wein, wohin man schaut, innen viele Antiquitäten, die aber nicht erdrücken, weil in den Zimmern modernes Design vorherrscht. Wunderschön ist der Spa-Bereich mit Badeteich, Hochgenuss garantiert die tirolerisch-mediterrane Küche mit Weinbegleitung. Weiß- und Blauburgunder stammen natürlich aus eigenem Anbau.
Pigenoerweg 25, St. Michael/Eppan, Tel. +39 04 71/66 22 50, www.stroblhof.it

Majestätisches Wahrzeichen Südtirols: Wie ein schlafender Drache ruht der Schlern über der Seiser Alm.

25 Grödnertal und Seiser Alm

Willkommen im Land von Luis Trenker (1892–1990), dem kultigen Bergfex mit Borsalino auf dem kantigen Kopf, Mascherl am Kragen und Kniebundhosen über den drahtigen Gehwerkzeugen. Der Filmschauspieler und Regisseur, Bergsteiger und Geschichtenerzähler wurde im Grödnertal geboren, wo auf Ämtern und in Klassenzimmern heute noch Ladinisch gesprochen wird. Und wo man vor unverändert großartiger Bergkulisse einen beinahe schwindelerregenden Hochleistungs- und Aktivtourismus inszeniert – vor allem im Winter, wenn die weitläufigen Bergwiesen zu fantastischen Skihängen mutieren. Auch wenn der Ansturm der Urlaubsgäste viele berühmte Orte wie St. Ulrich, Wolkenstein, Kastelruth und Seis mittlerweile stark verändert hat, wird die traditionelle Kulturlandschaft noch überall gepflegt. Absolut einzigartig ist das riesengroße grüne Hochplateau der Seiser Alm mit ihren ausgedehnten Blumenteppichen, riesengroß sind auch die Berge, allen voran die Felsburgen von Langkofel und Schlern – legendäre Spielplätze für Alpinisten. Das schier unerschöpfliche Wegenetz für Wanderer ist ebenso dicht wie variantenreich geknüpft und bestens mit den Bergbahnen im Tal verbunden. Mountainbiker freuen sich über ein tolles Angebot an Bergwegen und Singletrails, Paraglider über schönste Startplätze, Golfer über idyllische Greens. Und Skifahrern braucht man sowieso nur den Namen »Gröden« zu nennen, um in leuchtende Augen zu blicken.

Gröden Marketing, Dursan 80/c, St. Christina, Tel. +39 04 71/77 77 77, www.valgardena.it

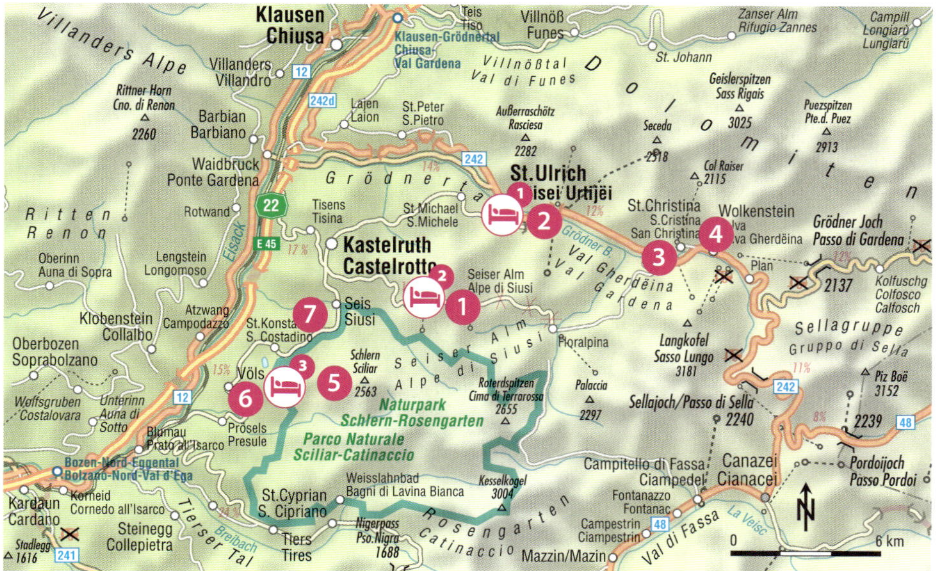

1. Rund um die Seiser Alm
2. St. Ulrich
3. Ladinischer Höferundgang
4. Ruine Wolkenstein und Langental
5. Naturpark Schlern
6. Heubaden
7. Golfen in Seis

- Hotel Angelo (1)
- Alpina Dolomites Lodge (2)
- Hofer Alpl (3)

1 Rund um die Seiser Alm

Den Anblick der Seiser Alm genießt man selten allein. Wie ein Magnet zieht die größte Hochalm Europas in Scharen Familien, Wanderer und Naturliebhaber an. Dennoch gehört eine Tour über das gewellte, nach Süden hin durch die fantastischen Gipfel von Lang- und Plattkofel, Rosszähnen und Schlern abgeschlossene Plateau mit seinen vielen bewirtschafteten Almhütten zum Grödner Pflichtprogramm. Ausgangspunkt ist die Bergstation der Seiser-Alm-Bahn (2006 m). Über den Rücken des Pitzbergs geht es hinab zum Großen Moos, dann über die Ritsch-Schwaige in Richtung Panoramahütte. Kurz bevor man diese erreicht, zweigt man nach links zur Goldknopfhütte ab. Weiter führt der Weg zur Mahlknechthütte (2054 m), zum Dialer Seiser-Alm-Haus (2145 m) und zur Zallinger Hütte (2054 m). Von dort gelangt man über herrliche Wiesen nach Norden zur Hochfläche von Monte Pana. Gehzeit insgesamt rund 6 Std. Mit dem Sessellift kommt man hinunter nach St. Christina und mit dem Bus zurück nach St. Ulrich. Übrigens: Die Seiser Alm ist auch ein Top-Revier für gemütliche (E-)Mountainbiketouren, da die Räder in der Seilbahn mitgenommen werden dürfen (www.mtbvalgardena.com). Und im Winter vergnügen sich Langläufer neben den Skipisten auf 60 Loipenkilometern.

Seilbahn-Talstation, Setilstr. 9, St. Ulrich, www.alpedisiusi-seiseralm.com

2 St. Ulrich

Dass Gröden einst ein armes, schwer zugängliches Hochgebirgstal war, ist kaum zu glauben. Hat man den vorderen Talabschnitt hinter sich, erwartet einen ein fast durchgehendes Siedlungsband mit Hotels und Ferienwohnungen. Längst bilden die großen Orte St. Ulrich, St. Christina und Wolkenstein einen Hotspot des Alpentourismus – vor allem im Winter. Früher, als es noch keine Skiurlauber gab, produzierten die Menschen im Tal an dunklen kalten Tagen kunstvolle Herrgottsschnitzereien. Im Museum Gröden/Museum Gherdëina (Reziastr. 83, St. Ulrich, Dez.–März und Mitte Mai–Mitte Okt. Mo–Fr 10–12, 14–18, Juli/Aug. Mo bis Sa 10–18 Uhr, www.museumgherdeina.it), dem Haus der Ladinischen Sprache und Kultur, kann man neben Holzschnitzereien eine Sammlung von altem Holzspielzeug bewundern – und das Archiv für den Nachlass der Grödner Legende Luis Trenker (1892–1990). Mehr Kunst gibt es in der Galerie Unika (Arnaria Str. 9, St. Ulrich, Typak-Center, Mo–Sa 10–12, 14–19 Uhr, www.unika.org), in der Grödner Künstler ihr sehenswertes Schaffen ausstellen.

Tourist Info: Dursanstr. 80/c, St. Christina, Tel. +39 04 71/77 77 77, www.valgardena.it

Oswald-von-Wolkenstein-Ritt

»Game of Thrones« am Schlern: Das große Mittelalter-Spektakel bietet Team-Wettkämpfe zu Pferd mit Ringelstechen und Hindernisgalopp, Konzerte, kostümiertes Markttreiben und Feuershows. Ende Mai/Anfang Juni in Kastelruth, Völs, Seis und Waidbruck. www.ovwritt.com

3 Ladinischer Höferundgang

Es gibt sie noch, die ladinische Kultur. Die romanische Sprache sind ebenso selten wie populär die bäuerliche Landschaft und charakteristische Architektur zumindest in Teilen noch erhalten. Der gut ausgeschilderte Ladinische Höferundgang bietet Gelegenheit für einen beschaulichen Ausflug in die ganz gegenwärtige Vergangenheit. Gestartet wird bei der Pfarrkirche von St. Christina. Auf dem Weg kommt man an neun prächtigen Bergbauernhöfen vorbei und erfährt vieles über die Geschichte der Gebäude und des ganzen Tals.

Start in St. Christina; 8 km, ca. 3,5 Std.

4 Ruine Wolkenstein und Langental

Die schönste »Fußgängerzone« im Grödnertal beginnt gleich hinter Wolkenstein. Es handelt sich um das Langental, das in den Naturpark Puez-Geisler hinein führt. Doch zuerst geht es kurz hinauf zur Ruine der Burg Wolkenstein, die spektakulär an der Felswand über dem Eingang des Tals klebt. In der Stammburg seiner Familie verbrachte der Minnesänger Oswald von Wolkenstein (1377–1445) manchen Sommer. Auch der Weg ins Langental ist spektakulär, links und rechts von hohen Felswänden eingerahmt. Wer will, kann auf Weg Nr. 14 auf die verkarstete Hochfläche zur bewirtschafteten Puezhütte (2475 m) steigen und über Weg Nr. 16 wieder hinab zum Ausgangspunkt wandern – Trittsicherheit nötig, Gehzeit ca. 5 Std.

Wolkenstein, Parkplatz am Nordic Aktiv Park (ca. 1620 m)

Der Aufstieg zum Schlern ist mühsam, doch die Plackerei lohnt sich. Oben angekommen, warten das bewirtschaftete Schlernhaus (2437 m) und ein sensationeller Rundumblick.

5 Naturpark Schlern

Der Schlern ist ein fotogenes Prachtstück: Mit seinen atemberaubenden Felswänden und spitzen Türmen ragt er im Südwesten über der Seiser Alm auf. Als Mittelpunkt des 60 km^2 großen Naturparks Schlern-Rosengarten präsentiert er seinen Besuchern eine urige Landschaft mit steilen Bergwäldern und einer vielfältigen Flora und Fauna mit Gämsen und Steinadlern. Der Aufstieg zum Gipfelplateau ist anstrengend, aber einfach und wird von einer sensationellen Aussicht gekrönt. Von Bad Ratzes (1212 m) hinter Seis wandert man durch Wald hinauf zur Schlernbödelehütte (1726 m). Weiter geht es besser nicht auf dem sehr steilen »Gamssteig«, sondern auf dem »Touristensteig«, über den man zur riesigen

Hochfläche und zum bewirtschafteten, trutzigen Schlernhaus (2437 m) gelangt. Der höchste Punkt, der Petz (2563 m), ist von dort schnell erreicht.

Seis/Bad Ratzes, Parkplatz; www.schlernhaus.it

6 Heubaden

Die Bergwiesen der Dolomiten sind dank intensiver UV-Strahlung und spezieller Böden nicht nur besonders artenreich, sondern auch »fett«. Macht man Heu daraus und lässt Menschen darin »baden«, befördern Frauenmantel, Edelraute und Arnika mit ihren ätherischen Ölen, Mineralstoffen und Spurenelementen Durchblutung und allgemeines Wohlbefinden. In der Basic-Variante legt man sich einfach auf eine Wiese; das Luxuspaket nennt sich »Original Völser Heubad« – wahlweise auch als Heupackung zu haben und so für den Kreislauf schonender.

Schlernstr. 13, Völs am Schlern, Tel. +39 04 71/72 50 20, Mo–Sa 7–12, 15–19 Uhr, www.hotelheubad.com

Gardena Card

Für Wanderfreunde eigentlich unverzichtbar: Die Gardena Card erlaubt die freie Benutzung sämtlicher Liftanlagen im Grödnertal, die zur Wandersaison geöffnet sind: Sie kostet 79 € für sechs bzw. 60 € für drei aufeinanderfolgende Tage.
www.valgardena.it

Noch heute fertigen Grödner Künstler anspruchsvolle Schnitzarbeiten aus Holz.

7 Golfen in Seis

18 Löcher auf grüner Wiese unter den Zacken des Schlernmassivs: Viel schöner als der Golf Club St. Vigil in Seis kann ein Golfplatz nicht liegen. Die Landschaftsarchitektur sorgt nicht nur für die wunderbare Einbindung in die Umgebung, sondern auch für den hohen technischen Anspruch der Anlage. Bei Loch 15 staunen auch Experten: ein Par 3 mit der größten Höhendifferenz Europas! Dazu gibt es eine ganztägig geöffnete (Mo Vormittag geschl.) Driving Range mit 32 überdachten Abschlägen auf zwei Ebenen.

St. Vigil 20, Seis am Schlern, Tel. +39 04 71/70 87 08, www.golfstvigilseis.it

Hotels

Hotel Angelo
550 Jahre Gastronomiegeschichte: Das charmante Traditionshaus im Grödnertal, mitten in St. Ulrich, punktet mit gemütlichen Landhauszimmern und einem netten Spa. Im schönen Garten freut man sich über den ganzjährig beheizten Pool (Zugang vom Innenpool durch eine Schiebetür). Im Sommer täglich geführte Wanderungen.
Petlinstr. 35, St. Ulrich, Tel. +39 04 71/70 63 36, www.hotelangelo.net

Alpina Dolomites Lodge
Ökologisch korrekter Luxus und schickes Design auf der Seiser Alm, direkt neben der Bergstation Compatsch auf 1860 m Höhe. Die hellen Suiten sind groß, edel eingerichtet und bieten eine tolle Aussicht. Dazu tolle Kulinarik und ein Alpine SpaWellness mit Panoramaschwimmbad. Nicht zuletzt: Sportaktivitäten satt, zu allen Jahreszeiten.
Compatsch 62/3, Seiser Alm, Tel. +39 04 71/79 60 04, www.alpinadolomites.it

Hofer Alpl
Fernsehen für Naturfreunde – und zwar draußen auf der Terrasse: Der Hof mit seinen entzückenden Zimmern liegt am Rand des Naturparks Schlern-Rosengarten und bietet aus 1364 m Höhe einen Traumblick über die Südtiroler Bergwelt. Das Frühstück ist großartig, schöne Wanderwege starten gleich vor der Tür.
Ums 56, Völs am Schlern, Tel. +39 04 71/72 52 88, www.hoferalpl.it

26 Alta Badia – Hochabteital

Links grandiose Natur, rechts grandiose Natur: im Osten der Naturpark Fanes-Sennes-Prags, im Westen der Naturpark Puez-Geisler. Zwischen den beiden großen Schutzgebieten zieht sich von Bruneck das Gadertal (Ladinisch: Val Badia) nach Süden. Hinter St. Leonhard heißt es Abteital oder eben Alta Badia. Und es führt geradewegs ins Herz der Dolomiten hinein, die Le Corbusier, selbst kein ganz unbekannter Architekt, einmal die schönsten Bauwerke der Welt nannte. Das Ensemble der felsigen Burgen, Türme und Spitzen gehört seit 2009 zum Unesco-Welterbe, und wer einmal erlebt hat, wie die ungeheuren Wandfluchten des Heiligkreuzkofels im Abendlicht rot aufglühen, der weiß genau warum. Kein Wunder, dass die fantastischen Szenerien Schauplätze uralter Sagen und Mythen sind – und wunderbar, dass Besucher sie auf spektakulären Wegen durchwandern dürfen. Wobei sie übrigens nicht nur jede Menge ursprünglicher Natur zu Gesicht bekommen, und zwar das ganze Jahr über, sondern auch noch eine ungemein malerische und höchst faszinierende Kulturlandschaft. Alta Badia ist untrennbar mit der Sprache und den Traditionen der Ladiner verwoben, die keinesfalls museal ausgestellt, sondern im Alltag munter weiterentwickelt werden. Wofür auch die wahrhaft alpine Haute Cuisine steht, die unter Feinschmeckern einen fabelhaften Ruf genießt: eine originell interpretierte »Regionalküche« auf absolutem Gourmet-Niveau.

Tourismusverband Alta Badia,
Str. Col Alt 36, Corvara,
Tel. +39 04 71/83 61 76,
www.altabadia.org

Achterbahn durch traumhafte Landschaft: Die Fahrt über den Falzaregopass (2105 m) ist Hochgenuss.

1 Museum Ladin Ćiastel de Tor

Höchst zeitgemäße Präsentation einer uralten Kultur: Im malerischen Schloss Ćiastel de Tor in St. Martin in Thurn wird die Geschichte und Lebensweise der Ladiner in den Dolomitentälern interaktiv und zudem wirklich unterhaltsam dargestellt. Den detailscharfen Blick auf das ladinische Leben ermöglicht ein »Ladinoscop«, die eigentümliche Sprache der Einheimischen erklärt ein Computer den Besuchern. Kunsthandwerk gibt es auch zu sehen, z. B. filigrane Silberarbeiten aus Cortina oder die Puppen, die im Theater das Lebens des ladinischen Helden »Gran Bracun« aufführen.

Torstr. 65, St. Martin in Thurn, Tel. +39 04 74/52 40 20, Mai/Juni, Sept./Okt. Di–Sa 10–17, So 14–18, Juli/Aug. Mo–Sa 10–18, So 14–18 Uhr , www.museumladin.it

2 Wanderwallfahrt am Heiligen Kreuz

Diesem Motiv kommen Gäste im Abteital nicht aus: Das traumhafte Bilderbuchensemble der kleinen Wallfahrtskapelle Heiligkreuz (2045 m) mit dem historischen Schutzhaus unter der eindrucksvollen, himmelhohen Wand des Heiligkreuzkofels (2907 m) muss man aus der Nähe gesehen haben. Wer nicht auf einem der schönen Wege aus dem Tal hinaufsteigen möchte, nimmt einfach die beiden Sessellifte von St. Leonhard (1324 m). Oben angekommen, hat man die Wahl zwischen mehreren einfachen Wanderwegen, einer schöner als der andere. Man kann nach Norden zu den herrlichen Armentarawiesen hinüberwandern und über die Andrè-Hütte nach St. Leonhard zurückkehren – oder auf dem sagenhaften Höhenweg (Nr. 15) nach Süden bis zur Bushaltestelle nach St. Kassian absteigen.

Seilbahn-Talstation, La Müda 3, Abtei, Mitte Juni–Ende Sept. tgl. 8.30–17.30 Uhr, www.santa-croce.it

1 Museum Ladin Ćiastel de Tor
2 Wanderwallfahrt am Heiligen Kreuz
3 Höfewanderung
4 Sellaronda
5 Setsas und Pralongia
6 Krieg und Frieden am Falzaregopass
1 La Perla
2 Lagació Mountain Residence
3 Berghotel Ladinia

3 Höfewanderung

Eine schöne Runde oberhalb der Talsohle und zu einigen der fotogensten Bergbauernsiedlungen – ladinisch »Viles« – in Alta Badia. Die Route ist mit dem Wegweiser »Tru dles viles – Badia« bezeichnet und beginnt an der Bushaltestelle in La Villa. Über den Bach geht es hinauf zum Weiler Ćianins, dann vorbei an den

Schätze der ladinischen Kultur zeigt das Museum Ladin Ćiastel de Tor in St. Martin.

Höfen Craciurara und Fistì zu einer Gabelung. Hier rechts, kommt man zu den Weilern Sotrù und Oies und weiter an den Weilern Frëinademez und Rainé vorbei zu einem Wald mit Wegkreuzung. Links gelangt man zu weiteren Höfen (Alfarëi, Ruac, Fussè, Coz), bevor es nach San Linert hinunter geht. Hinter der Kirche führt der Weg nach Süden über die Weiler Anvì, Adan und Altin zum Ausgangspunkt.

Start an der Bushaltestell in La Villa südlich von Badia; Gehzeit: 2,5 Std.

4 Sellaronda

Am Ende des Abteitals, oberhalb von Corvara, erhebt sich die Sella, ein rund 3000 m hohes Felsplateau, das auf allen Seiten steil abbricht. Das Massiv hat einen fast viereckigen Grundriss, den man auf Passstraßen komplett umfahren kann: Sellaronda! Startet man in Corvara, geht es nach Süden über den Campolongopass (1875 m) nach Arabba, von dort nach Westen über den Pordoipass (2239 m) nach Canazei, nach Norden über das Sellajoch (2244 m) Richtung Gröden und zuletzt nach Osten über das Grödnerjoch (2121 m) zurück nach Corvara. Die große Runde um die Sella ist zu allen Jahreszeiten ein absolutes Dolomiten-Highlight. Sie mit dem Auto zu erkunden ist sicher die bequemste und im Sommer populärste Möglichkeit. Für die 51 km lange Strecke sollte man eine reine Fahrzeit von 1,5 Std. einplanen – mit Pausen deutlich mehr. Oder doch lieber mit dem Fahrrad? Der Rennrad-Klassiker folgt der Autoroute und man startet am besten sehr früh morgens, wenn noch wenig Verkehr herrscht. 1600 Höhenmeter sind zu bewältigen. Mit dem Mountainbike stehen einem auf Bergwegen und ungeteerten Straßen verschiedene Varianten zur Verfügung. Genussradler dürfen das Bike sogar in der Gondel mitnehmen – oder sie steigen aufs E-Bike um. Es gibt in Alta Badia sieben Bikesharing-Points, u. a. beim Tourismusverband Corvara. Auch zu Fuß sind etliche Varianten möglich – mit und ohne Einbeziehung der vielen Bergbahnen. Der Tourismusverband Alta Badia bietet ein großes Programm mit geführten Touren an. Die Sellaronda mit Ski oder Snowboard zu erkunden, ist bei klarer Sicht ein absolutes Erlebnis. Ohne eine Strecke zwei Mal zu fahren, legt man rund 23 schönste Pistenkilometer (leicht und mittel) zurück. Weil man dafür insgesamt ca. 6 Std. braucht, sollte man allerspätestens um 10 Uhr morgens starten.

Bike Day und Maratona

Autofrei! Einen Tag lang haben Radler im September die Passstraßen für sich. Der Sellaronda Bike Day ist dabei nicht als Radrennen ausgelegt. Wem das zu schlapp ist, der startet bei der supersportlichen »Maratona«, der alljährlichen Dolomitenrundfahrt.
www.sellarondabikeday.com,
www.maratona.it/de

Start in Corvara; Info beim Tourismusverband, Str. Col Alt 36, Tel. +39 04 71/83 61 76, www.altabadia.org

5 Setsas und Pralongia

Die endlosen grünen (und im Winter leuchtend-weißen) Höhen zwischen Campolongo- und Falzaregopass bilden im Zackenmeer der Dolomiten eine Insel der Ruhe. Die Überquerung des Gebirgszugs auf unschwierigen Höhenwegen ist eine Gala-Promenade über weite Almflächen mit fantastischem Panorama, die niemand versäumen sollte. Gleich hinter dem Startpunkt auf dem Valparolapass (2192 m), kurz vor dem Falzarego, gabelt sich der Weg. Man hat die Wahl: Entweder geht es nun nördlich oder eben südlich um den langen Höhenzug des Setsas herum. Beide Varianten treffen ein gutes Stück vor der Pralongia-Hütte (2109 m) wieder aufeinander. Von der Hütte nimmt man kurz den Weg Nr. 23 Richtung Norden und biegt bei der Abzweigung auf Weg Nr. 22 ab, der über Blumenwiesen zur Saraghes-Hütte (1837 m) und weiter nach St. Kassian führt.

Start am Valparolapass, Bushaltestelle; Gehzeit: 5–6 Std.

6 Krieg und Frieden am Falzaregopass

Zwischen 1915 und 1917 tobte in den Dolomiten ein brutaler Stellungskrieg. Ganze Gipfel wurden gesprengt. Auch rund um den Falzaregopass (2105 m) beschossen sich österreichische und italienische Soldaten aus allen Rohren. Besonders heftig umkämpft war der Lagazuoi (2778 m), einer der schönsten Aussichtsberge der gesamten Dolomiten und heute mit der Seilbahn mühelos zu »besteigen«. Damals verlief die Front nicht nur über den Berg, sondern durch ihn hindurch. Um die Stellung der Österreicher auf dem Gipfel anzugreifen, legten die Italiener einen mehr als 1100 m langen Haupttunnel und viele Seitentunnels an. Der Tunnel kann heute begangen werden. Am Infopoint Falzarego (9–17 Uhr) neben der Kasse der Lagazuoi-Seilbahn werden Helme und Lampen ausgeliehen. Andere Standorte des landschaftlich überwältigenden und eindrucksvoll restaurierten Museumsareals rund um den Falzaregopass sind das Freilichtmuseum Cinque Torri im Osten, das Freilichtmuseum Sasso Stria im Süden und am Valparolapass das Freilichtmuseum neben der im Krieg zerstörten Festung Tre Sassi, die wieder aufgebaut wurde und nun eine gruselige Militaria-Sammlung präsentiert (im Sommer tgl. 10–13, 14–17 Uhr). Alle Museen bzw. Freigelände sind problemlos zu Fuß oder mit der Seil- bzw. Sesselbahnen zu erreichen.

Zu Fuß – oder doch lieber mit dem Lift? Wer den Heiligkreuzkofel besucht, hat die Wahl.

Falzaregopass; lagazuoi5torri.dolomiti.org

Dolomiti Superski

Der Wahnsinn auf zwei Brettern. Oder auf einem. Skifahrer und Snowboarder können sich in den Dolomiten auf mehr als 1200 km Pisten austoben – sofern sie den Dolomiti-Superski-Pass haben. Auch die 130 km Pisten in Alta Badia sind eingeschlossen. www.dolomitisuperski.com

Hotels

La Perla
Unterhalb des Golfplatzes in Corvara erholen sich Gäste vom Golfen – oder vom Skifahren. Alle 52 Zimmer sind individuell eingerichtet und haben Balkone mit Bergblick. Auch Feinschmecker werden sich sehr wohlfühlen: Die Stüa de Michil ist eines der höchstgelegenen Sternerestaurants Europas und hat einen Weinkeller mit 28 000 Flaschen.
Str. Col Alt 105, Corvara, Tel. +39 04 71/83 10 00, www.hotel-laperla.it

Lagació Mountain Residence
Moderne Architektur setzt in der uralten Kulturlandschaft der Dolomiten viele schöne Akzente – hier zum Beispiel: außen Holzlamellen, innen Holz und Stein, handwerklich sehr schön kombiniert. Viel Holz auch im Spa – wobei das Wohlfühlprogramm schon am Morgen beginnt: mit einem tollen (Bio-) Frühstücksbuffet.
Micurà de Rü Str. 48, St. Kassian, Tel. +39 04 71/84 95 03, www.lagacio.com

Berghotel Ladinia
Hier dürfen die Holzböden noch knarzen. In dieser wunderbaren alten Bergpension logiert man wie in einem Museum. Die Zimmer sind klein, aber geschmackvoll und mit viel Liebe zum Detail gestaltet worden – garantiert ohne Kitsch. Großartige Abendmenüs, köstliches Frühstück.
Pedecorvara 10, Corvara, Tel. +39 04 71/83 60 10, www.berghotelladinia.it

Endlich am Ziel: Die Drei-Zinnen-Hütte ist Sehnsuchtsort vieler Wanderer nach mühevollem Aufstieg.

27 Kronplatz und Hochpustertal

Dieser Teil Südtirols ist ein Dorado für Wanderer und Bergsteiger: Im Norden die vergletscherte Dreitausender-Parade am Alpenhauptkamm, im Süden die bizarre Kulisse der Dolomiten mit so spektakulären Bergen wie den Drei Zinnen. Mehr als 1200 km umfasst das Routennetz für Radler, vom sportlichen Mountainbiker bis zum Genießer mit elektrischem Konditions-Upgrade. Mittelpunkt der Region ist die alte und sehr schöne Stadt Bruneck im Pustertal unter dem großen, runden Berg, der einer ganzen Ferienregion seinen Namen gibt: der Kronplatz. Zusammen mit dem östlich angrenzenden Hochpustertal handelt es sich um ein durchaus problematisches Gebiet, denn die notwendige Auswahl aus dem schier unerschöpflichen Angebot an Kunst und Kultur, an Naturschätzen und Sportmöglichkeiten bereitet vor Ort einige Schwierigkeiten. Baudenkmäler wie der Innicher Dom oder die Bilderbuch-Ritterburg von Sand im Taufertal sollten auf dem Programm stehen, dazu Landschaftsperlen wie der Pragser Wildsee – und natürlich ein Ausflug in die atemberaubende Bergwelt der Dolomiten (mithilfe der Seilbahn oder ganz sportlich zu Fuß). Dabei darf man sich bei allen Unternehmungen über den Fleiß und das Können der Südtiroler Bauern freuen: Sie erzeugen nicht nur großartigen Wein, Brot, Käse und Speck, sondern sie haben auch über Generationen hinweg die malerische Kulturlandschaft geschaffen.

Ferienregion Kronplatz,
Michael-Pacher-Str. 11 A, Bruneck,
Tel. +39 04 74/55 54 47,
www.kronplatz.com

Tourismusverband Hochpustertal,
Dolomitenstr. 29, Toblach,
Tel. +39 04 74/91 31 56,
www.hochpustertal.info

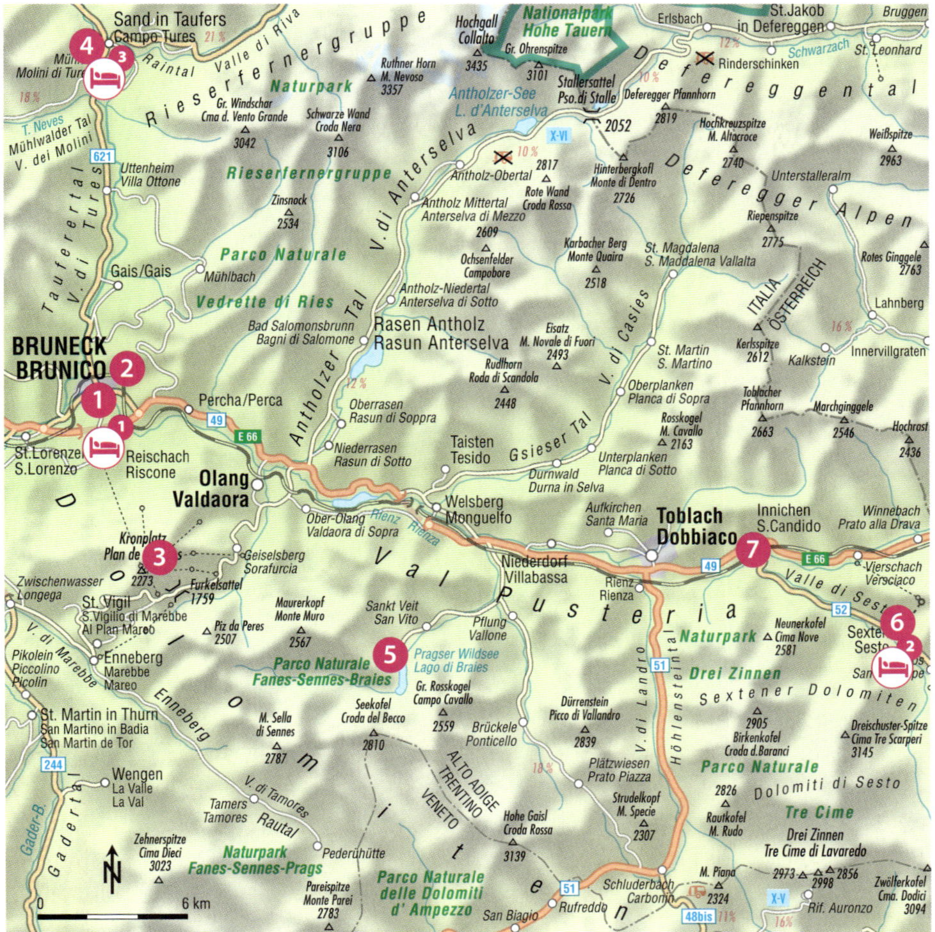

1 Bruneck
2 Südtiroler Landesmuseum für Volkskunde
3 Kronplatz
4 Burg Taufers
5 Pragser Wildsee
6 Wanderung zu den Drei Zinnen
7 Stiftskirche Innichen
Hotel Petrus (1)
Hotel Drei Zinnen (2)
Feldmilla (3)

1 Bruneck

Zum Schloss! Diese erste Entscheidung bei der Besichtigung alter Städte bewährt sich auch in Bruneck, wo der mittelalterliche Hingucker direkt über der Altstadt auf einem waldigen Hügel steht. Weil das Schloss aus dem 13. Jh. – tatsächlich ist es eher eine Burg – nie eingenommen wurde, sieht es immer noch prächtig aus. Hinter seinen dicken, undurchdringlichen Mauern hat Reinhold Messner sein fünftes Messner Mountain Museum eingerichtet, Thema: die Bergvölker der Erde (Museum RIPA, Anf. Mai–Okt. Mi–Mo 10–18, Nov.–April 12–18 Uhr, www.messner-mountain-museum.it). Nach der Besichtigung geht es wieder hinunter, wo das Südtiroler Bergvolk hinter vier bunt bemalten Stadttoren eine entzückende Altstadt mit Giebeln, Gassen und Geschäften bewohnt und bewirtschaftet. Schöner einkaufen als auf der Brunecker Stadtgasse kann man auch in Bozen kaum. Die vielen feinen Cafés und Vinotheken tragen nicht unerheblich dazu bei.

Tourist Info: Rathausplatz 7, Tel. +39 04 74/55 57 22, www.bruneck.com

2 Südtiroler Landesmuseum für Volkskunde

Mit dem Citybus (Linie 2) oder zu Fuß (30 Min.) fährt man von der Brunecker Altstadt hinaus zum Volkskundemuseum Dietenheim. Im prächtigen Herrenhaus der Familie von Sternbach, Ende des 17. Jh. erbaut, vermitteln die alte Gesindestube, der Hausaltar in der Kapelle sowie die Pfeifen-, Trachten- und Zithersammlung einen greifbaren Eindruck der alten Zeiten, und man kann sich selbst ein Bild davon machen, ob sie nun gut oder schlecht waren. Außerdem sind verschiedene Wirtschaftsgebäude zu besichtigen, angefüllt mit landwirtschaftlichen Geräten, eingerichtet mit den Arbeitsstätten eines Schusters, eines Gerbers und eines Zimmermanns. Und dann ist da das tolle

Freigelände, auf dem man dem Alltag von Bauern, Handwerkern und Tagelöhnern näher kommt. Mit all seinen originalen Bauernhäusern und Gärten und natürlich mit den vielen Vertretern alter Nutztierrassen (z. B. Schwarzes Alpenschwein, Blobe Goaß, Buischele Rind, Ciuta Schaf, Tirolerhuhn) ist der Ausflug nach Dietenheim für Familien ein Muss.

Herzog-Diet-Str. 24, Dietenheim, Tel. +39 04 74/55 20 87, Ostermontag–Ende Okt. Di–Sa 10–17, Juli/Aug. 10–18, So/Fei 14–18 Uhr, Mo Ruhetag (ausgenommen Aug.), www.volkskundemuseum.it

3 Kronplatz

Der Brunecker Hausberg ist Namenspatron der ganzen Tourismusregion. 2275 m hoch, markiert seine geräumige Gipfelkuppe im Winter das Zentrum eines Familien-Skigebiets mit 119 km Pisten und 32 Aufstiegsanlagen. Von Frühling bis Herbst finden Wanderer und Mountainbiker hier ihr Glück (u. a. vier Downhill-Trails), und natürlich ist der Berg ein erstklassiger Anlaufpunkt für passionierte Fernseher: Das 360-Grad-Panorama reicht vom vergletscherten Alpenhauptkamm im Norden bis zu den nahen Felsburgen der Dolomiten. Die Gipfelbestimmung erleichtert ein 36 m langes umlaufendes Bronzerelief im Fundament der Concordia 2000: Die mächtige Glocke wird täglich um 12 Uhr geschlagen. Am 24. Juli 2015 schloss Reinhold Messner am Rand des Gipfelplateaus das spektakulärste Südtiroler Museumsprojekt der letzten Jahrzehnte ab, indem er das Museum »Corones« eröffnete. Das sechste und letzte seiner Mountain Museums ist eine außergewöhnliche Anlage im Berg – mit verglasten futuristischen »Guckkästen« nach draußen (1. So im Juni–2. So im Okt. und Ende Nov.–Mitte April 10–16 Uhr, www.messner-mountain-museum.it).

Kronplatz-Seilbahn, Seilbahnstr. 10, Bruneck, www.kronplatz.com

4 Burg Taufers

Den Abstecher ins Tauferertal, gleich nördlich von Bruneck, sollte niemand versäumen. Denn unter den sehr vielen sehr sehenswerten Burgen Südtirols ist diese eine der sehenswertesten. 100 m über den Dächern von Sand in Taufers, vor der Kulisse vergletscherter Dreitausender, ist die Burg schon von außen ein Postkartenmotiv erster Güte. Die Besichtigung der vollständig erhaltenen Anlage vermittelt viel mittelalterliches Flair – das weithin bekannte Schlossgespenst wird freilich erst nachts aktiv. Kinder müssen sich also nicht fürchten. In jedem Fall sollte man eine Führung mitmachen, da man nur so die Innenräume zu sehen bekommt. Vom Innenhof der Burg Taufers geht es in die Ritterschänke zu Speis und Trank. Da es nur sehr wenige Parkplätze gibt, nimmt man am besten den Bus ab Bruneck (Linie 450); vom Ortsausgang führt ein beschilderter Fußweg in 10 Min. zur Festung.

Taufers, 15 km nördl. von Bruneck, Tel. +39 04 74/67 80 53, generell Mai–Okt. 10–12, 14–17 Uhr, Details: www.burgeninstitut.com/taufers_besucherinfo.htm

Sagenumwoben und sagenhaft schön: der Pragser Wildsee im Schatten des Seekofels.

5 Pragser Wildsee

Schon beim ersten Blick auf und über den verspiegelten See spürt man sofort: Hier liegt ein wahrlich magisches Fleckchen Erde. Am Südende des Pragser Wildsees (1494 m), direkt unter dem mächtigen Gipfel des Seekofels (2810 m), soll sich angeblich das Tor zur Unterwelt befinden. Die sagenumwobene Naturidylle liegt am Rand des Naturparks Fanes-Sennes-Prags – und am Ende des Pragser Tals, das vom Pustertal zwischen Welsberg und Niederdorf nach Süden in die Dolomiten abzweigt. Der grüne Wasserspiegel auf 1469 m Höhe ist nicht nur überaus fotogen, sondern auch ein idealer Ausgangspunkt für Wanderungen. Die harmlose, 4 km lange Runde um den See schafft wirklich jeder (1 Std.). Sehr empfehlenswert ist der Weg, der am Südende des Sees nach Westen ins hübsche Grünwaldtal führt. Je nach Lust und Laune kann man bis zur bewirtschafteten Grünwaldalm (1590 m) wandern oder noch weiter bis zum Alten Kaser (1751 m).

Tourismusverein Pragser Tal,
Außerprags 78, Tel. +39 04 74/74 86 60,
www.pragsertal.info

6 Wanderung zu den Drei Zinnen

Im Rennen um die schönsten und berühmtesten Berge der Alpen sind die Drei Zinnen sicher ganz vorne dabei. Das Wunderwerk aus grauem Dolomitgestein ist das Ziel einer fantastischen Wanderung, die hinter dem großen Ferienort Sexten beim Hotel Dolomitenhof im Fischleintal beginnt (Bus, gebührenpflichtiger Parkplatz). An der Talschlusshütte (Gaststätte) vorbei führt der Wanderweg 102 nicht allzu steil und ohne Schwierigkeiten – die größte Gefahr dürfte darin bestehen, vor lauter Schauen und Staunen über die eigenen Füße zu stolpern – durch die epische Landschaft zu den zwei oberen Bödenseen und weiter zur berühmten Drei-Zinnen-Hütte (2405 m; www.dreizinnenhuette.com). Das große Schutzhaus steht auf einem phänomenalen Logenplatz direkt gegenüber den Drei Zinnen, in deren respekteinflößenden Nordwänden man mit dem Fernglas oft Kletterer beobachten kann. Für den Aufstieg plant man 3–4 Std. ein, der Abstieg erfolgt auf derselben Route und ist 1 Std. kürzer. Man kann die Tour von Ende Juni bis weit in den Oktober hinein gehen, die Drei-Zinnen-Hütte wird aber nur bis Ende September bewirtschaftet. In jedem Fall sollte man festes Schuhwerk und Wetterschutz (Sonne, Regen) mitnehmen und früh aufbrechen. Knapp 1000 Höhenmeter sind zu bewältigen, eine gute Kondition und Ausdauer sind daher unerlässlich.

Der Rote Hahn

Südtirol ist Bauernland. Alle, die das Leben genießen wollen, finden auf dem Marketingportal »Roter Hahn« Urlaubsquartiere auf dem Bauernhof, bäuerliche Schankbetriebe und Verkaufsstellen von hofeigenen Produkten in rund 1600 Betrieben.
www.roterhahn.it

Tourist Info: Dolomitenstr. 45, Sexten,
Tel. +39 04 74/71 03 10, www.sexten.it

7 Stiftskirche Innichen

Besser bekannt als »Innicher Dom«, gilt die Stiftskirche aus dem 13. Jh. als der schönste romanische Sakralbau der Ostalpen. Größte Kunstschätze innerhalb der burgartigen Mauern sind die um das Jahr 1250 entstandene Kreuzigungsgruppe sowie das grandiose romanische Kuppelfresko der Schöpfungsgeschichte. Eine fast schon geheimnisvolle Atmosphäre verströmt die dreischiffige Krypta unter dem Altarraum.

Tourist Info: Pflegplatz 1, Innichen,
Tel. +39 04 74/91 31 49, www.innichen.it

Hotels

Hotel Petrus
Feine neue Adresse im Brunecker Ortsteil Reischach, nahe der Kronplatz-Seilbahn. Geboten werden 4-Sterne-Superior-Komfort mit geräumigen Suiten (z. T. eigener Whirlpool), Spa-Bereich, haubengekrönter Gourmetküche, die Zutaten aus dem eigenen Garten verwendet – sowie viele Aktivitäten sommers wie winters.
Reinthalstr. 11, Reischach-Bruneck,
Tel. +39 04 74/54 82 63,
www.hotelpetrus.com

Hotel Drei Zinnen
Das eindrucksvolle Haus wurde in den 1930er-Jahren von Clemens Holzmeister im Stil der Tiroler Moderne erbaut – und verströmt bis heute nostalgischen Charme. Wobei der kleine Wellnessbereich und das wunderbare Freischwimmbad mit großartigem Bergblick im Garten Errungenschaften der Moderne sind.
St.-Josef-Str. 28, Sexten,
Tel. +39 04 74/71 03 21,
www.hotel-drei-zinnen.com

Feldmilla
Das erste klimaneutrale Hotel Südtirols! Direkt unter der malerischen Burg logiert man in schicken, klassisch bis modernen Zimmern. Zum Frühstück gibt es selbst gemachte Müslis, Strudel und Eierspeisen. Schöner Spa-Bereich mit Saunen, Innen- und Außenpool.
Schlossweg 9, Sand in Taufers, Tel. +39 04 74/67 71 00, www.feldmilla.com

Schweiz

»Und wie fest wir schliefen! Kein Schlaftrunk wirkt so trefflich, wie eine Alpenfußtour.«

Mark Twain
(amerikanischer Schriftsteller)

28 Appenzellerland

Dass die Klischees über die Schweiz irgendwie doch stimmen, erlebt man gleich über dem Rheintal im Appenzellerland. Unter dem mächtigen Alpsteinmassiv mit dem Säntis breitet sich eine Landschaft aus, die an das Auenland aus »Herr der Ringe« erinnert, aber nicht von Hobbits bevölkert wird, sondern von Menschen, die gute Musik und Kochkunst lieben. Sie leben in hübschen Orten mit verstreuten Häusern, die sich zwischen den von Kühen bemampften Hügeln ausbreiten. Aber Appenzell kann mehr als Käse. So sehr Brauchtum und Beschaulichkeit das Bild bestimmen, so großartig und vielseitig ist auch das Angebot für alle, die nach dem Verzehr regionaler Köstlichkeiten Möglichkeiten suchen, die Kalorien wieder zu verbrennen. Die Gondelfahrt auf den Säntis (2502 m) ist zwar Pflicht, reicht aber nicht. Im dichten Netz der Wander- und Radwege findet man jedoch garantiert ein passendes Angebot. Und da man schon hier ist, kann man auch noch einen Abstecher auf die Südseite des Säntis machen – in die malerische Talschaft Toggenburg, durch die man schließlich wieder ins Rheintal kommt.

Appenzellerland Tourismus, Bahnhofstr. 2, Heiden,
Tel. +41 71/8 98 33 00, www.appenzellerland.ch

Einkehr für Schwindelfreie: Das Berggasthaus Äscher begrüßt und bewirtet Besucher der Wildkirchlihöhlen.

1 Appenzell
2 Appenzeller Schaukäserei
3 Zur Hundwiler Höhi über Urnäsch
4 Wildkirchli
5 Säntis
6 Ausflug ins Toggenburg
Hotel 1 Romantik Hotel Säntis
Hotel 2 Idyllhotel Appenzellerhof
Hotel 3 Berghotel Schwägalp

1 Appenzell

Vor allem an Wochenenden schieben und shoppen sich die Besucher durch das autofreie Zentrum der 7000-Seelen-Gemeinde Appenzell. Sie sehen hübsche, bunt bemalte Häuser und auf dem Landsgemeindeplatz das Symbol einer sehr eigenständigen, basisdemokratischen Lokalpolitik (s. Kasten). Bestimmend für die Ortsentwicklung ist das Jahr 1560. Damals brannte das alte Appenzell ab und machte Platz für das neue – wobei viele der Fassadenfresken später entstanden sind. Der Bilderbogen der Appenzeller Geschichte am spätgotischen Rathaus (1561–1563) etwa stammt aus dem Jahr 1928, die Wandgemälde in den Ratssälen wurden dagegen schon 1567 gemalt. Im Rathaus ist das Museum Appenzell untergebracht (Hauptgasse 4, April–Okt. tgl. 10–12, 14–17, Nov.–März Di–So 14–17 Uhr). Prächtig sind auch das Haus Konkordia (17. Jh.) in der Engelgasse mit seiner schön bemalten Südfassade – unter dem Dach sind die acht Lebensalter dargestellt – sowie das Haus Ebneter-Kölbener, heute Sitz der Raiffeisenbank, wo Wandmalereien der acht Tugenden die Schalterhalle schmücken (Hauptgasse 41). Öffentliche Gratis-Führungen durch Appenzell finden dienstags und donnerstags (Juni–Mitte Okt. 10 Uhr ab der Tourist Info) statt. Einen aufregenden Kontrast bietet die silberne Zickzack-Silhouette des Kunstmuseums Appenzell (Unterrainstr. 5, www.kunstmuseumappenzell.ch), das viele Werke der Klassischen Moderne und Gegenwart zeigt. Etwas südlich davon dokumentiert die Kunsthalle Ziegelhütte (Ziegeleistr. 14, www.kunsthalleziegelhuette.ch) in der Dauerausstellung das malerische Schaffen von Carl August und Carl Walter Liner (Vater und Sohn). Sie zeigt sehenswerte Kunst des 20. Jh. und der Gegenwart, bietet ein Forum für zeitgenössische Musik – und einen begehbaren Ziegelei-Brennofen aus dem 16. Jh. (beide Museen: April–Okt. Di–Fr 10–12, 14–17, Sa/So 11–17, Nov.–März Di–Sa 14–17, So 11–17 Uhr).

Tourist Info: Hauptgasse 4, Appenzell,
Tel. +41 71/788 96 41, www.appenzell.ch

2 Appenzeller Schaukäserei

Nur wenige Kilometer nordwestlich von Appenzell liegt der Ort Stein. Hier kann man Appenzellern dabei zusehen, wie sie Appenzeller Käse machen. Wie weit die traditionelle Herstellung in den vergangenen 700 Jahren fortgeschritten ist, erkennt man u. a. im riesigen Käsekeller, wo etwa 12 500 fertige Käselaibe regelmäßig gepflegt und gewendet werden – vom garantiert nicht traditionellen Roboterarm. Weil auch die iPad-Führung modern, aber nicht mehr wirklich romantisch ist, dürfen

Farbenfroher Besuchermagnet am Fuße des Alpsteinmassivs: das hübsche Dorf Appenzell.

Besucher in einer originalgetreu rekonstruierten Alphütte ihr eigenes »Mutschli« herstellen: einen kleinen, halbharten und vollfetten Käselaib.

Dorf 711, Stein, Tel. +41 71/3 68 50 70, Mai bis Okt. tgl. 9–18.30, Nov.–April tgl. 9–17.30 Uhr, www.schaukaeserei.ch

3 Zur Hundwiler Höhi über Urnäsch

Diese kleine Bergwanderung begeistert mit schönsten Landschaftsbildern. Vom Bahnhof Zürchersmühle (811 m, 1 km nördlich von Urnäsch) geht es über den Bach Urnäsch zum Weiler Befang, dann östlich durchs Tal – nach 10 Min. links halten – nach Egg und Ramsten. Weiter über den Höhenzug und zuletzt in Kehren gelangt man zum Bergrestaurant auf der Hundwiler Höhi (1306 m), wo ein fantastisches 360-Grad-Panorama zu bestaunen ist: vom Säntis bis zum Bodensee! Zurück zum Ausgangspunkt steigt man auf dem Bergrücken nach Südwesten über Gigershöhi, Berg und Bühl ab – durch eine Bilderbuchlandschaft mit lichtem Wald, grünen Kuhweiden und schönen Bauernhäusern, immer das Gebimmel der Kuhglocken im Ohr. Die Tour dauert 3 Std.

Tourist Info: Dorfplatz 6, Urnäsch, Tel. +41 71/3 64 26 40, www.appenzellerland.ch, www.urnaesch.ch

4 Wildkirchli

Das Alpsteinmassiv mit dem Säntis ist ein Wanderparadies – mit einem dichten Netz an Wegen, mit sechs Seilbahnen und 27 Berggasthäusern. Die Magie dieser Landschaft erlebt man bei einer 2 Std. langen Rundwanderung von der Bergstation der Luftseilbahn Ebenalp (1644 m) südlich von Appenzell. Zuerst geht es hinüber zum Sattel der Chlus (1726 m). Dann wandert man nach einem kurzen Abstieg am Fuß der senkrechten Felswand entlang auf einem atemberaubenden Weg zurück und erreicht die schon zu prähistorischen Zeiten aufgesuchten Wildkirchlihöhlen. Vor der ersten Höhle steht das Gasthaus Äscher (www.aescher-ai.ch), sicher eine der malerischsten Einkehrmöglichkeiten in der ganzen Schweiz. Die zweite Höhle ist mit Altar und Glockentürmchen als Kapellraum eingerichtet. Dann folgt die dritte und geräumigste Höhle, hinter der man dem Weg hinauf zur Ebenalp folgt.

Luftseilbahn Ebenalp, Schwendetalstr. 82, Wasserauen, Tel. +41 71/7 99 12 12, Juni–Okt. tgl. ab 7.30, Mai ab 8 Uhr, www.ebenalp.ch

Viehschauen

Ein traditioneller Höhepunkt im bäuerlichen Jahresablauf: Hinter dem dekorierten Triumphbogen wählt das Preisgericht die schönsten Tiere, Jungzüchter präsentieren den Nachwuchs, und dann wird gefeiert – an vielen Orten und Terminen im September und Oktober.
www.appenzellerland.ch

Landsgemeinde

Das ist direkte Demokratie: Am letzten Sonntag im April kommen die Appenzeller auf dem Landsgemeindeplatz zusammen, um zu beraten, zu entscheiden und zu wählen – per Handzeichen. Die Appenzellerinnen dürfen auch mitwählen. Schon seit 1990.
www.ai.ch/de/politik/sitzung

5 Säntis

Er ist wahrlich die eindrucksvollste Berggestalt über dem Bodensee und der stolze Souverän des Appenzellerlands. Darum ist die Fahrt mit der Seilbahn zu den Panoramarestaurants und Aussichtsterrassen auf dem Säntis (2501 m), der höchsten Erhebung der Ostschweiz, bei schönem Wetter ein absolutes Genuss-Highlight. Vom höchsten Punkt unter dem 123 m hohen Sendemast hat man tatsächlich alle fünf Nachbarländer der Schweiz im Blick (Deutschland, Österreich, Liechtenstein, Italien, Frankreich). Das Panorama besticht durch die perfekte Harmonie zwischen der Skyline der Alpengipfel im Süden und der schier endlosen Weite des Alpenvorlands mit dem lang gestreckten Bodensee im Norden. Auf alle Fälle sollte man aber auch die kleine Rundtour über den Gipfel (mit Sternwarte und Wetterstation) hinüber zum Berggasthaus Alter Säntis und durch die Galerie zurück zur Bergstation unternehmen. Eine Schau sind auch die Sonderfahrten der Säntis-Seilbahn, etwa zum Gipfelfrühstück am frühen Morgen oder zum romantischen Buffet an Vollmondabenden.

Der Säntis (2501 m) ist der Fürst unter den Gipfeln in der Ferienregion Appenzellerland.

Säntis-Seilbahn, Schwägalp, Tel. +41 71/3 65 65 65, Ende Mai–Mitte Okt. tgl. 7.30–18, Sa/So bis 18.30, übrige Zeit meist tgl. 8.30–17 Uhr, www.saentisbahn.ch

6 Ausflug ins Toggenburg

Eine traumhafte Bergstraße führt von der Schwägalp nach Süden hinab ins Toggenburg, eine idyllische Tallandschaft mit gewellten Wiesen, verstreuten Häuschen und Streifen von dunklem Wald. Seilbahnen gondeln von Alt St. Johann, Unterwasser und Wildhaus nach Süden hinauf zu den Bergzipfeln der Churfirsten, an deren Fuß sich wunderbare Wanderwege durch die Almregion schlängeln. Und weil die Menschen hier gerne Musik machen, haben sie Natur und Klang miteinander verbunden: Der Klangweg führt von der Alp Sellamatt oberhalb von Alt St. Johann bis nach Wildhaus-Oberdorf. Unterwegs kann man 25 Installationen bespielen (reine Gehzeit 2,5 Std., mit allen Klängen länger). Zentrum der Klangwelt ist die Klangschmiede in der ehemaligen Mühle in Alt St. Johann. Hier werden Schellen, Gongs und andere Klangkörper geschmiedet und viele Kurse und Veranstaltungen angeboten (Sonnenhalbstr. 22, Mai–Okt. Di–Fr 10–12, 14–17, Sa 10–17, Nov.–April Sa 10–17 Uhr, www.klangwelt.ch).

Toggenburg Tourismus, Hauptstr. 104, Wildhaus, Tel. +41 71/9 99 99 11, www.toggenburg.org

Hotels

Romantik Hotel Säntis
Hinter der prächtigen Fassade im Zentrum von Appenzell bieten die 30 gemütlichen Zimmer und sechs Suiten gediegenen Komfort. Kulinarisch geht man im ausgezeichneten Gourmet-Restaurant in die Vollen – oder man lässt sich Klassiker in der gutbürgerlichen »Landsgmendstobe« schmecken.
Landsgemeindeplatz, Appenzell, Tel. +41 71/7 88 11 11, www.saentis-appenzell.ch

Idyllhotel Appenzellerhof
Schon von außen ist das familiengeführte Hotel in der lieblichen Voralpenlandschaft oberhalb von St. Gallen ein Schmuckstück. Die Zimmer (auch Familienzimmer) sind klein, aber freundlich, im Restaurant wird großer Wert auf die regionalen (Bio-)Rohstoffe gelegt. Auch bei Heizung, Warmwasser und Strom wirtschaftet man nachhaltig.
Speicher, Tel. +41 71/3 43 71 10, www.appenzellerhof.ch

Berghotel Schwägalp
Erst vor Kurzem wurde das neue Hotel neben der Talstation der Säntis-Seilbahn eröffnet. In den Zimmern und Suiten sorgen Holzböden für Wärme, die »Weidwaldwellness« bietet Saunen und Dampfbad, Whirlpool und Erlebnisduschen, und das Restaurant serviert allerlei Variationen vom Appenzeller Käse – und anderes aus der Region.
Schwägalp, Tel. +41 71/3 65 65 65, www.saentisbahn.ch

Luzern mit seinen vielen historischen Brücken über die Reuss und der pittoresken Altstadt ist eine Reise wert.

29 Luzern und Vierwaldstättersee

Hier schlägt das mythische Herz der Eidgenossenschaft. Auf der Rütliwiese am Ufer des Vierwaldstättersees schlossen die Urkantone Uri, Schwyz und Unterwalden im Jahr 1291 ihren historischen Bund. Rund um das bizarr geformte Gewässer, das wie mit Krakenarmen tief ins Gebirge hineingreift, findet man so ziemlich alles, was die Schweiz zum Sehnsuchtsziel macht: grandiose Landschaftsbilder zwischen lieblichem Alpenrand und wildem Hochgebirge, mit grünen Wiesen, steilem Fels und, ganz oben, sogar ein bisschen Gletschereis. Am Fuß der Rigi bieten romantische Villen und Hotelpaläste inmitten der üppigen, beinahe mediterranen Vegetation schönste Fotomotive. Schon der amerikanische Schriftsteller Mark Twain schwärmte hier anno 1879 vom »most charming place« – und schrieb einen Klassiker der Reiseliteratur: Legendär ist der Bericht über seine Rigi-Besteigung, als er den berühmten Sonnenaufgang am Gipfel mehrfach im Hotel verschlief. Wo die Aussicht nun spektakulärer ist, auf der Rigi oder auf dem Pilatus, auf der anderen Seite des Sees, sollte man am besten selbst in Erfahrung bringen. Die Zahnradbahnen auf beide Berge stehen im Schweizer Tourismusinventar ebenfalls ganz weit oben. Über die Attraktivität der Bilderbuchstadt Luzern muss man ohnehin keine großen Wort verlieren; bevor man auf dem Raddampfer zur großen Rundfahrt ablegt, sollte man sie sich unbedingt angesehen haben!

Tourist Info: Zentralstr. 5, Luzern, Tel. +41 41/2 27 17 17, www.luzern.com

1 Luzern
2 Pilatus
3 Wander-Dampfer
4 Rigi
5 Natur- und Tierpark Goldau
1 Romantik Hotel Säntis
2 Idyllhotel Appenzellerhof
3 Berghotel Schwägalp

1 Luzern

Sie ist eines der beliebtesten Postkartenmotive der Schweiz: die gut 200 m lange Kapellbrücke vor der Skyline der alten Stadt Luzern (435 m). Im 14. Jh. errichtet, gilt sie als älteste überdachte Holzbrücke Europas. Und sie erfüllt seit dem 17. Jh. einen Bildungsauftrag: Damals wurden 158 Bildtafeln angebracht, die Szenen aus der Stadt- und Landesgeschichte zeigen. Mittendrin, älter als die Brücke selbst, erhebt sich der achteckige Wasserturm. Stadteinwärts, zwischen Natur- und Historischem Museum, überspannt auch noch die Spreuerbrücke die Reuss – dekoriert mit 67 Bildtafeln, die einen Totentanz zeigen. Nächste Brücke reussabwärts ist die Geissmattbrücke. Neben ihr beginnt auf dem Nordufer die Museggmauer, ein gut erhaltener Überrest der mittelalterlichen Stadtbefestigung. Vier ihrer neun Türme können bestiegen werden (Karfreitag–Ende Okt. tgl. 8–19 Uhr). Auf dem Zytturm (1535) schlägt die älteste Uhr der Stadt – pünktlich eine Minute vor allen anderen. Gegenüber der autofreien Altstadt mit ihren reich verzierten Häusern und schönen Plätzen zieht am Südufer der Reuss die Jesuitenkirche mit ihren beiden Türmen die Blicke auf sich. Inoffizielles Wappentier Luzerns ist der sterbende Löwe. In den Fels des berühmten Gletschergartens (Denkmalstr. 4, tgl. 9–18, Nov. bis März 10–17 Uhr, www.gletschergarten.ch) gehauen, erinnert er an den Heldentod der Schweizergarde beim Sturm auf die Tuilerien in Paris 1792. Daneben gibt es im Gletschergarten Versteinerungen, Präsentationen und ein Labyrinth aus 90 Spiegeln. Eindrucksvolle moderne Architektur hat Luzern ebenfalls in petto, etwa das Kultur- und Kongresszentrum (KKL). Unter seinem mächtigen Dach befinden sich der für seine fabelhafte Akustik berühmte Konzertsaal sowie das bedeuten-

Lucerne Festival

Das wichtigste Kulturevent in Luzern (und eines der wichtigsten der Schweiz) bietet zwischen August und September »Klassik« – mal alt, mal ganz neu. Dazu kommen das Lucerne Festival am Piano im November und das Lucerne Festival zu Ostern. www.lucernefestival.ch

Auf alten Raddampfern oder modernen Motorschiffen kann man den Vierwaldstättersee erkunden. Die Boote bringen Gäste auch zu vielen Ausgangspunkten für attraktive Wanderungen.

de Kunstmuseum (Europaplatz 1, Di–So 10–17, Mi bis 20 Uhr, www.kunstmuseum luzern.ch). Auch das Verkehrshaus (Lidostr. 5, Sommerzeit tgl. 10–18, Winterzeit tgl. bis 17 Uhr, www.verkehrshaus.ch) hat eine moderne Hülle. Das Museum zeigt die Entwicklung der Mobilität zu Land, zu Wasser und in der Luft und bietet einen tollen Lokomotiven-Simulator sowie ein riesiges, begehbares Luftbild der Schweiz. Empfehlenswert ist auch die Sammlung Rosengart (Pilatusstr. 10, April–Okt. tgl. 10–18, Nov.–März tgl. 11–17 Uhr, www.rosengart.ch) mit ihrer umfassenden Kollektion von Bildern Paul Klees und Pablo Picassos sowie Werken von Cézanne, Monet, Matisse, Braque u. v. m.

Tourist Info: Zentralstr. 5, Luzern
Tel. +41 41/2 27 17 17, www.luzern.com

2 Pilatus

Der Sage nach wurde Pontius Pilatus, Römischer Präfekt in Jerusalem, in einem verlandeten See bei der Oberalp zur letzten Ruhe gebettet. Im 16. Jh. war die Besteigung des Berges tabu, um den Toten ja nicht aufzuwecken. Vor ihm – und vor Hexen und Zauberern, die dort oben auch vermutet wurden – hat keiner mehr Angst, der in Alpnachstad die Zahnradbahn besteigt (Brünigstr. 2, Anf./Mitte Mai–Mitte Nov. tgl. 8.10–17.10/17.50 Uhr, ca. alle 40 Min.). Sie wurde 1889 eröffnet und ist immer noch die steilste ihrer Art auf der Welt. Gleise und Zahnstangen wurden durch Wald, über Weiden (Kühe!), Wiesen (Gämsen!) und neben steilen Felswänden verlegt. Die Endstation heißt Pilatus-Kulm (2073 m) und bietet Aussichtsterrassen sowie Verkaufsstellen für Verpflegung. Höchster Punkt des Pilatus-Massivs ist das Tomlishorn (2128 m), das auf dem Blumenpfad in gut 30 Min. bestiegen werden kann. Andere gut beschilderte Wege führen in jeweils 10 Min. auf den nahen Esel (2118 m) oder das Oberhaupt (2105 m). Von Luzern bzw. dem südlich gelegenen Kriens her führt auch noch eine Gondelbahn (Schlossweg 1, April– Okt. 8.30–17, Nov.–März 8.30–16/17 Uhr) auf den Gipfel. An der Zwischenstation Fräkmüntegg (1416 m) sind ein Hochseilgarten und eine Sommerrodelbahn installiert. Am schönsten plant man den Ausflug zum Pilatus als Rundreise ab Luzern: mit Schiff oder Bahn nach Alpnachstad, mit der Zahnradbahn auf den Pilatus, mit der Seilbahn nach Kriens und zurück nach Luzern. Krönung ist die Übernachtung in einem der beiden Hotels auf Rigi-Kulm – mit magischem Sonnenunter- und Sonnenaufgang.

Pilatus-Bahnen/Hotels Bellevue & Pilatus-Kulm, Schlossweg 1, Kriens/Luzern,
Tel. +41 41/3 29 12 12, www.pilatus.ch

3 Wander-Dampfer

Stolz der Schifffahrtsgesellschaft des Vierwaldstättersees (SGV) sind fünf historische Raddampfer. Zusammen mit 15 Motorschiffen bieten sie nicht nur diverse Rundfahrten, sie erschließen auch herrliche Ausflugs- und Wandermöglichkeiten. Ein Klassiker ist der Besuch der Rütliwiese, auf der sich 1291 Vertreter der Talschaften Uri, Schwyz und Unterwalden verbündeten – der Gründungsmythos der Eidgenossenschaft. Am schönsten fährt man von der

Anlegestelle Treib mit der Standseilbahn (www.seelisberg.com) hinauf nach Seelisberg-Chilendorf (766 m), das eine fantastische Aussicht über den Urnersee, den Südarm des Vierwaldstättersees, bietet. Von hier steigt man zum Rütli mit seinem Restaurant (482 m) ab; der Schiffsanleger liegt gleich unterhalb.

SGV, Werftestr. 5, Luzern, Tel. +41 41/3 67 67 67, www.lakelucerne.ch

4 Rigi

Früher ließen sich reiche Gäste noch in einer Sänfte auf die Rigi tragen. Bis 1871 die erste Zahnradbahn der Welt ihren Betrieb aufnahm und Passagiere direkt vom Seeufer in Vitznau bis zum Bahnhof beim Hotel Rigi-Kulm (1752 m) beförderte (Vitznau-Rigi-Bahn, Bahnhofstr. 7, April bis Mitte Okt. 9.15–19.15 Uhr stündl., Ende Mai–Mitte Sept. sowie an Fr/Sa in der Nebensaison auch 22.05 Uhr, abweichender Winterfahrplan, www.rigi.ch). Man kann auch in Weggis die Seilbahn (Rigistr. 73, tgl. 8.10–19.10 Uhr, alle 30 Min., www.rigi.ch) nach Rigi-Kaltbad nehmen und dort in die Zahnradbahn zusteigen. Vom Berghotel neben dem Bahnhof führt ein kurzer Aufstieg zum Gipfel (1798 m). Die besseren Aussichtspunkte liegen aber tiefer: etwa am berühmten Känzeli, wenige Gehminuten westlich von Rigi-Kaltbad. Rund 120 km gut markierte und gepflegte Wege machen das Rigi-Massiv überhaupt zu einem veritablen Wanderparadies. Unten am Vierwaldstättersee kann man sich in Weggis noch im Strandbad Lido vergnügen (Hertensteinstr. 45, Mai–Sept. tgl. 9.30–19, Hauptsaison bis 20.30 Uhr). Als es 1919 seine Tore öffnete, war es die erste Badeanstalt der Schweiz, in der Männer und Frauen gemeinsam baden durften.

Tourist Info Weggis: Seestr. 5, Tel. +41 41/2 27 18 00, www.wvrt.ch; Tourist Info Vitznau: Bahnhofstr. 1, Tel. +41 41/2 27 18 10, www.wvrt.ch

Tell Pass

Die »Eintrittskarte« für Rigi, Pilatus und viele andere Attraktionen: Der Tell Pass gewährt an 2, 3, 4, 5 oder 10 Tagen freie Fahrt mit allen Bahnen, Bussen, Schiffen und zahlreichen Bergbahnen in der Zentralschweiz sowie Ermäßigung auf viele Zusatzleistungen. www.tellpass.ch

5 Natur- und Tierpark Goldau

1806 lösten sich am Rossberg 40 Mio. kbm Gestein und donnerten bei Goldau zu Tal. Die Katastrophe, bei der 457 Menschen starben, war aus heutiger Sicht ein Segen: Auf dem malerisch überwachsenen Bergsturz kann seit 1925 einer der schönsten Zoos in Europa besichtigt werden. Auf dem reizvollen, weitläufigen Gelände leben Hirsche, Wisente, Wölfe, Bären, Luchse und Greifvögel – insgesamt rund 100 heimische und europäische Wildtierarten.

Parkstr. 40, Goldau, Tel. +41 41/8 59 06 06, tgl. ab 9, April–Okt. bis 18, Sa/So bis 19, Nov.–März bis 17 Uhr, www.tierpark.ch

Hotels

Hotel Schweizerhof
Der prächtige historische Hotelpalast, in fünfter Generation familiengeführt, hat sich auch als Zentrum zahlreicher Kulturfestivals einen Namen gemacht. Zimmer und Suiten wurden vor einigen Jahren grundlegend modernisiert. Eine Institution des Luzerner Nachtlebens ist die Schweizerhof Bar.
Schweizerhofquai, Luzern, Tel. +41 41/4 10 04 10, www.schweizerhof-luzern.ch

Seehotel Hermitage
Modernes Haus etwas außerhalb von Luzern auf einem herrlichen, unverbauten Seegrundstück mit eigener Schiffsanlegestelle und schönster Aussicht über den Vierwaldstättersee und auf den Pilatus. Spezialität in der Hotelbar ist der »Dschinn«, ein Gin mit 15 verschiedenen Bio-Kräutern von den Hängen der Rigi.
Seeburgstr. 72, Luzern 15, Tel. +41 41/3 75 81 81, www.hermitage-luzern.ch

Park Weggis
Top-Adresse zum Abtauchen: Das ehemalige Hotel Bellevue von 1875 präsentiert sich nach diversen Totalrenovierungen, Ausbauten, Modernisierungen und Erweiterungen als luxuriöses »Sparkling Wellness«-Paradies in einem schönem Park, mit asiatischen Spa-Hütten und eigenem Seezugang samt Strandbereich. Die Karte der Vinothek im Kellergewölbe listet 2600 Positionen.
Hertensteinstr. 34, Weggis/Luzern, Tel. +41 41/3 92 05 05, www.phw.ch

Vom Harder Kulm (1322 m), hoch über Interlaken, genießt man an einen zauberhaften Blick auf den Brienzersee.

30 Interlaken und Jungfrauregion

Alphornbläser, die Eiger-Nordwand, dicke Murmeltiere und glückliche Kühe, bunt bemalte Holzhäuser ... Wer von der Bundeshauptstadt Bern auf der Autobahn nach Süden fährt, um sich die volle Ladung Schweiz zu geben, ist hier richtig. So gut wie kein Klischee wird ausgelassen. Und das Beste: Was man hier sieht, sind alles Originale. In der malerischen Stadt Thun, keine 30 km hinter Bern, geht es los. Zwei lang gezogene Seen bilden die gebogene Hauptachse der Postkarten-, Kalenderblatt- und Bilderbuchszenerie. Zuerst kommt der Thunersee, danach der Brienzersee. Auf einer großen Schwemmebene zwischen beiden schlägt seit der goldenen Zeit des Tourismus im späten 19. Jh. das Herz der Region, die Stadt Interlaken. Sie ist der ideale Ausgangspunkt, um all die Natur- und Kulturschönheiten zu besuchen – oder wenigstens einen Teil davon, denn das Angebot ist schier unerschöpflich. Auf dem Wasser ziehen weiße (Schaufelrad-) Dampfer ihre Bahnen, an den Ufern reihen sich Weinberge und Strandbäder, Schlösser, Parkanlagen und Villen. Über den grünen Bergflanken ragen spitze Gipfel empor, verbunden durch ein dichtes Netz der schönsten Wanderwege und erschlossen durch viele berühmte Berg- und Zahnradbahnen wie jene auf die Schynige Platte und aufs Jungfraujoch. Und über allem thronen die atemberaubenden Gipfel der Viertausender. Allein der Blick von Interlaken hinauf zur Jungfrau in ihrem weißen Gletscherkleid ist wie nicht von dieser Welt.

Tourist Info: Höheweg 37, Interlaken, Tel. +41 33/8 26 53 00, www.interlaken.ch

1. Brienz und Brienzer Rothorn
2. Per Schiff über den Brienzersee
3. Harder Kulm und Interlaken
4. Schynige Platte
5. Lauterbrunnental
6. Jungfraujoch

- 1 Victoria-Jungfrau Grand Hotel & Spa
- 2 Hotel Carlton-Europe
- 3 Hotel Kirchbühl

1 Brienz und Brienzer Rothorn

Am Nordufer des gleichnamigen Sees gelegen, bietet Brienz Postkartenmotive erster Güte – am schönsten in der Brunngasse mit ihren blumengeschmückten Holzhäusern aus dem 18. Jh. Absoluter Höhepunkt, im wahren Wortsinn, ist jedoch die historische Zahnradbahn (Anf. Juni–Ende Okt. Auffahrt 8.36–16.36 Uhr, 8 Kurse, www.brienz-rothorn-bahn.ch), die seit dem Jahr 1892 über die steile, grüne Alplandschaft zur Station mit Berggasthaus auf dem Rothorn-Kulm (2244 m) hinaufdampft. (Es gibt heute auch dieselbetriebene Züge.) Wem der Tiefblick auf den See bis dahin noch nicht den Atem geraubt hat, der kann noch zum nahen Gipfel des Brienzer Rothorns (2349 m) aufsteigen und einmal mehr ins Grübeln kommen, warum es in der Schweiz eigentlich so viele »einmalige« Panoramapunkte gibt.

Tourist Info: Hauptstr. 143, Tel. +41 33/9 52 80 80, www.brienz-tourismus.ch

2 Per Schiff über den Brienzersee

Wie ein Fjord liegt der 14 km lange Brienzersee eingebettet zwischen mächtigen Flanken: Vom Wasserspiegel auf 564 m steigen die Hänge unmittelbar hinauf zu den Bergketten auf beiden Seiten, bis weit über 2000 m Höhe – und unter dem Wasser bis in 259 m Tiefe. Fünf Schiffe sind im Einsatz, absolutes Schmuckstück ist der Schaufelraddampfer »Lötschberg«, Baujahr 1914. Auf der Fahrt entdeckt man unzählige Wasserfälle, die sich in den See ergießen, am eindrucksvollsten die rund 500 m hohen Giessbachfälle. Wer von der Schiffsanlegestelle am Fuß der Wasserfälle gut 100 m aufsteigt, sieht sie vom wunderschönen und prächtig gelegenen Grand Hotel Giessbach (1875 erbaut) aus der ersten Reihe. Mit der ältesten Standseilbahn Europas, 1879 eröffnet, schafft man den Aufstieg zum Hotel übrigens in 5 Min. Zurück nach Bönigen empfiehlt sich der beliebte 12-km-Wanderweg entlang dem Südufer des Brienzersees.

Anlegestellen Interlaken Ost oder Bönigen; BLS Schifffahrt Berner Oberland, Lachenweg 19, Thun, Tel. +41 58/3 27 48 11, www.bls.ch

3 Harder Kulm und Interlaken

Dass Interlaken tatsächlich »zwischen den Seen« liegt, wie der Name besagt, sieht man am besten vom Harder Kulm. Auf den Hausberg des Städtchens kommt man mit der Drahtseilbahn westlich des Bahnhofs Interlaken-Ost, am anderen Ufer der Aare. Im putzigen Jugendstilschlösschen auf dem Bergsporn neben der Bergstation befindet sich ein Bergrestaurant, spektakulärer Höhepunkt auf 1322 m Höhe ist jedoch der Zweiseensteg mit seiner tollen Sicht auf Eiger, Mönch und Jungfrau, auf Thuner- und Brienzersee. Man kann hier oben zu aussichtsreichen Wanderrunden starten; ansonsten geht es mit der Bahn oder zu Fuß hinab zur Talstation, wo ein Alpenwildpark eingerichtet wurde. In Interlaken selbst kann man im ehemaligen Augustinerkloster durch den gotischen Kreuzgang im ehemaligen Klosterhof wandeln und die Kapelle von 1452 besich-

Die Fahrt hinauf zum Jungfraujoch (3454 m) ist ein Abenteuer. Wer Freunden eine Postkarte schicken möchte, kann sie hier oben, im höchstgelegenen Postbüro Europas, gleich einwerfen.

tigen (Schlossstrasse). An der Aare entlang und über eine der Aare-Schleusen kommt man nach Unterseen mit dem Stadthausplatz und dem Touristik-Museum (Obere Gasse 28, Mai–Okt. Do–So 14–17 Uhr, www.touristikmuseum.ch).

Harderbahn, Brienzstraße, Interlaken, Info-Tel. +41 33/8 28 72 33, Ende April–Ende Okt. ab 9.10, So ab 8.10 Uhr, alle 30 Min., Abendfahrten bis 20.55 Uhr, www.jungfrau.ch

4 Schynige Platte

Den wohl schönsten Blick auf das »Dreigestirn« der Berner Bergriesen Eiger (3970 m), Mönch (4107 m) und Jungfrau (4158 m) hat man von der Schynigen Platte, genau gegenüber. Beim Bergrestaurant oberhalb der Zahnradbahnstation (1967 m) beginnt der Panoramaweg zum Aussichtspunkt Tuba und weiter zum Oberberghorn (2069 m). Dann geht es zur Bergstation zurück, die man nach 1,25 Std. erreicht. Vor der Talfahrt sollte man den Alpengarten besuchen. Es blüht dort ab Ende Mai – am schönsten aber von Mitte Juni bis Mitte August. Wer länger wandern möchte: Der Weg von der Schynigen Platte über das Faulhorn (2681 m) mit seinem bekannten Berghotel und hinab zur Station First wird mit seinen Bergpanoramen selbst in der Schweiz kaum getoppt (6 Std., Seilbahn nach Grindelwald).

Bahnhof Wilderswil, Info-Tel. +41 33/8 28 72 33, Auffahrt (gut 50 Min.) Ende Mai–Mitte/ Ende Okt. tgl. 7.25–16.45 Uhr, alle 40 Min., www.jungfrau.ch

5 Lauterbrunnental

Den fotogenen Staubbachfall hat anno 1779 schon Geheimrat Goethe beschrieben (und gemalt). Fast 300 m tief stürzt das Wasser südlich von Lauterbrunnen über die überhängende Felswand. Und es gibt noch 70 weitere Wasserfälle! Eine noch recht neue Attraktion sind dagegen die Basejumper, die hier ebenfalls über die Klippen springen. Am besten erlebt man das Tal mit seinen himmelhoch aufragenden Felswänden und der Gletscherkulisse zu Fuß, auf dem Weg von Lauterbrunnen nach Stechelberg (1,5 Std.). Auf halber Strecke, bei Trümmelbach, zweigt links der Weg zu den Trümmelbachfällen ab, den einzigen Gletscherwasserfällen Europas im Inneren eines Berges, die mittels Tunnellift zugänglich und beleuchtet sind (April bis Anf. Nov. tgl. 9–17, Juli/Aug. 8.30–18 Uhr, www.truemmelbachfaelle.ch). Zurück von Stechelberg nach Lauterbrunnen nimmt man den Bus.

Tourist Info: Stutzli 460, Lauterbrunnen, Tel. +41 33/8 56 85 68, www.mylauterbrunnen.com

Tell-Freilichtspiele

Auf der Freilichtbühne im Rugenwald am Rand von Interlaken führen an die 200 Laiendarsteller zusammen mit professionellen Pferden, Kühen und Ziegen den »Wilhelm Tell« von Friedrich Schiller auf – Spielzeit ist von Mitte Juni bis Ende August. www.tellspiele.ch

Beim Ort Lauterbrunnen stürzt sich tosend der Staubbachfall in die Tiefe.

6 Jungfraujoch

Das ganz große Gletscherspektakel! Die Fahrt mit der Zahnradbahn – 1912 eröffnet – zum höchstgelegenen Bahnhof Europas auf dem Jungfraujoch (3454 m) ist richtig teuer: Rund 204 CHF für die Berg- und Talfahrt (Stand: 2016). Die Reise lohnt sich darum nur bei wirklich gutem Wetter. Oben angekommen, kann man Schneebälle werfen, auf den längsten Gletscher der Alpen, den Aletschgletscher, schauen und in knapp 1 Std. auf geräumter Schneetrasse ohne Seil und Bergführer in der dünnen Luft zur bewirtschafteten Hütte über dem Mönchsjoch (3624 m) stapfen. Zwei Zahnradbahnen fahren von Grindelwald-Grund bzw. Lauterbrunnen hinauf zur Station Kleine Scheidegg (2061 m). Weiter geht es überwiegend durch einen Stollen im Berg mit zwei Zwischenstopps an den Stationen Eigerwand bzw. Eismeer hoch zum Jungfraujoch. Der schnellste Aufzug der Schweiz bringt einen hinauf zur verglasten Aussichtshalle auf dem Felszahn der Sphinx mit dem 1931 eingeweihten Observatorium. Es gibt hier oben Restaurants und Souvenirgeschäfte, eine künstliche Gletschergrotte und die »Alpine Sensation«, einen Rundgang, der angesichts der wahren Sensationen unter freiem Himmel allerdings ziemlich albern wirkt. Wem die Fahrt zu teuer ist, der sollte von Grindelwald-Grund wenigstens mit der Seilbahn zum Männlichen fahren und hinüber zur Kleinen Scheidegg wandern (1,5 Std.) – oder nur ein Ticket bis zur Station Eigergletscher (2319 m) lösen: Von dort führt der spektakuläre Eiger Trail am Fuß der 1800 m hohen Eiger-Nordwand entlang in gut 2 Std. zur Station Alpiglen – Genickstarre garantiert.

Info-Tel. +41 33/8 28 72 33, erster Zug ab Bahnhof Interlaken-Ost 6.35 Uhr (Ankunft Jungfraujoch 8.52 Uhr), alle Fahrpläne, andere Bahnen und Wanderungen unter: www.jungfrau.ch

Regiopass

Freie Fahrt mit Bahnen, Bussen, Schiffen und Bergbahnen – wahlweise 4, 6, 8 oder 10 Tage lang: Das bietet der praktische Regiopass für das Berner Oberland. Die »Öffi«-Verbindungen sind hervorragend und für Ausflüge absolut zu empfehlen.
www.regiopass-berneroberland.ch

Hotels

Victoria-Jungfrau Grand Hotel & Spa
Berühmter Belle-Époque-Palast in Interlaken, gleich gegenüber der Jungfrau. Der Komplex bietet 224 Zimmer und Suiten zwischen klassisch und modern und in seinem weithin bekannten Spa alle Arten des Sich-wohlergehen-Lassens auf 5500 qm. Eigentlich blöd, dass vor der Tür so viel zu sehen und zu erleben ist.
Höheweg 41, Interlaken, Tel. +41 33/8 28 28 28, www.victoria-jungfrau.ch

Hotel Carlton-Europe
Sehr hübsches Jugendstilhotel in sehr guter Lage nahe dem Bahnhof Interlaken Ost und der Aare, gleich gegenüber der Harderbahn. Mit einem netten kleinen »Wellness Dörfli« und drei Restaurants (Schweizer Küche, Gegrilltes und asiatisch angehauchte Fusion). Daneben ist Johnny's Bar eine gute Adresse für Musik und Tanz in Interlakener Nächten.
Höheweg 94, Interlaken, Tel. +41 33/8 26 01 60, www.carltoneurope.ch

Hotel Kirchbühl
Gemütliches und komfortables Hotel im modernen Chaletstil in Grindelwald. Alle Zimmer haben Balkon und bieten einen Premiumblick auf Eiger, Jungfrau & Co. Und das ausgezeichnete Restaurant bietet neben toller Gourmetküche im »La Marmite« auch ein »Eigerness-Menu« – mit dem Besten, was die Berge rundherum hergeben.
Kirchbühlstr. 23, Grindelwald, Tel. +41 33/8 54 40 80, www.kirchbuehl.ch

31 Gotthard und Andermatt

Gotthard: Der Name hat in der Schweiz einen Klang wie sonst nur Wilhelm Tell. Er stiftet Identität. Irgendwo tief drinnen in dem gewaltigen Granitmassiv zwischen Norden und Süden schlägt das Herz der Eidgenossenschaft. Oder besser: Hier steckt ihre Seele. Bei der Eröffnung des 57 km langen Gotthard-Basistunnels im Jahr 2016 konnte man das wieder sehen. Das Jahrhundertbauwerk verkürzt die Fahrzeit im Zug von Zürich nach Mailand auf gut zweieinhalb Stunden. Umso mehr sollte man oben rüber fahren! Zwischen den großen Kantonen Tessin, Uri, Wallis und Graubünden kann man nicht nur einem Schweizer Mythos nachspüren, sondern grandiose Hochgebirgsnatur erleben. Zum Beispiel beim Pässe-Hopping vom Dorf Andermatt aus, das seit einigen Jahren zu einem großen Wohn- und Ferienresort »entwickelt« wird und eine Art gesamtschweizerischen Verkehrsknotenpunkt darstellt: Furka, Grimsel, Susten, Oberalp – da schnalzen Automobilisten und Biker mit der Zunge. Durch Andermatt verlief jahrhundertelang der Nord-Süd-Transit über die Alpen, bevor er in jüngerer Vergangenheit unter den Alpen verschwand. Und hier kreuzt ihn die Trasse des weltberühmten Glacier Express, der zwischen Westen und Osten verkehrt. Über allem wacht der Gotthard mit der von Geschichte und Geheimnissen umwobenen Bundesfestung, mit riesigen Bunkeranlagen im Berg, die erst in den letzten Jahren und Jahrzehnten für die Öffentlichkeit geöffnet wurden und spannende Entdeckungen ermöglichen.

Centro Turistico San Gottardo, Airolo, Tel. +41 91/8 73 30 40, www.airolo.ch

Ferienregion Andermatt, Gotthardstr. 2, Andermatt, Tel. +41 41/8 88 71 00, www.andermatt.ch

Kehren und Kopfsteinpflaster: Die alte Gotthard-Passstraße ist ein Geniestreich des Straßenbaus.

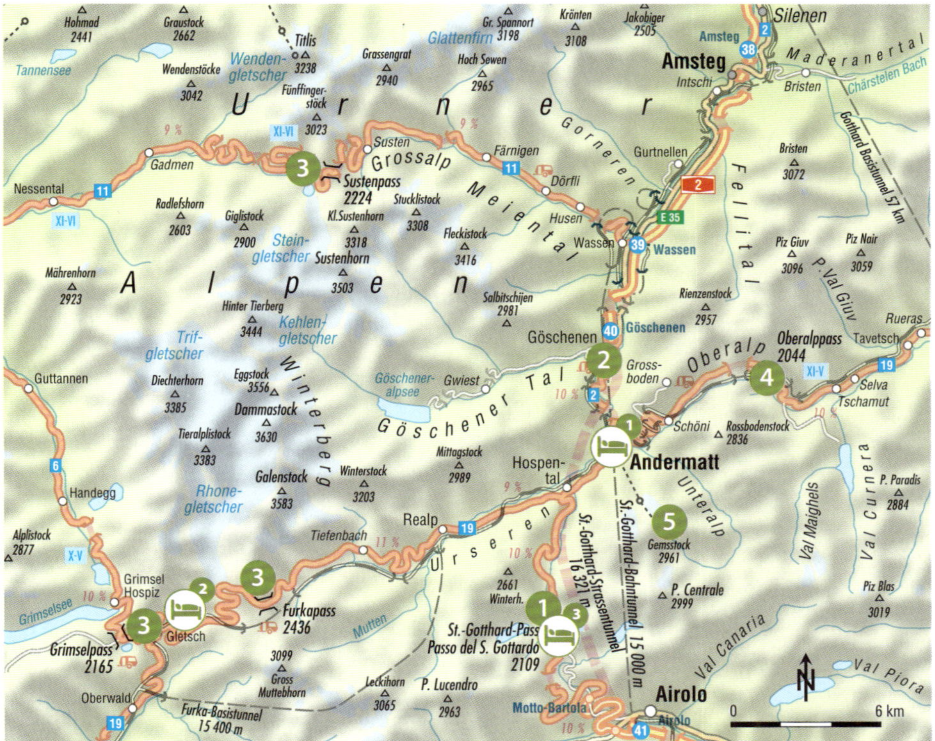

1 Gotthard – ein Gesamtkunstwerk
2 Sanfter Tourismus in Göschenen
3 Großes Pässe-Hopping: Furka – Grimsel – Susten
4 Zur Quelle des Rheins
5 Ski Arena Andermatt
Hotel 1 The Chedi Andermatt
Hotel 2 Grand Hotel Glacier du Rhône
Hotel 3 La Claustra

die Römer hatten den Gotthard überquert. Im Mittelalter kamen dann Pilger über den Pass, wo 1230 die dem heiligen Godehard geweihte Kapelle und das Hospiz errichtet wurden. Der erste Bericht über eine Kutschfahrt datiert ins Jahr 1775, und zwischen 1827 und 1830 entstand die alte Gotthard-Passstraße. 1875 überquerten sie mehr als 72 000 Menschen – häufig in großen Postkutschen. Die Eröffnung des Eisenbahntunnels 1881 beendete diese Zeit. Die letzte Pferdepostkutsche fuhr 1921, und nur ein Jahr später nahm das erste Postauto den Verkehr auf. Auf der Passhöhe entdeckt man auch zahlreiche Bunker. Der Gotthard war das Herzstück eines legendären Schweizer Systems von Festungsanlagen, die v. a. ab 1937 errichtet wurden. Eine davon, das ehemalige Artilleriewerk Sasso da Pigna, ist seit 2012 zu besichtigen: Sasso San Gottardo heißt die moderne »Themenwelt« im Berg, die auch Fragen rund um Mobilität, Wasser, Energie, Wetter und Klima visualisiert (Ende Mai–Juni Sa/So/Fei, Juli/Aug. Mi–Mo, Sept.–Mitte Okt. Mi–So, jeweils 10.30–15 Uhr, www.sasso-sangottardo.ch).

St. Gotthard Pass, www.passosangottardo.ch

1 Gotthard – ein Gesamtkunstwerk

Die kopfsteingepflasterte alte Straße von Süden zur Passhöhe auf dem Gotthard (2106 m), die »Tremola«, ist pure Landschaftskunst. Aber zuerst heißt es aufpassen, damit man im Straßenwirrwarr oberhalb von Airolo nicht auf der neuen Tremolastraße landet, die 1977 eröffnet wurde. Die alte Straße führt hinter der Kaserne Motto Bartola ins Val Tremola. Die folgenden 24 engen, gemauerten Kehren sind die Schmuckstücke des längsten Schweizer Baudenkmals. Direkt auf der Passhöhe beim St.-Gotthard-Hospiz informiert das Nationale Gotthard-Museum über die Geschichte dieser wichtigen Verkehrsachse (Ende Mai/Juni–Okt., tgl. 9–18 Uhr, www.passosangottardo.ch). Schon

2 Sanfter Tourismus in Göschenen

In Göschenen, 10 km unterhalb von Andermatt, liegt nicht nur das Nordportal des Gotthard-Autobahntunnels. Hier öffnet sich nach Westen das Göschenertal, das Besucher abseits der Transit-Verkehrsströme in eine heile Welt entführt. Ganz im Sinne des sanften Tourismus

Am Furkapass (2429 m) ist der Rhonegletscher zum Greifen nahe. Längst vorbei sind jedoch die Zeiten, in denen der Gletscher seine kalte Zunge bis hinab ins Tal ausstreckte.

bietet sich die »Modellregion Göschenen« in erster Linie Wanderern und Naturliebhabern an. Das Netz der Wege und Hütten ist ausgezeichnet und wird teils mit Rufbussen noch besser erschlossen. Ein Schmuckstück ist die Göscheneralp mit dem gleichnamigen (Stau-)See, von dem drei herrlich gelegene Hütten einfach erreicht werden können. Der Naturstaudamm ist Ausgangspunkt des Seerundgangs (3 Std.) und der Wanderung hinab nach Göschenen (2,5 Std.). Die Szenerie der Gletscherberge über grünen Talböden mit mächtigen Granitblöcken ist großartig. Mit dem Projekt »Wasserwelten« wurden zusätzlich Aktiv- und Bildungsangebote geschaffen (www.wasserwelten.ch).

Tourist Info: Tel. +41 41/8 85 11 80, www.goeschenen.ch

3 Großes Pässe-Hopping: Furka – Grimsel – Susten

Die große Bergetappe rund um das eindrucksvolle Massiv des Dammastock (3630 m) ist ein absoluter Höhepunkt für Vier- und Zweiradfahrer. Ein guter Startpunkt für die 120-km-Rundtour ist Andermatt (1447 m). Über den baumlosen Boden des Urserentals geht es zunächst nach Realp (1538 m). Gleich über dem Golfplatz führt die schmale Straße in mehreren Kehren über den Steilaufschwung und später hoch über dem Tal zum Furkapass (2429 m), der Grenze zwischen den Kantonen Uri und Wallis. Der Blick hinunter nach Gletsch und zu den Kehren der Grimselstraße ist fantastisch: Am Horizont sieht man das Matterhorn! Erster Zwischenstopp bei der Abfahrt ist das historische, aber leider geschlossene Hotel Belvedere (2271 m). Vom Parkplatz in der Kehre erreicht man in wenigen Minuten die nahe Zunge des Rhonegletschers mit der künstlichen Gletschergrotte (Juni bis Okt. 8–18, Hochsommer bis 19.30 Uhr). Kaum vorstellbar, dass der Gletscher noch vor 150 Jahren über die hellen Felsabbrüche bis in den Talboden hinabfloss. Weiter hinab geht es nach Gletsch (1759 m) mit dem spektakulären Grand Hotel Glacier du Rhône. Toll zum Beine-Vertreten ist der 30-minütige Rundgang auf dem Naturlehrpfad über die vom Gletschereis freigegebene Ebene vor dem Hotel. Gleich dahinter windet sich die Straße in weiten Kehren hoch zum Grimselpass (2164 m) und jenseits wieder hinab ins Haslital: eine beeindruckende Fahrt vorbei an Stauseen (www.grimselstrom.ch) und furchterregend hohen und glatten Granitwänden bis nach Innertkirchen (625 m). Hier beginnt die lange Auffahrt durch das Gadmertal zum Sustenpass (2224 m). Unterwegs kommt man in Nessental zur Talstation der Triftseilbahn (www.grimselwelt.ch), von deren Bergstation man in 1,5 Std. die

Freilichtspiele Andermatt

Alle zwei bis vier Jahre finden in Andermatt spektakuläre Freilichtspiele statt. »Göschenen am Meer« erzählt 2017 die wahre Geschichte eines irrwitzigen Projekts aus der Zeit um 1900: den Bau einer Wasserstraße von der Nordsee zum Mittelmeer – über den Gotthard.
www.gotthardkultur.ch

Postkutschenfahrten

Die Alpen überqueren: Wie war das früher? Auf einer Reise im originalgetreu nachgebauten Postwagen über den Gotthard erfahren Sie es mit allen Sinnen. 28 km von Andermatt nach Airolo: eine Tagesreise voller ungewohnter Eindrücke.
www.gotthardpost.ch

spektakuläre Triftbrücke erreicht: 170 m lang und 100 m über dem Grund schwebt und schaukelt sie über dem Triftsee, den die abschmelzende Zunge des Triftgletschers hinterlassen hat. Vom Sustenpass genießt man ein einzigartiges Gletscherpanorama, ehe es durch das hübsche Meiental nach Wassen (916 m) geht und über Göschenen zurück nach Andermatt.

Gesamtstrecke 119 km; Ferienregion Andermatt, Gotthardstr. 2, Andermatt, Tel. +41 41/8 88 71 00, www.andermatt.ch

4 Zur Quelle des Rheins

Eine fantastische, wenn auch lange Bergwanderung (Gehzeit 6,5 Std.) beginnt am Oberalppass (2044 m), den man am besten mit der Bahn von Andermatt erreicht. Hier führt der Vier-Quellen-Weg immer etwas oberhalb des Maighelstals mit schöner Aussicht zum Tomasee (2345 m), der Quelle des Rheins. Dahinter folgt man dem Weg weiter durch traumhaft weite Tal- und Hochmoorlandschaften nach Süden zum Maighelspass (2421 m) und jenseits hinab ins Unteralptal, das man etwas unterhalb der bewirtschafteten Vermigelhütte erreicht. Auf dem bequemen Weg geht es nun durch das Unteralptal hinab nach Andermatt. Wem die »große« Runde zu lang ist, der wählt die »kleine« (Gehzeit 2,75 Std.) und steigt kurz hinter dem Tomasee ins Maighelstal hinab. Hier folgt man dem Weg talauswärts, bis man wieder den Weg vom bzw. zum Oberalppass zurück erreicht.

Start am Bahnhof Oberalppass; Ferienregion Andermatt, Gotthardstr. 2, Andermatt, Tel. +41 41/8 88 71 00, www.andermatt.ch

5 Ski Arena Andermatt

Skifahrer bekommen beim Aussprechen des Namens Andermatt leuchtende Augen. Vor allem Freerider stürzen sich mit Helm und Sicherheitsrüstung in die Steilhänge am Gemsstock (2962 m), der in der Szene einen herausragenden Ruf genießt. Auch der Fun- und CrossPark Teiga Gronda sowie der G-Park Gemsstock sprechen mit ihren Kickers, Boxes und Rails, mit der 100 m langen Halfpipe sowie einer 800 m langen Ski- und Boardercross-Piste nicht unbedingt Anfänger an. Doch auf den insgesamt 125 km Pisten der Skiarena kommen natürlich auch Normalverbraucher auf ihre Kosten, besonders Richtung Oberalppass. Insgesamt erschließen 24 Skilifte die schönsten Hänge zwischen Andermatt und Sedrun in Graubünden.

Andermatt-Sedrun Sport, Gotthardstr. 110, Andermatt, Tel. +41 41/8 87 14 45, www.skiarena.ch

Hotels

The Chedi Andermatt
Kanton Uri: Ein asiatisch inspirierter Designer-Traum aus edlen Baustoffen. Vom 52-qm-Zimmer bis zur 330 qm großen Furka-Suite gibt's eigene Kaminfeuer und iPads zur Bedienung der Zimmerelektronik. Tolle asiatische Küche von offenen Kochinseln, japanische Spitzen-Küche in einem eigenen Restaurant und ein super-luxuriöser Wellness-Bereich.
Gotthardstr. 4, Andermatt, Tel. +41 41/8 88 74 88, www.ghmhotels/de/andermatt

Grand Hotel Glacier du Rhône
Kanton Wallis: Aus dem 1830 eröffneten Gasthaus entstand neben der Pferdewechselstation des Kutschenverkehrs ein prächtiger Belle-Époque-Palast, in dem man heute mit Komfort nächtigen kann – solange die Passstraße befahrbar ist.
Gletsch, Tel. +41 27/9 73 15 15, www.glacier-du-rhone.ch

La Claustra
Kanton Tessin: Tief drinnen im Gotthardmassiv, auf 2000 m Höhe, wurde ein ehemaliger Artilleriebunker zu einer bombensicheren Herberge für bis zu 30 Gäste umgebaut. In den individuell gestalteten Zimmern fließt kaltes und warmes Wasser (aus eigenen Quellen), Duschen und Toiletten gibt's davor. Nur von Mai bis Oktober geöffnet.
San Gottardo, Airolo, Tel. +41 91/8 80 50 55, www.claustra.ch

Bunter Farbenreigen: Im Herbst zeigen sich die Lärchenwälder des Sertigtals von ihrer schönsten Seite.

32 Davos-Klosters

Man fährt von den Weinbergen im Rheintal durch das Prättigau hinauf ins Hochgebirge, vorbei an Klosters, vorbei am überraschend großen Davosersee. Und reibt sich die Augen. Da ist tatsächlich eine richtige Stadt. Davos, die höchstgelegene Stadt in den Alpen (rund 1560 m), hat 13 000 Einwohner, mehr als doppelt so viele Gästebetten, genießt als Kur-, Sport- und Kongressort Weltruhm und beansprucht zusammen mit Klosters den Titel des alpinen Tourismuspioniers, zumindest in der kalten Jahreszeit. Genau am 8. Februar 1865 begrüßte man hier die ersten Wintergäste. In der Folge baute man ihnen Eisbahnen zum Eiskunst- und Eisschnelllaufen, für Eishockey- und Curling-Partien. Man veranstaltete internationale Schlittenrennen und erfand das Skeleton. Und nebenbei beherbergte man reiche und berühmte Kurgäste aus aller Welt, die sich von der klaren Bergluft die Linderung ihrer Lungenleiden versprachen. Die Geschichte wird vor Ort natürlich in hohen Ehren gehalten, dabei hat sich der Tourismus zu einem perfekt organisierten Geschäft fürs ganze Jahr, für Adrenalin- und Genusssüchtige, Sportler und alpine Flaneure entwickelt. Und für mächtige Regierungschefs, die sich Jahr für Jahr im Januar mit Ökonomen, Wissenschaftlern und Medienmenschen zum Weltwirtschaftsforum treffen. Dem urbanen Angebot an Shops und Clubs, Bars, Cafés und Restaurants steht die wundervolle Natur gegenüber, die man beim Wandern, Rad- und Seilbahnfahren genießt, auf aussichtsreichen Bergen und in den traumhaften Seitentälern Sertig, Dischma oder Flüela.

Destination Davos Klosters,
Talstr. 41, Davos Platz,
Tel. +41 81/4 15 21 21,
www.davos.ch

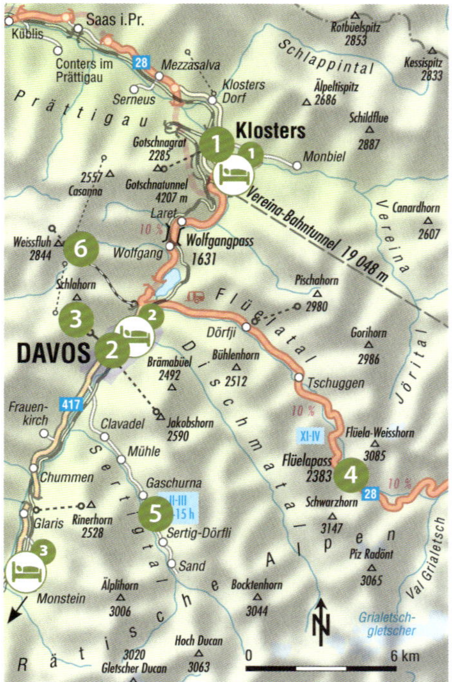

1. Klosters, Madrisa und Monbiel
2. Kirchner Museum Davos
3. Schatzalp und Alpinum
4. Flüelapass
5. Sertigtal
6. Skifahren für alle

- Hotel Chesa Grischuna (1)
- Grischa (2)
- Muchetta (3)

1 Klosters, Madrisa und Monbiel

Klosters liegt unterhalb von Davos und praktiziert den touristischen Spagat. Einerseits hat es schon Anteil am gehobenen Ski- und Sporttourismus mit VIP-Faktor (Prinz Charles kommt regelmäßig zu Besuch), andererseits kann es mit seinen 4000 Einwohnern und der unaufdringlichen Chalet-Architektur als ländlich-dörflicher und besonders familienfreundlicher Ferienort punkten. Apropos, Familien mit Kindern suchen im Sommer gern das Madrisa Land auf dem Sonnenberg von Klosters in 1900 m Höhe auf: Die »Sagenwelt« mit 100-m-Rutschbahn, 200-m-Flying-Fox, Tierpark, Hüpfburg und Käserei wurde einer grundlegenden Modernisierung unterworfen. Zum höchst beliebten Downhill mit den Monster-Trottis – geländegängigen Hardcore-Rollern – wird man aber freilich weiterhin starten können (Madrisastr. 7, www.madrisa-land.ch). Ganz ohne künstliche Attraktionen bietet der Ausflug ins nahe Dorf Monbiel (1291 m) eine stille Alternative. Die alten Walserhäuser mit ihren sonnenverbrannten Holzbalken sind sehr fotogen, und der Weg durch das schöne Tal ist einladend – wer will, kann bis zu den leuchtenden Gletschern der Silvrettagruppe wandern.

Tourist Info: Alte Bahnhofstr. 6, Klosters, Tel. +41 81/4 10 20 20, www.klosters.ch

2 Kirchner Museum Davos

Es ist das kulturelle Highlight der Alpenstadt: 1992 errichtet, zeigt das Kirchner Museum Davos die weltweit größte Sammlung von Gemälden des deutschen Expressionisten Ernst Ludwig Kirchner (1880–1938). Der Künstler lebte von 1917 bis zu seinem Tod in Davos, wo er u.a. seine berühmten, farbenkräftigen Bergansichten schuf. In Davos sind aber auch bedeutende Gemälde der Dresdner »Brücke«-Zeit zu sehen, daneben Skulpturen, Zeichnungen, Holzschnitte, Radierungen und Lithografien. Aber auch Weggefährten Kirchners wie Wassily Kandinsky, Karl Schmitt-Rottluff, Franz Marc, Max Beckmann und Lyonel Feininger sind mit einzelnen Werken vertreten. Daneben gibt es ständige Wechselausstellungen.

Promenade 82, Davos, Tel. +41 81/4 10 63 00, Di–So 11–18 Uhr, www.kirchnermuseum.ch

3 Schatzalp und Alpinum

Schon vor 150 Jahren pilgerten Lungenkranke nach Davos, um sich in der Höhenluft zu kurieren. Die Methode war nicht schlecht: Schlafen auf sonnigen Terrassen

Expressiv: Das Kirchner Museum in Davos zeigt Werke des deutschen Malers.

Davos ist eine echte Grande Dame des alpinen Wintertourismus. Schon Mitte des 19. Jh. begrüßte man hier die ersten Wintergäste. Doch auch im Sommer hat die Gegend viele Reize.

am Tag, Weintrinken in schicken Salons am Abend. Nachlesen kann man das in Thomas Manns weltberühmtem Roman »Zauberberg« (1924), der im Kurhotel auf der Schatzalp spielt, wo man heute immer noch einchecken kann. Auch Tagesgäste sollten auf jeden Fall von Davos Platz mit der Schatzalpbahn hinauffahren, um auf knapp 1900 m den größten Hotelpark der Schweiz (450 000 qm) zu bewundern – vor allem aber das Alpinum, den berühmten botanischen Alpengarten mit rund 5000 verschiedenen Pflanzenarten aus allen Gebirgen der Erde. In den Monaten Juni und Juli blüht es hier am buntesten. Doch selbst im Winter lohnt sich der Besuch. Gegen den Trend – also gewissermaßen ganz avantgardistisch – haben die Touristiker das kleine Skigebiet Schatzalp-Strela zum »SlowMountain« Resort erklärt: mit alten, langsamen Liften für entschleunigtes Genussskifahren auf Naturschnee. Ganz ohne Schneekanonen.

Alpinum Schatzalp, Davos Platz, Tel. +41 81/4 15 51 51, Mitte Mai–Mitte Nov. tgl. 9–18 Uhr, www.schatzalp.ch, www.alpinum.ch

4 Flüelapass

Die Straße über den Flüelapass gehört zu den schönsten Schweizer Bergstrecken. Dass vor allem an sonnigen Wochenenden viel los ist, sollte also keinen überraschen. Noch weniger sollte es einen abhalten, gleich hinter dem Davosersee den Abzweig ins Flüelatal zu nehmen. Zuerst noch eng und dicht bewaldet, öffnet sich das Tal weiter oben und wird alpiner. Bäche fließen über grüne Wiesen und plätschern über die Bergflanken. Vorbei am Berggasthaus Tschuggen fährt man neben dem mäandernden Flüelabach durch die mit jedem Kilometer eindrucksvollere, faszinierend karge Landschaft, in der einzelne Zirben gute Fotomotive abgeben. Der Flüelapass (2383 m) selbst liegt zwischen den Dreitausendern Schwarzhorn (3147 m) und Flüela Wisshorn (3085 m) und die Straße verläuft auf der Passhöhe sehr pittoresk zwischen dem großen Schotten- und dem kleinen Schwarzsee. Im Passhotel/Restaurant Flüela Hospiz (www.flueela-hospiz.ch) kann man hausgemachte Hirschwürste probieren, ehe man die grandiose Fahrt hinab ins 900 m tiefer gelegene Engadin antritt – oder einfach wieder zurück nach Davos rollt.

Befahrbar Mai/Juni–Okt., je nach Schneelage, www.strasseninfo.ch

5 Sertigtal

Zwischen Davos Platz und Frauenkirch öffnet sich das großartige Sertigtal. Hinein kommt man mit dem Postbus, mit dem Fahrrad oder zu Fuß, mit der Postkutsche oder, im Winter, auch mit Langlaufski. Egal wie man die gut 6 km lange Strecke von Davos-Clavadel zurücklegt, der Ausflug ist ein Traum. Im Sommer prägen blühende Blumenwiesen zwischen dichten Föhren- und Lärchenwäldern das Landschaftsbild. Walser Siedler ließen sich hier schon in der Mitte des 13. Jh. nieder und errichteten auf 1860 m Höhe die Siedlung Sertig-Dörfli. Der Anblick der urigen Bauernhäuser und des 1699

Davos Klosters Card

Was im Winter Geld kostet, bekommt man im Sommer umsonst: Fahrten mit allen offenen Bergbahnen zwischen Kloster und Davos. Das Ticket zum mühelosen Aufstieg ist die Gästekarte, die man schon ab einer Übernachtung in der Destination erhält.
www.davos.ch

erbauten Kirchleins mit seinem spitzen Turm inmitten der idyllischen Landschaft ist entzückend. Man sollte unbedingt noch etwas weiter ins Tal hineingehen, wo hinter weiteren kleinen Alpsiedlungen der eindrucksvolle Ducan-Wasserfall über die Felsen stürzt. Und vor dem Rückweg kehrt man natürlich noch in einem der beiden Gasthäuser – »Zum Bergführer« und »Walserhuus« – ein.

Ausgangspunkt in Davos-Clavadel, Info unter Tel. +41 81/4 15 21 21, www.davos.ch

6 Skifahren für alle

Wer die Namen Davos und Klosters nur als Synonyme für Berge von Schnee verwendet, sieht die Welt durch die Skibrille, hat aber irgendwie recht. 270 km Pisten und Tiefschneevarianten bis zum Abwinken – das ist eine Ansage. Von den fünf Teilgebieten ist die Region Parsenn-Weißfluhjoch nicht nur am größten, sie reicht auch am höchsten hinauf (bis auf über 2800 m), und sie ist von beiden Orten mit Seilbahnen gut zu erreichen. Kenner und Könner lieben die wunderschönen, aber ungesicherten Abfahrten über freies Gelände nach Westen zur Bahnstation Langwies (nur mit kundigem Führer und Sicherheitsausrüstung). Als Spaßberg gilt das Jakobshorn über Davos Platz. Freestyler toben sich hier im Jatz Park aus, einem der größten Snowparks in den Alpen. In der Superpipe am Bolgen kann man dreimal in der Woche sogar bis 21.30 Uhr seine Lines ziehen – unter Flutlicht. Im Lawinen-Trainigs-Center lernt man, was nötig ist, bevor man sich ins freie Gelände wagen darf. Die Madrisa, Hausberg von Klosters, übernimmt mit überwiegend breiten und leichten Pisten die Rolle des Familienbergs – ähnlich wie das etwas abseits gelegene Rinerhorn, an dem auch viele Einheimische unterwegs sind. Am Pischahorn, an der Straße zum Flüelapass, vergnügen sich schließlich die Freerider im ungewalzten Tiefschnee. Auch gut: Skigebiets-Hopping ist dank regelmäßiger Busverbindungen kein Problem.

Tourismus- und Sportzentrum, Talstr. 41, Davos Platz, Tel. +41 81/4 15 21 21, www.davos.ch

Swiss Alpine Marathon

Berglaufen boomt, und in Davos feiert der Trendsport seit 1986 einen seiner wichtigsten Events. Profis laufen die Ultra-Distanz von 78,5 km (bei 2370 m Höhenunterschied), es gibt aber auch Varianten über 42, 21 und 10 km. Immer am letzten Juli-Wochenende.
www.swissalpine.ch

Hotels

Hotel Chesa Grischuna
Das »Swiss Historic Hotel« klotzt mit tollen Geschichte und illustren Gästen. Die Einrichtung ist aber nicht abgehoben, sondern gemütlich und präsentiert viel regionales (Kunst-)Handwerk. Die Kegelbahn ist mit Malereien des Schweizers Alois Carigiet geschmückt, in der Bar spielt der Pianist auf einem Bösendorfer-Flügel (aus Österreich).
Bahnhofstr. 12, Klosters, Tel. +41 81/4 22 22 22, www.chesagrischuna.ch

Grischa
Das große, schicke, modern eingerichtete Haus steht gegenüber der Seilbahn zum Jakobshorn und bietet seinen Gästen ein ambitioniertes Öko-Konzept sowie kulinarische Reisen von China über die Alpen ans Mittelmeer in fünf Restaurants. Im Sommer viele interessante Angebote für Mountainbiker.
Talstr. 3, Davos Platz, Tel. +41 81/4 14 97 97, www.hotelgrischa.ch

Muchetta
Das erste Kinderhotel der Schweiz beherbergt natürlich auch deren Eltern und andere Erwachsene – in Ein- und Zwei-Zimmer-Apartments und fünf Familienzimmern. Zum Service gehören Kinderbetreuung, ein Planschbecken, Sauna und Dampfbad. Und wenn die Kleinen dann schlafen, treffen sich die Eltern an der »Blue Note« Bar.
Aussergasse 18, Davos Wiesen, Tel. +41 81/4 10 41 00, www.kinderhotel.ch

33 Gstaad und das Simmental

Gstaad ist ein Synonym für Geld und Jetset, für eine sehr schweizerische und hoch attraktive Mischung aus Puppenstube und Sportplatz, Luxus und Landwirtschaft – und für eine der gefragtesten touristischen Marken im Land. Beim Spaziergang entlang der Bahnstrecke in Richtung Schönried hat man den besten Blick über den offenen Talkessel, aus dem zwei Täler nach hinten zu weißen Gletscherbergen führen. Es ist ein Freizeitpark im besten Sinn: mit sanften grünen Hängen, weit verstreuten Höfen, Chalets und Nobelherbergen. Inoffizielles Wahrzeichen ist das 1913 eröffnete Palace Hotel mit seinen spitzen Türmchen über dem Ort. Die Dichte an teuren Herbergen, davor geparkten Premiumautomobilen und hervorragenden Restaurants ist hoch. Im Winter eine der internationalen Top-Adressen für Skiurlauber, gehört die Landschaft im Sommer den Wanderern und Mountainbikern. Das Tourengebiet wird vom riesigen Liftverbund der »Gstaad Mountain Rides« bestens bedient. Nach Süden hin reicht es von den sanften Wald- und Wiesenbergen unmittelbar über dem Dorf bis zu den Dreitausendern über dem Col du Pillon bzw. dem Glacier 3000 am Ende des Saanetals hinter Gsteig. Und nach Osten hin kommt man über den Nachbarort Saanen hinüber ins Simmental, eine der großen Schweizer Bilderbuchlandschaften – Heimat des Simmentaler Fleckviehs, berühmt auch für die schönen, mit Schnitzereien und Malereien reich verzierten Bauernhäuser in Dörfern wie Boltigen, Oberwil oder Erlenbach.

Gstaad Saanenland Tourismus, Promenade 41, Gstaad, Tel. +41 33/7 48 81 81, www.gstaad.ch

Lenk Simmental Tourismus, Rawilstr. 3, Lenk, Tel. +41 33/7 36 35 35, www.lenk-simmental.ch

Im Sommer gehören die Pfade rund um Gstaad und oberhalb des Arnensees den Mountainbikern und Wanderern.

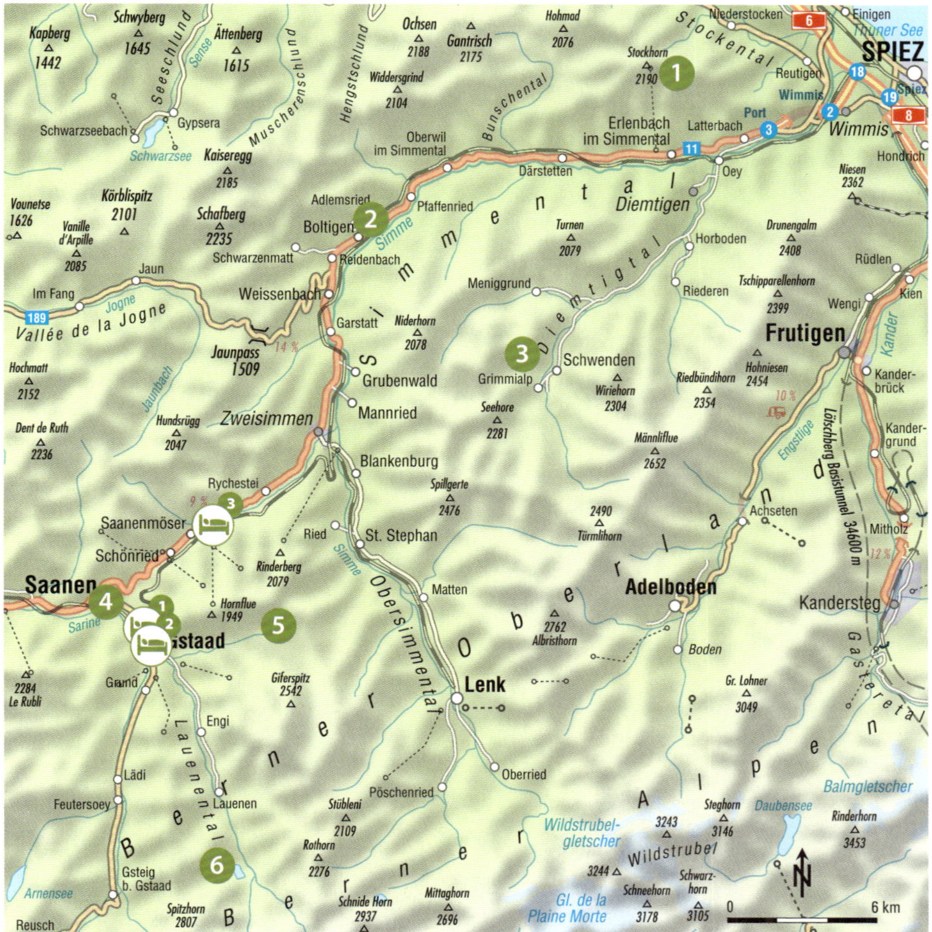

1 Stockhorn
2 Simmentaler Hauswege
3 5-Sterne-Wanderung im Diemtigtal
4 Tour de Gastlosen (E-Bike Tour)
5 Gstaad Mountain Rides
6 Von der Wispile zum Lauenensee
Hotel 1 The Alpina Gstaad
Hotel 2 Gstaad Palace
Hotel 3 Golfhotel Les Hauts de Gstaad

1 Stockhorn

Am westlichen Ortsrand von Erlenbach mit seiner bekannten Dorfkirche (spätgotische Fresken aus dem 15. Jh.) steht die Talstation der Seilbahn aufs Stockhorn. Die Fahrt führt über grüne Wiesen, durch den Wald und zuletzt zwischen hohen Felsen zur Mittelstation am Sattel Chrindi, hinter dem in einem grünen Kessel der Hinderstockesee liegt – ideal für einen Spaziergang! Die Weiterfahrt zum Restaurant erschließt ein fantastisches Panorama, v.a. wenn man zu Fuß zum ausgesetzten, aber gut gesicherten Gipfel (2190 m) hinaufsteigt. Der Blick über die senkrechte Nordwand ins Schweizer Mittelland ist atemberaubend, aber noch zu toppen: Vom Restaurant aus führt ein Tunnel durch den Fels auf die Nordseite und hinaus auf einen spektakulären Aussichtssteg, der frei über dem Abgrund schwebt – mit Glasboden und wirklich nur für Schwindelfreie. Toll sind auch die Abendfahrten, wenn man nach Norden auf das glitzernde Lichtermeer zwischen Thun und Bern blickt.

Kleindorf, Erlenbach im Simmental, Tel. +41 33/6 81 21 81, Mitte April–Mitte Nov. tgl. 7.50–16.50 Uhr, alle 30 Min., Winter tgl. 9.20–16.20 Uhr, www.stockhorn.ch

2 Simmentaler Hauswege

Die schönsten Bauernhäuser der Schweiz? Findet man vielleicht im Simmental zwischen Lenk und Erlenbach. Am besten erlebt man die hiesige Zimmermannskunst zu Fuß – auf einem der sogenannten Hauswege, die parallel zur Bahnstrecke verlaufen und darum ideal verlängert oder abgekürzt werden können. Der Berner Heimatschutz bietet Smartphone-Usern unter mobile.hauswege.ch neben GPS-gestützten Wegbeschreibungen zu jedem Haus weitere Informationen. Zum Beispiel für die 20 km lange Etappe zwischen Boltigen und Zweisimmen. Hier werden 15 Gebäude näher beschrieben, und man muss kein Experte sein, um sich in

Swiss Open Gstaad

Großer Tennissport findet normalerweise immer in großen Städten statt. Nicht aber in der Schweiz, wo die Swiss Open im Alpendorf Gstaad über den Sandplatz gehen – seit 1915. Das prestigeträchtige ATP-Turnier im Juli ist eine Etappe der World Tour 250. www.jsafrasarasinswissopengstaad.ch

die Konstruktionen und Details an den Fassaden zu verlieben. Manche Gebäude stammen sogar noch aus dem 16. Jh. Die ursprünglichen Bauherren bewiesen nicht nur einen ausgeprägten Sinn für Schönheit, sondern auch schlicht Reichtum, den sie der Zucht und dem Handel mit den berühmten Simmentaler Kühen verdankten.

Lenk Simmental Tourismus, Rawilstr. 3, Lenk, Tel. +41 33/7 36 35 35, www.lenk-simmental.ch, www.hauswege.ch

3 5-Sterne-Wanderung im Diemtigtal

Nahe Erlenbach zweigt bei Oey das Diemtigtal nach Süden ab, und wenn eine Steigerung der Simmentaler Heidiland-Idylle überhaupt möglich ist, dann hier. Rund 2000 Menschen leben in kleinen Dörfern und Weilern entlang der 14 km langen Straße zwischen Oey (669 m) und Grimmialp (1235 m). Der Schweizerische Heimatschutz hat das Tal als Paradebeispiel einer bäuerlichen Gemeinschaft mit noch intakten Dorfstrukturen in einer großartig erhaltenen Landschaft ausgezeichnet. Was das genau bedeutet, können Wanderer auf drei »Hauswegen« und auf dem sagenhaft schönen »Fünf-Sterne-Wanderweg« erleben. Der beginnt direkt am Bahnhof Oey. Von dort führt er durch Wälder und über prächtige Blumenwiesen, immer am Bach entlang, bis nach Grimmialp. Die gesamte Gehzeit beträgt 4 Std., die Rückfahrt nach Oey erfolgt mit dem Bus; genaue Routenbeschreibungen mit GPS-Daten und Fahrplänen unter www.wanderland.ch.

Tourismusregion Oey-Diemtigen, Tel. +41 33/6 81 29 08, www.simmental-diemtigtal.ch

4 Tour de Gastlosen (E-Bike Tour)

Die sanften Berge rund um Gstaad und Saanen sind von einem Netz kleiner Wege und Sträßchen überzogen. Ehrgeizige Sportler steigen hier aufs Mountainbike oder kurbeln auf dem Rennrad die Passstraßen ab. Alle anderen leihen sich ein E-Bike aus. Eine großartige Route beginnt in Saanen (1010 m), wo man sich 35 historische Holzbauten aus dem 15. bis 19. Jh. ansehen kann. Dann geht es auf der Velowanderroute 59 nach Norden am Grischbach entlang und zuletzt steil zum Mittelbergpass (1633 m) hinauf. Die tolle lange Abfahrt auf der anderen Seite endet in Jaun (1015 m). Nun beginnt die Auffahrt zum Jaunpass (1509 m). Dazu drei Tipps: 1. Bei schönem Wetter früh aufbrechen – es wird sonnig! 2. Am besten nicht an den verkehrsreichen Wochenenden fahren. 3. Den Tunnel auf halber Strecke unbedingt umfahren! Vom Jaunpass darf man es dann 8,5 km weit rollen lassen, immer im Wechsel von Kurven und langen Geraden mit schönsten Ausblicken! Hat man das Simmental bei Reidenbach erreicht, wechselt man auf die Nationale Velowanderroute Nr. 9. In Grubenwald angekommen, geht es auf der Nebenstraße weiter nach Mannried und Zweisimmen (941 m). Die letzte lange Auffahrt folgt: immer auf dem Sträßchen neben der Bahn hinauf nach Saanenmöser (1269 m). Dann geht es mühelos hinunter nach Gstaad und zurück nach Saanen.

Streckenlänge: 62 km; Höhenunterschied: 1686 m (jeweils auf und ab); Gesamtzeit: 3–4 Std.; Verleih u. a. bei Bike Sport Reuteler, Underi Märetmattestr. 2, Saanen, Tel. +41 33/7 44 51 33, bikesport-reuteler.ch; Tourenblatt-Downloads: www.gstaad.ch

Wie ein Schloss thront das Luxushotel Palace über den dörflichen Chalets von Gstaad.

Schweiz Mobil

Wandern, Radeln, Mountainbiken, Skaten, Paddeln: Die tolle Online-Wanderkarte von »SchweizMobil« zeigt auf einen Klick alle möglichen Routen. Klickt man eine an, bekommt man detaillierte Infos – samt Fahrplänen für die Anreise mit Bahn und Bus. map.wanderland.ch

5 Gstaad Mountain Rides

So nennt sich der riesige Verbund von 53 Transportanlagen zwischen dem sanften Gstaader Hausberg Wispile (1939 m) bis zum Gletscherskigebiet »Glacier 3000« hinter Gsteig. Im Sommer erschließen die Bahnen ein ausgedehntes Wandergebiet, Hauptsaison auf den Bergen ist aber der Winter. 220 km umfasst das Netz der Pisten, das alle Zielgruppen anspricht. Auf familienfreundlichen Hängen am Wispile mit leichten bis anspruchsvollen Pisten, kommen Anfänger und Könner gleichermaßen auf ihre Kosten, die Region ist aber auch ein tolles Revier für Schneeschuhwanderer. Zudem bietet das einzige Gletscherskigebiet des Berner Oberlands am »Glacier 3000« (www.glacier3000.ch) neben Schneesicherheit an wärmeren Tagen noch eine besondere, schwindelerregende Attraktion: die 107 m lange Hängebrücke zwischen den beiden Gipfeln des Scex Rouge. Insgesamt ist das Gebiet in fünf Sektoren aufgeteilt, die mit Bahn und Bus gut miteinander verbunden sind. Besonderen Genuss versprechen die 10 km lange und fast durchweg gemütliche (sprich: blaue) Abfahrt von La Videmanette nach Rougemont und die »Rinderberg Ronda«: eine Skirunde über drei Berge und Täler bei Saanenmöser.

Gstaad Mountain Rides, Promenade 41, Gstaad, Tel. +41 33/7 48 87 37, www.gstaad.ch

6 Von der Wispile zum Lauenensee

Ein wunderschöner Ausflug führt von Gstaad durch das Lauenental zum Naturschutzgebiet um den wildromantischen Lauenensee (1381 m) mit seinen Wasserfällen und Hochmooren und einem Spazierweg rund um den See. Der schönste (und absolut familienfreundliche) Zugang erfolgt zu Fuß: vom Berghaus mit Streichelzoo bei der Bergstation Höhi-Wispile (1907 m) oberhalb von Gstaad über den aussichtsreichen Bergrücken nach Süden. Vom Chrinepass (1636 m) geht es gute 100 m hinauf und dann über wunderschöne Bergwiesen hinab zur sumpfigen Ebene mit dem Lauenensee, der aus zwei Teilen besteht und auf seiner Ostseite eine schöne Einkehrmöglichkeit im Restaurant bietet. Auch der anschließende Weg nach Norden über das »Rohr«, ein unberührtes Moorgebiet, ist herrlich. Ziel ist das Bergdorf Lauenen (1241 m), ein Bilderbuchidyll mit alten Holzhäusern rund um die wunderschöne Kirche. Zurück nach Gstaad nimmt man den Bus.

Start mit der Seilbahn am Südrand von Gstaad, Juli–Mitte Okt. ab 9 Uhr, Gehzeit: 4 Std., www.gstaad.ch

Hotels

The Alpina Gstaad
Ende 2012 eröffnet und schon jetzt ein moderner Klassiker, der mehrere Auszeichnungen erhalten hat – u. a. auch 18 Gault-Millau-Punkte für das Restaurant Sommet und 16 für das Restaurant Megu. Großzügige Zimmer und Suiten und individuelle Interieurs mit viel Holz und modernen Designs. Das Six Senses Spa ist spektakulär, die Atmosphäre im Haus ist sportlich-herzlich.
Alpinastr. 23, Gstaad, Tel. +41 33/8 88 98 88, www.thealpinagstaad.ch

Gstaad Palace
Legendärer Märchenpalast über den Dächern des Dorfes, der bis heute mit ebenso luxuriösem wie gemütlichem Ambiente punktet. Man hat die Wahl zwischen 104 klassisch-elegant eingerichteten Zimmern und Suiten, spaziert durch die wunderschöne Gartenanlage, speist in vier Restaurants und feiert im Nightclub »GreenGo«.
Gstaad Palace, Palacestr. 28, Gstaad, Tel. +41 33/7 48 50 00, www.palace.ch

Golfhotel Les Hauts de Gstaad
Guter Standort in Saanenmöser – nicht nur zum Golfen, sondern für alle Outdoor-Aktivitäten zu jeder Jahreszeit. Zum Hotel gehört ein Bauernbetrieb mit 20 ha, der das Hotel mit Produkten aus der eigenen Herstellung beliefert. Familiäre Atmosphäre.
Bahnhofstr. 7, Saanenmöser, Tel. +41 33/7 48 68 68, www.golfhotel.ch

Gigantischer Strom aus Eis und Geröll: Der Aletsch ist immer noch der größte und längste Gletscher im Alpenraum.

34 Aletsch Arena

Auch wenn er kräftig schmilzt, ist der Aletschgletscher immer noch knapp 23 km lang, einen Kilometer kürzer als 1980. Das tut dem Blick auf den Eisstrom von einem der vielen leicht erreichbaren Aussichtspunkte aber keinen Abbruch: Es handelt sich klipp und klar nicht um großes, sondern um das größte Gletscherkino in den ganzen Alpen. Was die Unesco im Jahr 2001 zum Weltnaturerbe erklärt hat, ist aber nicht nur der Gletscher selbst, sondern der zentrale Bereich der Berner Alpen zwischen der Jungfrau (4158 m) im Norden und der spektakulären Pyramide des Bietschhorns (3934 m) über dem Wallis: eine Urlandschaft mit Drei- und Viertausendern, mit Felsen und Schuttfeldern und immer noch mit sehr viel Eis. Die drei Walliser Ferienorte in der Ferienregion »Aletsch Arena« bieten ihren Besuchern gleich neben der streng geschützten Natur einen riesigen Sport- und Erholungspark. Vor allem das Dorf Fiesch (1049 m) hat sich rund um den alten Dorfkern zu einer großen Feriendestination mit den unterschiedlichsten Freizeiteinrichtungen entwickelt. Eine Etage höher, also mehr als 1000 m über der Rhone, liegen auf weitläufigen, sonnigen Wiesenterrassen die Orte Betten-Bettmeralp und Riederalp. Die weit verstreuten (und autofreien) Hotel- und Chaletsiedlungen sind durch zahlreiche Bergbahnen und Wanderwege bestens miteinander verknüpft, sie präsentieren sich im Winter als tolles Pistenrevier – und zu jeder Tages- und Jahreszeit als einzigartige Aussichtsbalkone vor Matterhorn und Co.

Aletsch Arena,
Tel. +41 27/9 28 58 58,
www.aletscharena.ch

- 1 Eggishorn und Bettmerhorn
- 2 Gletscherweg Aletsch
- 3 Villa Cassel
- 4 Aletschwald: von Belalp zur Riederalp
- 5 Ernen und das Binntal
- 1 Wellnesshotel Salina Maris
- 2 Hotel Royal
- 3 Hotel Restaurant des alpes

1 Eggishorn und Bettmerhorn

Den besten Blick auf den mächtigsten Gletscher hat man vom hohen Bergkamm zwischen dem Bettmerhorn (2872 m) und dem Eggishorn (2927 m) über Fiesch. Die Gratwanderung vom ersten zum zweiten Horn ist umwerfend, sie ist durchgehend markiert, verlangt aber neben gutem Wetter und schneefreien Felsen auch einige Trittsicherheit und Schwindelfreiheit. Wer sich das nicht zutraut, umgeht die beiden Berge auf dem kaum weniger großartigen, technisch aber einfacheren Gletscherweg Aletsch (siehe Nummer 2). In jedem Fall fährt man von Betten mit der Seilbahn hinauf zum großen Ferienort Bettmeralp auf knapp 2000 m Höhe. 15 Min. dauert der Spaziergang durch den Ort zur Talstation der Gondelbahn zum Bettmerhorn, wo neben der Bergstation (2647 m) eine multimediale Ausstellung besichtigt werden kann. Eindrucksvoller ist die Natur selbst – zu bestaunen von einem Aussichtspunkt hinter der Bergstation. Hier beginnt der fantastische weiß-blau-weiß-markierte Unesco-Höhenweg, der zuerst auf den Gipfel des Bettmerhorns führt und dahinter, immer dem Grat entlang und zuletzt über eine Steilstufe mit Seilsicherungen, zur Elselücke. Weiter geht es auf dem gut ausgebauten Wanderweg zur Bergstation der Eggishorn-Seilbahn (2869 m), die man nach 3 Std. erreicht. Der letzte Aufstieg zum Gipfel des Eggishorns, einem der großen Aussichtsberge der Schweiz, dauert nur gut 15 Min. Hier oben überblickt man den Aletschgletscher auf seiner gesamten Länge – und auf der anderen Seite zählt man die Viertausender zwischen Matterhorn und Mont Blanc. Zurück geht's mit der Seilbahn auf die Fiescheralp (2212 m) und zu Fuß bequem in knapp 1,5 Std. nach Bettmeralp, wo sich der Kreis schließt.

Bettmeralp Tourismus, Bettmeralp, Tel. +41 27/9 28 60 60, www.bettmeralp.ch

2 Gletscherweg Aletsch

Die einfachere, ebenfalls spektakuläre Variante zur Gratwanderung vom Bettmerhorn zum Eggishorn. Von der Bergstation Bettmerhorn geht man kurz hinüber zum Aussichtspunkt über dem Aletschgletscher. Nun folgt man dem leicht absteigenden Wanderweg durch die Bergflanke und kommt dem gigantischen Eisstrom dabei immer näher. Das Erlebnis ist hier sogar noch eindrucksvoller als auf dem Grat, weil keine Zeichen von Zivilisation zu sehen sind. Später führt der in den Fels gehauene Weg mit Steinstufen zum Märjelensee und zur Berghütte Gletscherstube (2347 m). Vor der Staumauer des Märjelen-Stausees wandert man entweder durch den 1 km langen Tälligrattunnel (nicht immer beleuchtet, Taschenlampe mitnehmen) oder, schöner, über den Tälligrat (2610 m) hinab zur Fiescheralp und weiter zur Bettmeralp. Gehzeit insgesamt gut 5 Std.

Bettmeralp Tourismus, Bettmeralp, Tel. +41 27/9 28 60 60, www.bettmeralp.ch

3 Villa Cassel

1902 errichtete Sir Ernest Cassel, Finanzberater des englischen Königs, auf dem Bergkamm über der Riederalp eine mondäne Fachwerkvilla. Heute dient sie Pro Natura, der ältesten Naturschutzorganisation der Schweiz, als Informations- und Veranstaltungszentrum. Sehr beliebt sind die geführten Exkursionen, z. B. in den Aletschwald. Außerdem können Besucher hier günstig und stilvoll mit historisch angemessenem Komfort (Etagenduschen

Hotels

Wellnesshotel Salina Maris
Das familienfreundliche Hotel des Soleheilbads Breiten/Mörel unterhalb der Riederalp bietet seinen Gästen neben den komfortablen Zimmern und Apartments eine ganze Reihe von Sport- und Gesundheitspauschalen an. Das Sole-Thermalwasser im Hotelbad steht übrigens auch Nicht-Hotelgästen für Verjüngungskuren zur Verfügung.
Breiten 1, Breiten ob Mörel, Tel. +41 27/9 28 42 42, www.salina.maris.ch

Hotel Royal
Viel Holz in der 4-Sterne-Superior-Hütte: Bei der Ausstattung wurde großer Wert auf natürliche Baumaterialien gelegt. Abends serviert man im Restaurant feine Crossover-Menüs. Man kann aber auch bodenständig nebenan in der Tenne des Hotel Art speisen. Gefrühstückt wird dann wieder im Panoramarestaurant – mit Blick aufs Matterhorn.
Riederalp, Tel. +41 844 444488, www.artfurrer.ch

Hotel Restaurant des alpes
Wer hier eincheckt, liebt Bewegung und legeren Komfort. Das Haus steht nahe der Seilbahn aufs Eggishorn und bietet im Hotel-Restaurant nicht nur Walliser Spezialitäten und Bio-Salate aus dem eigenen Garten, sondern auch (neben Weinen) hervorragende Biere, ausgewählt von Biersommelier Fabian Albrecht.
Furkastr. 33, Fiesch, Tel. +41 27/9 71 15 06, www.des-alpes.ch

und -toiletten) nächtigen. Wunderschön ist der Alpengarten vor dem Haus, in dem 300 verschiedene Pflanzenarten wachsen.

Riederalp, Tel. +41 27/9 28 62 20, Mitte Juni–Mitte Okt. tgl. 9–18 Uhr, www.pronatura-aletsch.ch

4 Aletschwald: von Belalp zur Riederalp

Im Aletschwald, nördlich der Riederalp, stehen die ältesten Bäume der Schweiz: bis zu 900 Jahre alte Lärchen und Arven. Das Gebiet am Ende des Aletschgletschers ist nur ein Höhepunkte der fantastischen Wanderung von der Belalp zur benachbarten Riederalp. Vom Hotel Belalp führt der Weg weit ins Tal hinein und nach einer scharfen Kehre hinab zur 125 m langen, schwankenden (aber natürlich sicheren) Hängebrücke, die den 80 m tiefen Einschnitt der Massaschlucht überspannt. Ein Abenteuer! Dahinter beginnt der Aufstieg durch den geschützten Aletschwald: vom idyllischen Grünsee entweder durch den schattigen Teiffe Wald oder durch das schattenfreie und bei Sonnenschein sehr heiße »Tal des Todes«. Beide Varianten treffen sich am Silbersand, von dem es leicht ansteigend zur Riederfurka (2065 m) geht und hinab zur Seilbahn in Riederalp. Gut zu wissen: Von Ende Juni bis Mitte Oktober werden Rundfahrt-Tickets für Wanderer auf dem Weg Belalp – Riederalp angeboten (mit Bergbahn, Bus und Zug).

Blatten-Belalp Tourismus, Rischinustr. 5, Blatten b. Naters, Tel. +41 27/9 21 60 40, www.belalp.ch

5 Ernen und das Binntal

Auch unten im Tal gibt es etwas zu sehen. Gegenüber von Fiesch, auf der anderen Seite der Rhone (die hier Rotten heißt), liegt auf einer Wiesenterrasse Ernen, eines der schönsten Walliser Dörfer. Etwas abseits der großen Touristenströme hat sich das »Musikdorf« mit seinen malerischen Holz- und Steinhäusern als ein weithin bekannter Kunst- und Kulturstandort etabliert. Ernen ist auch das Tor zum Regionalen Naturpark Binntal, in dem der Schutz und Pflege der herrlichen Landschaft mit der wirtschaftlichen Entwicklung verknüpft ist: Landwirtschaft, Tourismus und Gewerbe ziehen an einem Strang. Das Binntal, bekannt für seinen Mineralienreichtum, gilt als ewiger Geheimtipp für Ruhesucher, Wanderer und Bergsteiger. Die hier zu bestaunende Verschmelzung von ursprünglicher Natur und traditioneller Kulturlandschaft ist mittlerweile tatsächlich eine Seltenheit.

Tourismusbüro Ernen, Tel. +41 27/9 71 50 55, www.landschaftspark-binntal.ch

Cholera

Diese Cholera ist gesundheitlich unbedenklich. Das Walliser Traditionsgericht besteht aus Blätter- oder Mürbeteig, gefüllt mit Kartoffeln, Lauch und Äpfeln. Schmeckt prima, macht sehr satt und kann nur bei übermäßigem Genuss unangenehme Folgen haben.
www.myswitzerland.com/de-de/cholera.html

In geheimnisvollem Türkis leuchtet der Silvaplanersee, das mittlere Gewässer der Engadiner Seenplatte.

35 St. Moritz und das Oberengadin

Vorab: Die notorische Promi-Dichte herrscht v. a. im Winter, im Sommer ist es vergleichsweise ruhig. Dass die Reichen und manchmal auch Schönen von St. Moritz seit mehr als 150 Jahren unwiderstehlich angezogen werden, liegt nicht nur am legendären »Champagner-klima«, sondern auch am magischen Licht und der Landschaft an den Quellen des Inn. Und man muss ja gar nicht selbst in einem der grandiosen Hotelpaläste aus der Belle Époque einchecken, die vielerorts herumstehen wie am Computer einkopiert, um mit eigenen Augen zu sehen, was das Oberengadin zu einer der faszinierendsten Regionen in den Alpen macht. Gleich bei St. Moritz beginnt die Kette der vier großen Seen, die sich in rund 1800 m Höhe über knapp 20 km hinweg bis zum Malojapass erstreckt. Am Silvaplanersee kann man fast immer dem wilden Treiben der Kitesurfer zuschauen, die hier eines der besten Reviere Europas vorfinden: Der kräftige Malojawind schläft fast nie ein. Hinter Silvaplana, das sich als junge, trendige Alternative zu St. Moritz profiliert, erreicht man den berühmten, gleichwohl klein und beschaulich gebliebenen Ort Sils-Maria (1809 m) am Rand der weiten Ebene zwischen Silvaplana- und dem sehr großen Silsersee. Die Ski- und Wanderreviere sind ebenso spektakulär wie nahezu unerschöpflich, Bergsteiger zieht es in den »Festsaal der Alpen«: auf die grandiosen Gletscherriesen um Piz Bernina (4049 m) und Piz Palü (3901 m).

Tourist Info:
Via San Gian 30, St. Moritz,
Tel. +41 81/8 30 00 01,
www.engadin.stmoritz.ch

1 St. Moritz

Keine Frage, Nobelhotels wie das Kulm Hotel, das Badrutt's Palace oder das Suvretta House sind toll anzusehen. Ansonsten ist St. Moritz-Dorf (1822 m) weniger dörflich als vielmehr städtisch. Mit dichter Bebauung steigt der Ort über dem Nordufer des St. Moritzersees an. Ein Wahrzeichen ist der um 5,5 Grad geneigte Schiefe Turm gegenüber dem Kulm Hotel, ein Relikt der alten Mauritiuskirche, die im 19. Jh. abgerissen wurde. Wirklich sehenswert ist aber das 1908 eröffnete Segantini Museum (Via Somplaz 30, 20. Mai–20. Okt. und 10. Dez.–20. April Di–So 10–12, 14–18 Uhr, www.segantini-museum.ch). Der Rundbau widmet sich dem Leben und Werk des symbolistischen Malers Giovanni Segantini (1858–1899), der seine letzten Lebensjahre im Engadin verbrachte. Segantini war ein Magier des Lichts; das sieht man vor allem am Prunkstück der Sammlung, dem Triptychon »La vita – la natura – la morte«: Werden – Sein – Vergehen.

Tourist Info: Via Maistra 12, St. Moritz, Tel. +41 81/8 37 33 33, www.stmoritz.ch

White Turf

An drei Sonntagen im Februar preschen die Galopper über den zugefrorenen St. Moritzersee – oder lassen sich beim Skijöring auf Skiern von den Pferden über das Eis ziehen. Der sportliche und gesellschaftliche Höhepunkt des Jahres im Oberengadin! www.whiteturf.ch

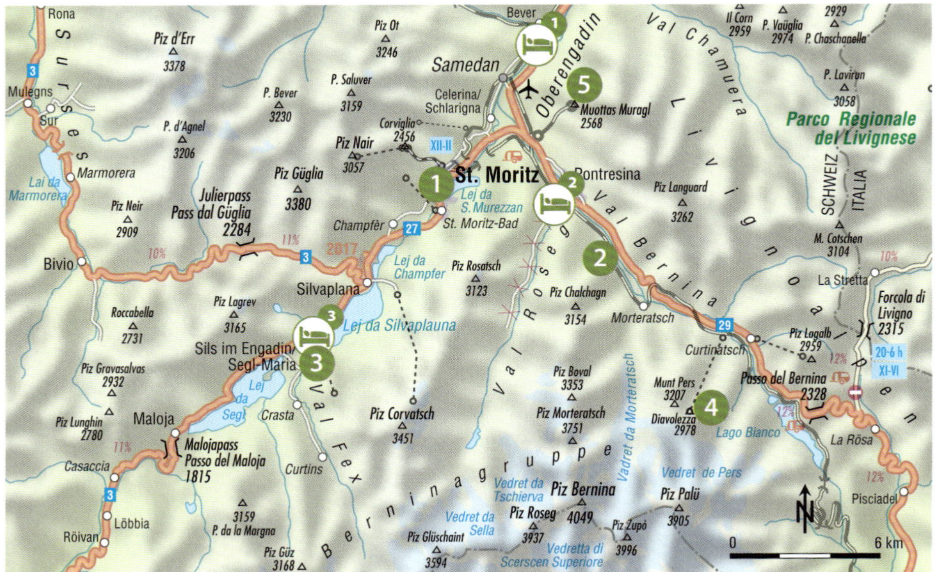

- 1 St. Moritz
- 2 Bernina- und Albulabahn
- 3 Wanderung ins Fextal
- 4 Diavolezza und Morteratschgletscher
- 5 Muottas Muragl
- 1 Hotel Chesa Salis
- 2 Sporthotel Pontresina
- 3 Hotel Waldhaus

2 Bernina- und Albulabahn

Seit 2008 ist St. Moritz gewissermaßen Teil des Unesco-Welterbes, denn hier am Bahnhof treffen sich die mit dem Prädikat ausgezeichneten Strecken der Albula- und die Berninabahn. Abgesehen von beeindruckender und immer noch bestens funktionierender Retro-Technik in Schmalspurweite bekommt man während der Fahrt einige der schönsten Schweizer Landschaften zu Gesicht. Schon die 62 km lange Albulalinie ist mit ihrer Trasse über hohe Viadukte, Galerien und durch mehrere Kehrtunnels ein ästhetischer Hochgenuss. Sie bewältigt mehr als 1000 m Höhenunterschied – ohne Zahnantrieb. Noch höher hinaus geht es von St. Moritz mit der Berninalinie, nämlich bis auf 2253 m beim Ospizio Bernina. Dahinter schraubt sich der Zug hinab ins sehr italienisch anmutende Dorf Poschiavo, wo man unbedingt aussteigen und einen kleinen Rundgang machen sollte. Auf der Weiterreise nach Tirano rattert der Zug noch über den fotogenen Kreisviadukt bei Brusio. Am meisten lohnt sich der Bahnausflug bei schönem Wetter, wenn die Sicht von der berühmten Montebellokurve auf den Morteratschgletscher und den Biancograt des Piz Bernina frei ist.

Bahnhof St. Moritz, Tel. +41 81/2 88 56 40, www.rhb.ch/unesco

3 Wanderung ins Fextal

Rund 100 Menschen leben im Fextal südlich von Sils-Maria – eine fantastische, streng geschützte Naturlandschaft. Eine ca. 2 Std. lange Wanderung beginnt in Sils-Maria (1809 m) mit dem Aufstieg zum Hotel Waldhaus. Weiter geht es auf dem Fahrweg durch schönen Bergwald zum Weiler Vaüglia. Man läuft nun im Talboden bis nach Crasta (1951 m), evtl. noch gute 2 km weiter nach Curtins (1973 m) und über Platta zurück nach Sils-Maria. Die Tour kann man auch sehr gut mit dem E-Bike fahren. Tipp: Am schönsten für Fußgänger ist der Pfad, der 50 m über dem Talboden am Fuß der westlichen Berghänge das gesamte Tal durchläuft.

Tourist Info: Via da Marias 93, Sils, Tel. +41 81/8 38 50 50, www.engadin.stmoritz.ch/sils

4 Diavolezza und Morteratschgletscher

Der Piz Bernina (4041 m) mag höher sein, doch der Piz Palü (3901 m), gleich daneben, ist schöner: ein riesiger weißer Dom mit drei Schneegipfeln über dem Becken des Persgletschers. Den besten Blick auf beide Berge erschließt die Seilbahn auf die Diavolezza (Tel. +41 81/8 39 39 00, www.diavolezza.ch). Wer die Farbenspiele der Dämmerung erleben will, checkt im Berghaus neben der Bergstation (2973 m) ein. Hier übernachten auch Bergsteiger, die im Morgengrauen zum Piz-Hopping aufbrechen. Der Aufstieg zum Piz Palü ist übrigens nicht schwierig, ebenso wie der herrliche Abstieg von der Bergstation über den Pers- zum Morteratschgletscher und weiter zum Bahnhof Morteratsch – sofern man einen Bergführer anheuert (Bergsteigerschule Pontresina, Tel. +41 81/8 42 82 82, www.bergsteiger-pontresina.ch). Die schöne Wanderung von der Bahnstation Morteratsch zur Zunge des Morteratschgletschers (Lehrpfad, 1,5 Std.) oder weiter zur Bovalhütte (2495 m, 2,5 Std.) kann man hingegen sehr gut alleine bewältigen.

Tourist Info: Via Maistra 133, Pontresina, Tel. +41 81/8 38 83 00, www.pontresina.ch

5 Muottas Muragl

Nein, einen 360-Grad-Panorama-Blick gibt es hier oben nicht. Dennoch ist der Muottas Muragl (2568 m) ein beliebter Schweizer Aussichtspunkt, den man per Standseilbahn von Punt Muragl aus erreicht. Oben auf der Sonnenterrasse angekommen, öffnet sich ein grandioser Blick nach Südwesten über die Seen zwischen St. Moritz und dem Malojapass. Im Süden sieht man auf die fantastische Gletscherkulisse des Piz Palü und auf den spitzen Piz Bernina. Wer dem Wanderweg Richtung Lej Muragl ein Stück folgt, kann die Aussicht von einer der dort aufgestellten Bänke genießen. Den Sonnenuntergang erlebt man hier oben am schönsten im Panoramarestaurant beim Candle-Light-Dinner. Und wer übernachtet, erlebt sogar noch ganz großes Sonnenaufgangskino.

Bergbahn und Berghotel Muottas Muragl, Samedan, Tel. +41 81/8 42 82 32, Mitte Juni–Ende Okt., Standseilbahn tgl. 7.45 bis 23 Uhr, www.muottasmuragl.ch

Hotels

Hotel Chesa Salis
Architektonisches Schmuckstück im wunderschönen Ortskern von Bever. Ursprünglich 1590 erbaut, gewann es 2016 die Auszeichnung als das »Best Customer Care Historic Hotel«. Jedes Zimmer hat seinen eigenen, beinahe musealen Charakter.
Fuschigna 2, Bever-St. Moritz, Tel. +41 81/8 51 16 16, www.chesa-salis.ch

Sporthotel Pontresina
Belle Époque für alle. Die »Grand old Lady« (1881) begeistert mit ihrer imposanten Palastarchitektur. Behutsam modernisiert und zu einer komfortablen Hotelanlage umgebaut, bietet sie Aktiven viele Extras wie einen kostenlosen Wäscheservice für Sportbekleidung.
Via Maistra 145, Pontresina, Tel. +41 81/8 38 94 00, www.sporthotel.ch

Hotel Waldhaus
Seit 1908 steht das immer noch familiengeführte Schloss auf einem bewaldeten Felsbuckel über dem Ort, und es präsentiert sich, vom Treppenhaus über repräsentative Säle und Salons bis zum Schreib- und Lesezimmer, wie zu Zeiten der Belle Époque. Modern ist nur der Spa-Bereich. Die erste Wahl für prominente Gäste, mit deren Namen aber nicht geworben wird. Das wäre gewöhnlich. Die Atmosphäre ist ausgesprochen herzlich.
Via da Fex 3, Sils-Maria, Tel. +41 81/8 38 51 00, www.waldhaus-sils.ch

36 Tessin und Lago Maggiore

Ist sie nun die schönste Seepromenade der Schweiz? Oder die nördlichste Bucht des Mittelmeeres? In jedem Fall ist sie etwas Besonderes: Im Hintergrund die hohen Berge, darunter der hohe Glockenturm der Kirche San Pietro e Paolo und davor die Reihe der bunten Fassaden mit den Restaurants und Cafés, die man an einem solchen Ort erwartet. Die Seepromenade von Ascona am Lago Maggiore liegt auf der einen Seite der großen Halbinsel des Maggia-Deltas, dessen andere die Seepromenade des benachbarten Locarno einnimmt. Der Blick geht hinaus auf den See, auf die Palmen und auf die Dampfer, die an- und ablegen. Kaum zu glauben, wie italienisch die Schweiz sein kann – und welche Kontraste sie bietet: Wo man am Ufer des Lago Maggiore gepflegt flaniert, dringt man in den wilden Seitentälern, dem Maggia- und dem Verzascatal, in einen regelrechten alpinen Dschungel vor – den man übrigens bei der Fahrt mit der legendären Centovalli-Bahn ebenso eindrucksvoll wie bequem durchqueren kann. Die Architektur im Tessin pendelt zwischen Steinzeit, Belle Époque und Hypermoderne, und für den Zweiklang von Berg und Baden warben prominente Freigeister schon vor 100 Jahren auf dem legendären Monte Verità bei Ascona. Die Zeiten, als grimmige Männer in dicken Rüstungen bestimmten, wer hierher kommen durfte und wer nicht, ist jedenfalls längst vorbei. Aber wie gut, dass es sie gegeben hat! Ihnen verdanken wir immerhin die gigantischen Festungsanlagen von Bellinzona – Unesco-Welterbe seit 2000.

Tourist Info: Via C. Ghiringhelli 7, Bellinzona, Tel. +41 91/8 25 70 56, www.ticino.ch

Meisterliche Baukunst aus dem Mittelalter: Die schlanke Ponte dei Salti überspannt mit zwei eleganten Bögen die Verzasca.

❶ Bellinzona

Jahrhundertelang war Bellinzona (18 000 Einwohner), Hauptstadt des Kantons Tessin, das Tor zwischen Italien und den Ländern im Norden. Im Mittelalter errichteten die Mailänder Herzöge eine gewaltige Skyline von Türmen und Zinnen quer durch das Tal des Ticino. Einen Teil der trutzigen Bauten hat die Unesco ins Welterbe aufgenommen. Die größte der drei Festungen, Castelgrande, steht auf einem Felshügel über der Altstadt und wurde 1984–91 grandios restauriert. Wahrzeichen von Bellinzona sind der 27 m hohe Weiße Turm und der 28 m hohe Schwarze Turm über dem dreigeteilten grünen Innenhof. Spektakulär ist die Ringmauer sowie die breite, begrünte Mauer, die neben Rebstöcken hinab in die Stadt zieht. Man erreicht die Burg auf steilen Gassen von der Piazza Nosetto und der Piazza Collegiata, oder per Lift von der Piazza del Sole. Sehenswert ist das Burgmuseum (April–Okt. tgl. 10–18/19, Nov.–März 11–16 Uhr, www2.bellinzonaturismo.ch/de/burgen). Direkt gegenüber, im Osten der Altstadt steht das Castello di Montebello (April–Okt. tgl. 10–18/19 Uhr). Man kann zu Fuß von der Piazza Colleggiata oder vom Quartier Nocca aufsteigen oder mit dem Auto hinauffahren. Hier sind Teile der Ringmauer zu sehen, daneben die innere Burganlage (13./14. Jh.), die äußeren Burghöfe samt Türmen (14./15. Jh.) – und in der Ferne der Lago Maggiore. Die dritte Anlage ist Sasso Corbaro (April–Okt. tgl. 10–18/19 Uhr), 230 m über der Stadt. Mit ihrem viereckigen Innenhof, dem dicken Hauptturm und dem schlanken Beobachtungsturm ist sie die kleinste der drei Festungen. Am Fuß der Burgberge breitet sich die Altstadt aus. Rund um Piazza Nosetto, Via del Teatro und Piazza del Governo bummelt man an Bürger- und Patrizierhäusern vorbei, besichtigt die schöne, barock ausgestaltete Kollegiatskirche und genießt die Atmosphäre in den Gassen und Plätzen, wo unter den Balkonen und Schildern aus alter Zeit längst schicke Boutiquen und Cafés eingezogen sind.

- ❶ Bellinzona
- ❷ Locarno
- ❸ Centovalli-Bahn
- ❹ Verzascatal
- ❺ Maggiatal
- ❻ Mit dem Schiff nach Brissago
- 🛏1 Villa Orselina
- 🛏2 Hotel Eden Roc
- 🛏3 Fondazione Monte Verità

Tourist Info: Palazzo Civico, Piazza Nosetto, Bellinzona, Tel. +41 91/8 25 21 31, www.bellinzonese-altoticino.ch

Filmfestival Locarno

Jedes Jahr im August wird die Piazza Grande in Locarno beim Internationalen Filmfestival 11 Tage lang zum größten Freiluftkino der Welt. Markenzeichen des Festivals, eines der ältesten seiner Art, sind anspruchsvolle Autorenfilme.
www.pardolive.ch

2 Locarno

Knapp 16 000 Einwohner leben am Nordufer des Lago Maggiore und genießen 2300 Sonnenstunden im Jahr. Im riesigen Kamelienpark (Via Respini 8, tgl. ab 9 Uhr) wachsen 900 Kamelienarten. Gleich daneben bietet der hochmoderne Lido mit Innen- und Außenbecken, Thermalbädern und Wasserrutschen eine attraktive Mischung aus Spaß und Wellness (Via Respini 11, tgl. 8.30–21 Uhr, www.lidolocarno.ch). An Palmen und Zitronenbäumen vorbei flaniert man ins Herz der Stad zur prachtvollen Piazza Grande. Am Südrand der Altstadt erhebt sich das Castello Visconteo aus dem 12. Jh. (Piazza Castello 2). Die größte Sehenswürdigkeit Locarnos liegt jedoch 150 m über der Stadt auf einem Felssporn in der Gemeinde Orselina: die Wallfahrtskirche Madonna del Sasso mit ihrem sehr sehenswerten Klosterkomplex (Via Santuario 2, tgl. 7–18.30 Uhr, www.madonnadelsasso.org). Nach Orselina kommt man entweder zu Fuß auf dem alten Kreuzweg oder mit der historischen Standseilbahn (Station in der Viale Balli 2, tgl. 8–19.30 Uhr). Über dem Kloster ragt die riesige Stütze der Cardada-Seilbahn (Via Santuario, Juni–Aug. tgl. ab 8.15, sonst ab 9.15 Uhr, www.cardada.ch) auf. Wer einsteigt, schwebt steil hinauf zur Bergstation (1332 m) und erreicht von dort in wenigen Minuten einen spektakulären Aussichtssteg mit tollem Blick über die Stadt und den Lago Maggiore.

Tourist Info: Piazza Stazione, Locarno, Tel. +41 848/09 10 91, www.ascona-locarno.com

3 Centovalli-Bahn

Ob es jetzt wirklich 100 Täler sind oder nicht: Landschaftlich sind die Centovalli über jede Statistik erhaben. Es handelt sich zunächst um den tiefen Taleinschnitt, der sich westlich von Locarno zur italienischen Grenze zieht – und um sehr viele kleinere und größere Seitentäler. Die wilde, ursprüngliche Berglandschaft mit üppiger Vegetation, kann man ganz bequem im Sitzen bestaunen: in der berühmten Centovalli-Bahn von Locarno nach Domodossola in Italien. Es ist eine der spektakulärsten Eisenbahnstrecken in den Alpen und mit 83 Viadukten, 34 Tunnels und sehr vielen engen Kehren wahrlich eine technische Meisterleistung. Auf schmaler Spur (1000 mm) erlebt man eine grüne Bergwildnis mit Kastanienwäldern, Schluchten und Wasserfällen, in der immer wieder alte Bergdörfer auftauchen. Die ganze Strecke beansprucht ca. 2 Std. Fahrzeit (einfach), man kann aber auch nur einzelne Teilstrecken fahren.

Bahnhof Locarno, Muralto, Tel. +41 91/7 56 04 00, www.centovalli.ch

4 Verzascatal

Östlich von Locarno, bei Gordola, kann man einen Abstecher zur Verzasca-Talsperre am Lago di Vogorno (470 m) machen. An der 220 m hohen Betonsperre wurde 1995 der berühmte Bungee-Sprung aus dem James-Bond-Film »Goldeneye« gedreht. Man kann natürlich auch selbst springen (Tel. +41 91/7 80 78 00, www.trekking.ch). Hinter dem See erstreckt sich das Verzascatal noch etwa 25 km nach Norden – ein Paradies für Naturfreunde. Ganz hinten liegt der Hauptort Sonogno mit seinen typischen, teilweise bemalten Wohnhäusern und dem Talmuseum in der Casa Genardini am Dorfplatz. Die hier ansässige Initiative »Pro Verzasca« (www.proverzasca.ch) fördert schon seit Jahrzehnten das Kunsthandwerk in der Region. Ein beliebtes Fotomotiv im Tal ist die »Römerbrücke« Ponte dei salti, die tatsächlich aus dem Mittelalter stammt. Bei Lavertezzo überspannt sie in zwei ästhetischen Bögen die glasklare Verzasca.

Tourist Info: Via al Giardino 3, Tenero, +41 91/7 59 77 44, www.ascona-locarno.com

Premiumwanderwege

Nur das Beste: Unter den vielen großartigen Wanderwegen im Tessin sind die Premiumwanderwege die schönsten. Sie sind hervorragend dokumentiert – mit allen Infos über Anforderungen, Verlauf, GPS-Daten und Anreise mit Bahn und Bus.
www.hike.ticino.ch

Zauberhaft schmiegt sich die Silhouette von Locarno ans Ufer des Lago Maggiore.

5 Maggiatal

Mit all seinen Seitentälern nimmt das Maggiatal ein Fünftel des Kantons Tessin ein. Es ist ein Naturparadies, in dem fast alle Pflanzenarten der Schweiz gedeihen. An den Ufern der Maggia finden sich Auwälder und auch viele traumhafte Sand- und Kiesbänke zum Baden. Hauptort ist Cevio mit prächtigen Palazzi und Bürgerhäusern, aber auch andere Orte wie Bignasco und Maggia sind sehenswert. Ein Highlight: der 12 km weite Abstecher von Bignasco (zu Fuß oder mit Bus) durch das nur im Sommer bewohnte Val Bavona bis nach San Carlo. Hier zieht man unwillkürlich den Kopf ein – so steil ragen die Berge über den archaischen Steinhäusern in den Himmel. Ein weiterer Höhepunkt auf dem Weg ist der Wasserfall bei Foroglio. Architekturfans pilgern in den kleinen Weiler Mogno ins Val Lavizzara, wo Stararchitekt Mario Botta 1992–96 die spektakuläre Kirche San Giovanni Battista errichtet hat.

Tourist Info: Maggia, Tel. +41 91/7 53 18 85, www.vallemaggia.ch

6 Mit dem Schiff nach Brissago

Die Fahrt über den Lago nach Brissago lohnt sich. Hier kann man die Renaissancekirche San Pietro e Paolo besichtigen, auf dem Kreuzweg zur Kirche Sacro Monte aufsteigen, oder durch die Gassen bis zum Centro Dannemann (Via R. Leoncavallo 55, Tel. +41 91/7 86 81 32, www.centrodannemann.com) am Seeufer schlendern. Die Zigarrenmanufaktur bietet etliche Erlebnis-Pakete: von der Genuss-Führung in 2,5 Std. (April–Okt. Mi–Fr 16 Uhr) bis zum Halbtagesprogramm für Aficionados. Auch Nichtraucher genießen die prächtigen Säle, die Gärten und die Einkehr im Grotto am alten Hafen. Und wer schon hier ist, setzt auch noch auf die Brissago-Inseln über. Die russische Baronin Antoinette Saint-Léger legte hier von 1885–1928 einen botanischen Garten an (März–Okt. tgl. 9–18 Uhr, www.isolebrissago.ch). Mit dem Schiff erreicht man die Inseln von Brissago sowie von Locarno und Ascona, evtl. mit Zwischenstopp im Künstlerdorf Ronco auf einer Felsterrasse 160 m über dem See – vom Hafen auf einem malerischen Treppenweg zu erreichen.

Schifffahrtsgesellschaft des Lago Maggiore NLM, Locarno, Tel. +41 848/09 10 91, www.ascona-locarno.com

Hotels

Villa Orselina
Bestlage über Locarno und dem Lago! Neben der Wallfahrtskirche Madonna del Sasso bietet die Anlage Luxus und Wohlfühlpakete für alle Sinne. In beiden Restaurants genießen Gäste bei schönem Wetter – also nicht allzu selten – viel Frischluft über den Tellern, und beim Absacker in der Panorama Lounge&Bar träumt man über dem Lichtermeer.
Via Santuario 10, Orselina-Locarno, Tel. +41 91/7 35 73 73, www.villaorselina.ch

Hotel Eden Roc
Ein Luxusliner der schweizerischen Hotellerie – zwischen Seepromenade und Lido direkt am Ufer des Lago Maggiore. Mehrfach als bestes Ferienhotel der Schweiz ausgezeichnet, bezaubert es durch seine ruhige Lage mit toller Aussicht, eigenem Badestrand, vier Restaurants zwischen Gourmet und Grill und einem schicken Spa.
Via Albarelle 16, Ascona, Tel. +41 91/7 85 71 71, www.edenroc.ch

Fondazione Monte Verità
Wohnen, wo Hermann Hesse und andere berühmte Leute einst wohnten. Geboten wird eine einfache Unterkunft im Haupthaus oder in einzelnen Villen auf dem Parkgelände. Besticht durch die Atmosphäre einer gehobenen Jugendherberge mit internationalem, meist jungem und sichtlich kreativem Publikum.
Strada Collina 84, Ascona, Tel. +41 91/7 85 40 40, www.monteverita.org

37 Zermatt und das Matterhorn

Der Berg ruft – und alle Welt kommt nach Zermatt, um ihn anzusehen. Was sich in jedem Fall lohnt, weil das Matterhorn (4478 m), vor Ort »Horu« genannt, im Original noch viel gewaltiger aussieht als auf irgendeinem Foto. Doch erst mal muss man hinkommen. Die Straße von Visp im Rhonetal endet nach 31 km am Matterhorn Terminal Täsch kurz vor Zermatt. Hier muss man das Auto im riesigen Parkhaus oder auf einem der privaten Parkplätze abstellen. Weiter geht es nur mit der Bahn (alle 20 Min.). Zermatt (1620 m) ist autofrei und kokettiert immer noch mit dem Begriff »Bergdorf«, auch wenn es sich längst zu einer Tourismusstadt mit 5700 Einwohnern und fast 30000 Gästebetten entwickelt hat. Eine lebhafte, kosmopolitische Atmosphäre prägt den alltäglichen Ausnahmezustand zwischen den 500 Jahre alten Holzhäusern, historischen Hotelpalästen, modernen Luxuslodges und ausufernden Chaletsiedlungen, in Geschäften, Restaurants, Cafés und Bars. Bergsteiger waren die ersten Touristen im 19. Jh., und sie kommen immer noch in Scharen – es gibt ja noch viel mehr Viertausender zu besteigen. Wanderer freuen sich über das dichte Netz an gut gepflegten und markierten Wanderwegen, die sich mithilfe der vielen Bergbahnen für jeden sportlichen Anspruch ideal kombinieren lassen. Und im Winter? Verlieren Skifahrer jede Zurückhaltung, wenn sie über die Qualität (und Quantität) des Zermatter Skigebiets sprechen.

Tourist Info: Bahnhofplatz 5, Zermatt, Tel. +41 27/9 66 81 00, www.zermatt.ch

Und ewig grüßt das Matterhorn: Die markante Spitze des weltberühmten Viertausenders begleitet Wanderer auf fast all ihren Wegen.

1 Matterhorn

Im Jahr 2015 wurde in Zermatt gefeiert. 150 Jahre zuvor, am 14. Juli 1865, standen die ersten Menschen auf dem Gipfel des Matterhorns (4478 m): der Engländer Edward Whymper zusammen mit drei Landsleuten sowie zwei einheimischen Bergführern und einem Kollegen aus dem französischen Chamonix. Zurück ins Tal kamen freilich nur Whymper und die beiden Zermatter Bergführer Peter Taugwalder, Vater und Sohn. Die anderen vier stürzten über die schauerliche Nordwand ab, als das Seil zwischen den beiden Gruppen riss. Die erste Besteigung ist Alpingeschichte und gleichzeitig Legende. Und heute? Verlangt eine Matterhornbesteigung auf den Spuren der Erstbegeher am Seil eines Bergführers immer noch eine ausgezeichnete Kondition, Kletterkönnen, beste Akklimatisierung – und alles in allem ein Budget von mindestens 1600 Schweizerfranken. Für viele zu schaffen ist dagegen der Aufstieg von der Bergstation der Schwarzsee-Seilbahn (2588 m) bis zur Hörnlihütte (3260 m), die man nach rund 2,25 Std. erreicht; weitere 10 Min. sind es bis zum senkrechten Einstieg in die Gipfelroute. Mit dem Fernglas kann man die Bergsteiger auf dem Grat beobachten. Ohne Fernglas nimmt man dann die Parade der Rückkehrer ab und kann wetten: Haben sie es geschafft? Oder nicht? Die Nähe und Größe des Bergs ist aus dieser Perspektive jedenfalls unvergesslich. In der Hörnlihütte kann auch übernachtet werden (Juli–Sept.); Preis pro Kopf im Mehrbettzimmer: 150 CHF.

Alpin Center Zermatt, Bahnhofstr. 58, Tel. +41 27/9 66 24 60, www.alpincenter-zermatt.ch

Zermatt Music Festival & Academy

Das Scharoun Ensemble mit Mitgliedern der Berliner Philharmoniker und drei Dutzend hochtalentierte Musikstudenten aus der ganzen Welt musizieren in wechselnden Besetzungen und an verschiedenen Orten – 10 Tage im September.
www.zermattfestival.com

2 Rundgang durch Zermatt

Dass Zermatt autofrei ist, heißt nicht, dass hier kein Verkehr herrscht. Pferdekutschen, rasante Elektromobile und sehr viele Menschen sorgen dafür, dass Flanieren über die Bahnhofstrasse mit ihren Souvenirläden, Bars, Restaurants, Shops und Bäckereien durchaus etwas Urbanes hat. Und manchmal etwas anstrengend ist. Urige alte Walserhäuser sind auch noch zu sehen, gleich neben dem Grand Hotel Zermatterhof. Die bis zu 500 Jahre alten, dunklen Stadel und Speicher stehen auf Stelzen mit glatten Steinplatten – über die keine Maus klettern konnte. Historisch und ungleich prächtiger sind die berühmten alten Hotels aus der Pionierzeit des alpinen Tourismus: das Monte Rosa, das Grand Hotel Zermatterhof und das Mont Cervin Palace. In den frei zugänglichen Bars der drei Hotels kann man Atmosphäre schnuppern. Die Herde von Schwarzhalsziegen, die

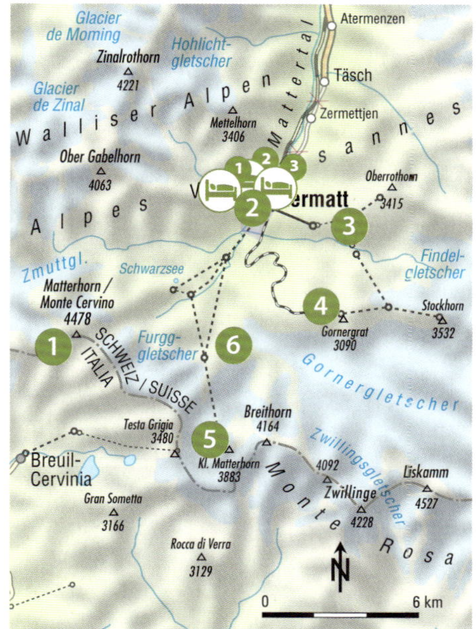

1 Matterhorn
2 Rundgang durch Zermatt
3 Der 5-Seen-Weg
4 Gornergrat
5 Matterhorn Glacier Paradise
6 Die längste Skiabfahrt
1 The Omnia
2 Cervo Mountain Boutique Resort
3 Parkhotel Beau Site

mit ihren schellenden Glocken jeweils um 9 und 17 Uhr über die Bahnhofstrasse getrieben wird, kann man nett oder albern finden – sie gehört einfach zu Zermatt. Ebenso wie das Matterhorn Museum »Zermatlantis« (Kirchplatz, Juli–Sept. tgl. 11–18, Mitte April–Juni tgl. 14–18, Okt. 15–18 Uhr, www.zermatt.ch/museum), in dem nicht nur Ausrüstungsgegenstände der Erstbesteigung (das berühmte gerissene Seil!) zu sehen sind, sondern auch einige historische Dokumente und Interieurs, die das Leben zur damaligen Zeit veranschaulichen. Ausschnitte aus Luis Trenkers Kultfilm »Der Berg ruft«, der 1937/38 »on location« in Zermatt gedreht wurde, werden natürlich auch gezeigt.

Tourist Info: Bahnhofplatz 5, Zermatt, Tel. +41 27/9 66 81 00, www.zermatt.ch

Vor hochalpiner Kulisse wirkt die Gondel hinauf zum Matterhorn Glacier Paradise (3883 m) klein wie Spielzeug. Die Bergstation ist der höchste mit Seilbahn erreichbare Ort Europas.

3 Der 5-Seen-Weg

Der 5-Seen-Weg ist unter allen großartigen Wanderungen über Zermatt sicher eine der schönsten und beliebtesten. Das aussichtsreiche Seen-Hopping beginnt an der Bergstation Blauherd (2571 m), von der es hinab zum Stellisee geht und weiter zum Grindjisee; in beiden spiegelt sich bei Windstille das Matterhorn. Über die Moräne des Findelgletschers wird der Grünsee erreicht, von dem man durch Wald zum Mosjesee hinabsteigt. Ein leichter Gegenanstieg führt zum Leisee und zur nahen Bergstation des Sunnegga Express, mit dem es zurück nach Zermatt geht. Schwimmsachen nicht vergessen – in Grünsee und Leisee kann man baden! Auch der Abstieg zu Fuß nach Zermatt ist eine lohnende Option: Dabei kommt man durch den malerischen Weiler Findeln.

Start an der Talstation Sunnegga-Rothorn, Gehzeit: 2,5 Std., Tel. +41 27/9 66 01 01, www.matterhornparadise.ch

Glacier-Express

Der »langsamste Schnellzug der Welt« ist zugleich einer der berühmtesten. Er verkehrt von Mai bis Oktober zwischen Zermatt und St. Moritz (oder Davos) und bietet den Reisenden am Fenster sozusagen eine 8 Std. lange Schweizer Fototapete. www.glacierexpress.ch

4 Gornergrat

Zu jeder Jahreszeit erschließt die schon 1898 eröffnete Zahnradbahn zum Gornergrat (3089 m) das wohl spektakulärste Gletscherpanorama der Schweiz. Die große Parade der 29 Viertausender nimmt den ganzen Horizont ein, rundherum. Sie reicht von Weisshorn (4506 m) und Dom (4545 m) im Norden bis zur gigantischen Kulisse zwischen dem Monte Rosa mit der Dufourspitze (4634 m), dem höchsten Gipfel der Schweiz und dem kaum niedrigeren Liskamm (4527 m) im Süden. Und doch bleiben alle Augen immer wieder am Matterhorn hängen, das sich hier von seiner Schokoladenseite zeigt. Will man diesen Eindruck toppen, bucht man eine Sonnenaufgangsfahrt (Juli–Aug. Do, Abfahrt zwischen 5 und 6 Uhr, Anmeldung erforderlich) und sieht den Berg der Berge im roten Morgenlicht. 33 Min. dauert die Fahrt vom Bahnhof in Zermatt über fast 1500 Höhenmeter bis zum höchstgelegenen Hotel der Schweizer Alpen, dem 3100 Kulmhotel Gornergrat mit den beiden fotogenen Kuppeln der ehemaligen Sternwarte. Zurück sollte man unbedingt ein Stück zu Fuß gehen, etwa auf dem Aussichtsweg hinab zum Riffelberg und weiter zur Riffelalp oder gleich hinunter nach Furi – auf dem eindrucksvollen Gletschergartenweg durch die wilde Felslandschaft unter dem Gornergletscher.

Bahnhofsplatz, Tel. +41 848/64 24 42, tgl. ab 7, 20. Jun.–20. Sept. auch 19.24 Uhr, www.gornergratbahn.ch

5 Matterhorn Glacier Paradise

Noch höher als am Gornergrat kommt man mit der Seilbahn zum Klein Matterhorn, das heute Matterhorn Glacier Paradise heißt: 3883 m, der höchste per Seilbahn erreichbare Ort Europas! Mit Bergführern kann man von hier auf das nahe Breithorn (4164 m) stapfen (Alpin Center Zermatt, Bahnhofstr. 58, Tel. +41 27/9 66 24 60, www.alpincenter-zermatt.ch). Die Aussicht ist aber auch von der Bergstation grandios. Hinter dem Matterhorn scheint der Mont Blanc zum Greifen nah. Dann geht es in den »Gletscher Palast« im Inneren des Eises, und wer will, fährt auf dem Theodulgletscher an 365 Tagen im Jahr Ski. Ein Erlebnis ist das Sunset Dinner im Bergrestaurant (vier Fahrten im Juli und Aug.). Unerschrockene und bestens Akklimatisierte dürfen sogar in der Lodge neben der Bergstation übernachten und nach Sonnenuntergang auch noch den Sonnenaufgang ganz entspannt genießen – ehe sie zu großen Touren aufbrechen.

Talstation der Seilbahn am südlichen Ortsende, Tel. +41 27/9 66 01 01, Auffahrt tgl. ab 8.30, Juli/Aug. ab 6.30 Uhr, www.matterhornparadise.ch

6 Die längste Skiabfahrt

»Netto« misst sie ungefähr 15,3 km Länge. »Brutto«, also mit ihren unzähligen weiten Bögen, kommt man etwa auf 25 km. Fest steht allein, dass die längste Abfahrt hinter der Bergstation Glacier Paradise auf 3820 m Höhe beginnt und dass sie sagenhafte 2200 m tiefer in Zermatt endet. Hinter einem etwas steileren Hang zwischen Eisbrüchen zum Plateau Rosa lässt man die Ski über den Theodulgletscher am Fuß des Matterhorn einfach laufen, dann wird das Gelände abwechslungsreicher, hinter Furgg auch mal »schwarz« und ziemlich anspruchsvoll. Schließlich geht es durch Arvenwälder und über schöne Wiesenhänge mit sonnenverbrannten Stadeln hinunter nach Zermatt. Insgesamt erschließen die Zermatter Bergbahnen nicht weniger als 360 km Pisten in vier Gebieten, die alle miteinander verbunden sind und somit eine riesige Skischaukel ergeben: Sunnegga und Rothorn, Gornergrat, Matterhorn Glacier Paradise und, drüben auf der italienischen Seite, Cervinia. Die Kombination von bombastischer Größe, tollsten und vielseitigen Pisten sowie spektakulären Panoramen hat ihren Preis: Zermatt ist das teuerste Skigebiet der Alpen. Spezialitäten gibt es viele. Ziemlich exklusiv und etwas fragwürdig sind natürlich die Heliski-Angebote mit dem Hubschrauber, aber auch die Mondscheinabfahrten vom Rothorn in Begleitung des Pisten- und Rettungsdienstes (vier Termine, Anmeldung bei Zermatt Bergbahnen).

Zermatt Bergbahnen, Tel. +41 27/9 66 01 01, www.matterhornparadise.ch

Hotels

The Omnia
Der Neubau steht in eindrucksvoller Lage oberhalb des Zentrums von Zermatt. Mit nur 18 Zimmern, 12 Suiten und einem auf die Spitze getriebenen »Lodge«-Konzept ist er eine der exklusivsten Adressen unterm »Horu«. Wohnen, Essen (ein Michelin-Stern), Wellness: Hier ist alles auf Design gebürstet und nur vom Feinsten.
Auf dem Fels, Zermatt, Tel. +41 27/9 66 71 71, www.the-omnia.ch

Cervo Mountain Boutique Resort
Top-Resort in ruhiger, sehr schöner Lage am Waldrand oberhalb des Bahnhofs. In sechs Chalets logiert man modern und individuell in Zimmern und Suiten. Jedes Chalet bietet einen eigenen Spa-Bereich mit Sauna sowie Außen-Whirlpool mit Matterhornblick. Feine Gourmetküche im »Cervo Puro«, Fondue, Raclette und Gegrilltes im »Ferdinand«.
Riedweg 156, Zermatt, Tel. +41 27/9 68 12 12, www.cervo.ch

Parkhotel Beau Site
Der repräsentative Bau bietet beste Sicht auf den Berg der Berge, sogar vom Pool der Wellnesslandschaft, und viel Komfort in klassisch-modernen Zimmern. Den Vogel schießt die Matterhorn Beau Site Turm Suite ab – sie hat einen kleinen Salon in der Dachkuppel.
Brunnmattgasse 9, Zermatt, Tel. +41 27/9 66 68 68, www.parkhotel-beausite.ch

Frankreich

»Die wahre Entdeckungs-
reise besteht nicht darin,
neue Landschaften zu
suchen, sondern mit neuen
Augen zu sehen.«

Marcel Proust
(französischer Schrifsteller)

Ein tollkühnes Geflecht aus Brücken und Aussichtsterrassen macht den Gipfel der Aiguille du Midi (3842 m) zum Abenteuerspielplatz.

38 Chamonix und Mont Blanc

Fast 4000 m – 4 km! – über den Dächern der Stadt schwebt die weiße Glocke des Mont Blanc (4810 m). Daneben verstellen die dunklen und sehr spitzen Zacken der Aiguilles den Horizont, berühmte Spielplätze für Kletterer aus aller Welt. Hier begann der alpine Tourismus, und zahlreiche alte Gebäude verströmen immer noch den Charme der Belle Époque. Chamonix ist das Mekka der Wanderer, Paraglider, Mountainbiker, Alpinisten und Skifahrer. Man treibt alle Arten von Sport zu Land, zu Wasser und in der Luft, und man spricht fast so viel Englisch wie Französisch. Wenn der Wetterbericht mal wieder das »Grand Beau Temps« ausruft, sind Wanderwege und Kletterrouten gut besucht, der blaue Himmel ist gesprenkelt mit bunten Gleitschirmen. Das öffentliche Verkehrsnetz ist gut ausgebaut, und so braucht man auch vor Ort kein Auto – alle Ausgangspunkte sind mit Bahnen und Bussen zu erreichen. Mit der Gästekarte, die man in der Unterkunft erhält (oder im Rathaus und in der Tourist Info), fährt man im ganzen Tal zwischen Servoz und Vallorcine umsonst. Dazu empfiehlt sich unbedingt der Kauf der Chamonix RapidCard (www.comagniedumontblanc.fr): Sie bietet freien Zugang zu allen Bergbahnen rund um die Stadt. Sehr praktisch ist auch die kostenlose Mobile-App Chamonix, die alle praktischen Infos für den Aufenthalt bündelt: Seilbahnen und Lifte, Ski Tracking, Wanderungen, Verkehrsmittel, Wetterinfo, Adressen, Stadtplan. Download unter www.chamonix.com

Tourist Info: Place du Triangle de l'Amitié 85, Chamonix, Tel. +33 4/50 53 00 24, www.chamonix.com

1. Stadtbummel durch Chamonix
2. Grand Balcon Sud
3. Montenvers, Mer de Glace
4. Zum Bossons-Gletscher
5. Aiguille du Midi (3842 m)
- (Hotel 1) Grand Hotel des Alpes
- (Hotel 2) Le Hameau Albert 1er
- (Hotel 3) Hôtel les Lanchers

1 Stadtbummel durch Chamonix

Beim Bummel durch »Cham« wird sofort klar: Hier dreht sich alles um einen Berg. Berühmtes Fotomotiv ist das Denkmal auf der Place Saussure. Es zeigt den Genfer Naturforscher Horace Bénédicte de Saussure und den Kristallsucher Jacques Balmat, der ihm den Weg zum Gipfel des Mont Blanc zeigt. 1760 hatte de Saussure eine Belohnung für die erste Besteigung des Mont Blanc ausgelobt – die Balmat zusammen mit dem Arzt Michel-Gabriel Paccard 26 Jahre später gelang. Das Musée alpin im ehemaligen Chamonix Palace, einer Luxusherberge aus dem 19. Jh., zeigt die Entwicklung des Tals zum touristischen Hotspot (Av. Michel Croz 89, Juli bis Dez. tgl., Jan.–Mitte April Mi–Mo 14–18 Uhr). Legendärer Anlaufpunkt für Bergsteiger ist die Maison de la Montagne: Hier kann man Touren auf den Mont Blanc und (im Winter) durch das Vallée Blanche planen, den Wetterbericht studieren und viel franco-alpine Atmosphäre schnuppern (Place de l'Eglise 190, tgl. 9–12 und 15–18 Uhr, www.chamoniarde.com).

Tourist Info: Place du Triangle de l'Amitié 85, Chamonix, Tel. +33 4/50 53 00 24, www.chamonix.com

2 Grand Balcon Sud

Sie ist eine der Paradewanderungen in den Alpen, mit herrlichem Blick auf die Kette der Aiguilles und auf die riesige weiße Gipfelhaube des Mont Blanc. Man startet bei der Seilbahnstation Flégère (1877 m) und wandert dann, immer den Mont Blanc im Blick, hinüber zur Station Planpraz (2007 m). Natürlich ist die Tour auch in umgekehrter Richtung machbar – dann hat man den Mont Blanc allerdings im Rücken. Normalerweise wird eine reine Gehzeit von 2 Std. veranschlagt. Man kann sich aber mit Bummeln, Schauen und Fotografieren leicht vertrödeln. Achtung: Die letzte Talfahrt von Planpraz erfolgt um 17.30 (Juli/Aug.) bzw. 16.30 Uhr (Mitte Juni–Anf. Juli und Ende Aug.–Mitte Sept.).

Route des Tines 35, Les Praz/Chamonix, Mitte Juni–Mitte Sept. 8/8.15–16.30/17.15, Ende Okt.–Ende Nov. 9–15.45 Uhr, www.compagniedumontblanc.fr

3 Montenvers, Mer de Glace

Das große Naturspektakel verbindet sich mit einer nostalgischen Zeitreise. Seit 1909 rattert die Zahnradbahn von Chamonix, gleich neben dem »richtigen« Bahnhof, hinauf zum Aussichtspunkt des Montenvers (1913 m). Schon 1880 wurde hier ein Grand Hotel errichtet, in dessen Restaurant man auch heute noch bedient wird. Im Hotelmuseum wird die Zeit der Belle Époque dokumentiert, und von der Terrasse fällt der Blick immer noch auf die Eiszunge der Mer de Glace, des längsten Gletschers in Frankreich. Konnte man ihn ursprünglich gleich neben dem Hotel betreten, wurde schon 1960 eine

Mont Blanc (4810 m)

Zu Fuß auf den höchsten Punkt Europas: Die Tour gilt unter Bergsteigern als nicht schwierig, erfordert aber eine ausgezeichnete Kondition und Akklimatisation – und für Gelegenheitsalpinisten in jedem Fall einen Bergführer. Nicht billig, unvergesslich. www.chamonix-guides.eu

Hotels

Grand Hotel des Alpes
Das charmante 4-Sterne-Haus mit sehr herzlichem Service steht in zentraler Lage an einer der Fußgängerzonen. Zimmer und Suiten sind eher klein, bieten dafür eine stilvolle Ausstattung mit Kassettendecken, Holzvertäfelung und schwerem Stoff. Kleiner Wellnessbereich.
Rue du Docteur Paccard 75, Chamonix, Tel. +33 4/50 55 37 80, www.grandhoteldesalpes.com

Le Hameau Albert 1er
Zentrales, luxuriöses Hotel in Bahnhofsnähe. Die Einrichtung verbindet Historisches mit modernen Akzenten. Der Spa besitzt einen Outdoor-Pool, aus dem man zum Mont Blanc hinaufschaut. Bekannt und großartig ist das Restaurant Albert 1er (2 Sterne!); tolle regionale Küche bietet die Maison Carrier, und hinterher geht's in die schicke Quartz Bar.
Route du Bouchet 38, Chamonix, Tel. +33 4/50 53 05 09, www.hameaualbert.fr/de

Hôtel les Lanchers
Sympathisches Familienhotel nordöstlich des Zentrums unweit der Flégère-Seilbahn. Die Gäste beziehen kleine, einfache, aber sehr gepflegte Zimmer, genießen eine grandiose Bergkulisse und im Restaurant Rendezvous unkomplizierte französische Küche.
Route des Praz 1459, Chamonix, Tel. +33 4/50 53 47 19, www.hotel-lanchers-chamonix.com

Seilbahn zum Eis hinab gebaut. Und heute muss man von dieser auch noch auf einer Treppe über rund 400 Stufen zur Eisgrotte hinabsteigen, die in den Gletscher gehauen wird. Jedes Jahr sinkt die Gletscheroberfläche um weitere 4 bis 6 m ein. Im »Glaciorium« wird das Schrumpfen dokumentiert.

Place de la Mer de Glace 35, Chamonix, Ende März–Anf. Sept. tgl. 10–16.30, Mitte Dez–Mitte/Ende März 10–16 Uhr, www.compagniedumontblanc.fr

4 Zum Bossons-Gletscher

Noch immer fließt die Zunge des Bossons-Gletschers bis auf etwa 1400 m Höhe hinab: so tief wie keine andere in den Alpen. Vom Ort Les Bossons kann man mit dem Sessellift hinaufgondeln. Von der Terrasse des nahen Chalets überblickt man die bizarren Eisgebilde – und sieht vielleicht einen der Eistürme (»Séracs«) abbrechen. Ein Themenwanderweg informiert über die Gletscher-Entstehung. Eindrucksvoller ist freilich der Aufstieg zum gleichfalls bewirtschafteten Chalet des Pyramides (1895 m), wo man der Eiszunge noch näher ist. Ein Pfad folgt von hier den Spuren der Erstbesteiger des Mont Blanc und führt hinauf auf 2589 m bis zum Fuße des Verbindungspunktes von Bossons- und Taconnaz-Gletscher. Außerhalb der Lift-Betriebszeiten kann man die Wanderung auch vollständig zu Fuß machen.

Sessellift, Route des Tissières, Les Bossons/Chamonix, Ende Juni–Ende Sept. 8.30 bis 18.30 Uhr, www.lavormaine.com

5 Aiguille du Midi (3842 m)

Rund 20 Min. dauert die Fahrt von Chamonix bis auf 3777 m Höhe. Dann nimmt man den Lift – und steht am Ende fast 3 km über der Stadt auf der Aiguille du Midi, dem »Mittagszeiger«. Der Blick von der Terrasse (3842 m) zum Mont Blanc ist atemberaubend. Manch einer bezahlt den Höhenflug mit Kopfschmerz und Schwindel – vor allem beim Betreten des gläsernen »Skywalks« über dem Abgrund. Abenteuerlustige nehmen jetzt noch die »Panoramique«-Seilbahn zum 5 km entfernten Pointe Helbronner auf italienischer Seite – fraglos die spannendste Seilbahnfahrt in den Alpen (Ende Mai–Ende Sept., nicht in Chamonix RapidCard inbegriffen, warme Kleidung und Sonnenschutz mitbringen!). Natürlich gibt es rund um die Aiguille du Midi auch Shops, Cafés und ein Restaurant für den Panorama-Lunch (unbedingt reservieren: Tel. +33 4/50 55 82 23).

Place de l'aiguille du Midi 100, Chamonix, Mai–Okt. 7.10/8.10–16.30/17/17.30, Mitte Dez.–April 7.30/8.10–15.30/16 Uhr, bei schönem Wetter oft längere Wartezeiten, www.compagniedumontblanc.fr

UTMB – Ultra Trail du Mont Blanc

168 km misst die spektakuläre Runde um den Montblanc. Es geht durch drei Länder und über 9600 Höhenmeter. Die besten schaffen das in rund 20 Std. Insgesamt gibt es vier Wettkämpfe – Ende August, eine Woche lang.
www.ultratrailmb.com

39 Grenoble und Umgebung

Chartreuse, Vercors, Belledonne: Drei große Bergmassive schließen den weiten Talboden ein, in dem sich die beiden Flüsse Isère und Drac vereinigen. Weil die Lage nicht nur schön, sondern auch strategisch bedeutend ist, errichteten hier schon die Römer eine Stadt samt Mauerring. Die Mauer ist weg, Grenoble ist heute die Hauptstadt des französischen Départements Isère und Dauphiné und bildet zusammen mit den umliegenden Gemeinden eine Metropolregion mit rund 670 000 Einwohnern. Mit den X. Olympischen Winterspielen anno 1968 begann die Erfolgsgeschichte der Modernisierung. Heute präsentiert sich Grenoble als angesagte Universitätsstadt, als Standort vieler Hightech-Unternehmen und zugleich als »grüne« Vorzeigestadt mit vielen Öko-Modellprojekten und einer hohen Lebensqualität. Keine andere Stadt in den Alpen, Innsbruck vielleicht ausgenommen, bietet ein vergleichbares Nebeneinander von Urbanität, Kunst und Kultur inmitten grandioser Natur. Hier wird kein museales Alpen-Klischee gepflegt, sondern sehr selbstbewusst gezeigt, wie Mensch und Natur im Gebirge heute in gutem Einvernehmen zusammenleben – wobei erst die Abstecher in die Umgebung den ganz besonderen Reiz dieser Region offenbaren. Ganz oben auf dem Programm stehen die grünen Täler der Chartreuse mit dem weltberühmten Kartäuserkloster und der paradiesische Naturpark Vercors, den man tagelang auf allerschönsten Wanderwegen durchstreifen kann.

Tourist Info:
Rue de la République 14, Grenoble,
Tel. +33 4/76 42 41 41,
www.grenoble-tourism.com (frz./engl.)

Jung, modern, lebenswert: Grenoble besticht mit großstädtischem Flair.

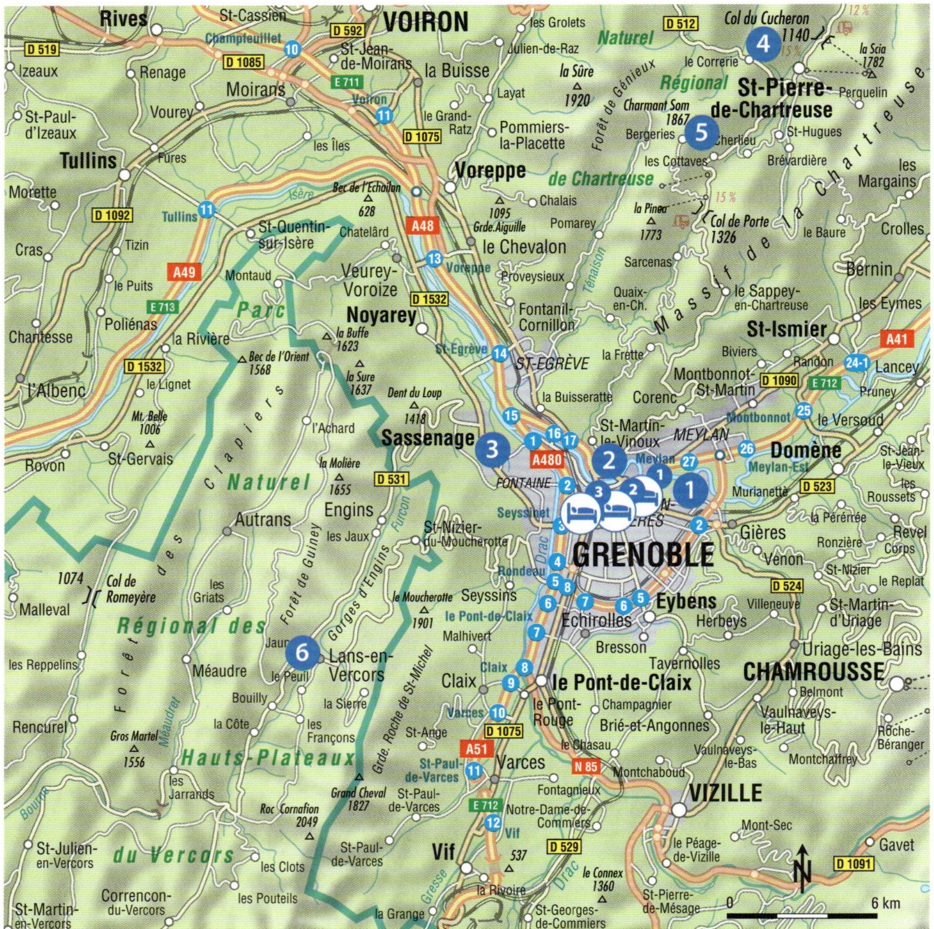

1 Grenoble – die Stadt
2 Via Ferrata de la Bastille
3 Sassenage – Schloss, Park und Höhlen
4 Chartreuse – die große Kartause
5 Charmant Som – Wanderung in der Chartreuse
6 Naturpark Vercors
1 Park Hotel Grenoble
2 Okko Jardin Hoche
3 Novotel Grenoble Centre

1 Grenoble – die Stadt

Die Erkundung der Stadt beginnt am besten auf der Bastille, der Festung am Nordufer der Isère, hoch über den Dächern Grenobles. Die Fahrt mit der Seilbahn Les Bulles (Quai Stéphane Jay, Hyper-Centre, www.bastille-grenoble.com) in den kugelförmigen Glaskabinen ist eine Attraktion für sich. Unten, auf dem schmalen nördlichen Uferstreifen, schmiegen sich schöne alte Häuserzeilen an die Steilflanke des Bastille-Felsens. Hier gibt es zwei besondere Sehenswürdigkeiten: zum einen das ehemalige Kloster Sainte-Marie-d'en-Haut samt Kreuzgang, Barockkapelle, Kapitelsaal und dem Musée Dauphinois mit seiner volkskundlichen Sammlung (Rue Maurice Gignoux 30, Mi–Mo 10–18 Uhr, www.musee-dauphinois.fr). Zum anderen die großartige Kirche Saint-Laurent mit ihrer Krypta aus vorromanischer Zeit; sie birgt heute das archäologische Museum (Place Saint-Laurent, Mi–Mo 10–18 Uhr, www.musee-archeologique-grenoble.fr). Auf der Zitadellenbrücke geht es über die Isère hinein in die Altstadt, deren Herz rund um die Place St-André schlägt. Immer wieder begegnet man dem Namen »Stendhal«, Pseudonym des in Grenoble geborenen Schriftstellers Marie-Henri Beyle (1783–1842; Stendhal-Museum in der Grand Rue 20). Beim Bummel durch die Straßen kommt man auch zu den Markthallen auf der Place aux Herbes und, gleich daneben, auf die Place Notre-Dame mit der Kathedrale aus dem 13. Jh. Unter den vielen Museen nimmt das Musée de Grenoble (Place de Lavalette 5, Mi–Mo 10–18.30 Uhr, www.museedegrenoble.fr) eine Sonderstellung ein: Es besitzt (nach den Museen in Paris und Lyon) die drittgrößte Kunstsammlung Frankreichs mit viel zeitgenössischer Kunst und Gemälden aus dem 13.–21. Jh.

Tourist Info: Rue de la République 14, Grenoble, Tel. +33 4/76 42 41 41, www.grenoble-tourism.com (frz./engl.)

Coupe Icare

Grenoble geht in die Luft – vier Tage lang Ende September. Mit Gleitschirmen, Drachen, Ballons und allerlei anderen fantasievollen Konstruktionen. Geflogen und gefeiert wird am Ostrand des Chartreuse-Massivs in Saint-Hilaire-du-Touvet und Lumbin. www.coupe-icare.org

2 Via Ferrata de la Bastille

Dieser Workout auf der Westseite des Bastille-Felsens bietet ein ungewöhnliches Erlebnis – wenn man sich traut! Der Klettersteig ist zwar nicht sehr lang, aber steil und anspruchsvoll. Der Zugang von der Brücke am Port de France auf dem Isère-Nordufer ist gut beschildert, der Einstieg befindet sich in einem Steinbruch. Es geht gleich senkrecht in die Höhe, dann folgt eine sehr ausgesetzte Querung in die linke Wand und eine wackelige Drahtseilbrücke. Eine weitere Brücke und Felsstufen führen auf und ab in leichteres Gelände und zum Ausstieg. Man kann nun durch den Wald wieder hinabsteigen, sollte aber noch zur Bastille hinauf und auf deren Ostseite über die lange Treppe oder den parallel verlaufenden Serpentinenpfad hinab ins Altstadtviertel Saint-Laurent steigen. Insgesamt dauert die Tour etwa 3 Std.

Parking de l'Esplanade/Porte de France; ganzjährig begehbar, nicht bei Regen/Gewitter! Nur mit voller Klettersteigausrüstung (Helm, Gurt, Sicherungsseile) und am besten mit Bergführer: www.guide-grenoble.com

3 Sassenage – Schloss, Park und Höhlen

Schöner Ausflug zum Rand des Vercors-Massivs. In Sassenage erbaute das gleichnamige Adelsgeschlecht zwischen 1662 und 1669 ein Schloss, das die letzte Sassenage-Erbin erst 1971 einer Stiftung vermachte. Im Rahmen von Führungen darf man das Innere besichtigen, das die Zeit des Ancien Régime vor 1789 konserviert: die Einrichtung aus dem 17. und 18. Jh., prächtige Treppen und Balustraden und jede Menge Mobiliar (Febr.–Anf. März und Anf. Sept.–Dez. jeweils 1. So/Monat, Führung 10.30 Uhr, Mitte Juli bis Mitte Aug. So–Do, Führung 15, 16, 17 Uhr). Sehenswert ist auch der 8 ha große Park mit Labyrinth und einer Grotte (Mo–Fr 9–17.30 Uhr, Mitte Juli–Mitte Aug. zusätzlich So 14.30–17.30 Uhr). Wer schon hier ist, sollte vom Westrand des Parks zu den Höhlen von Sassenage laufen (20 Min.), die der Furon-Bach unterirdisch durchfließt. 1 km weit gelangt man durch enge Gänge hinein (Öffnungszeiten unter Tel. +33 4/76 27 55 37 und www.sassenage.fr/content/grotte-les-cuves).

Schloss und Park: Allée du Château, Sassenage, Tel. +33 4/38 02 12 04, www.chateau-de-sassenage.com

4 Chartreuse – die große Kartause

Wer beim Namen Chartreuse sofort an gleichnamigen Likör denkt, kann sich ja auch mal ansehen, wo die Marke herkommt: nämlich aus der Gemeinde Saint-Pierre-de-Chartreuse im Chartreuse-Massiv – 30 km nördlich von Grenoble. Hier steht seit 1084 die Große Kartause, das Stammkloster des Kartäuserordens, in dem 2005 auch der Dokumentarfilm »Die große Stille« gedreht wurde. Man erreicht es nur zu Fuß in 30 Min. vom südlich gelegenen Parkplatz Correrie aus. Der Spaziergang lohnt sich, auch wenn das Kloster für Besucher nicht zugänglich ist. Zurück am Parkplatz, kann man dafür das Museum der Großen Kartause besichtigen, das die Geschichte des Ordens dokumentiert und auch die typische Kartäuser-Architektur erklärt. Für Freunde des Likörs: Destillerie und Keller können ebenfalls besichtigt werden. Sie liegen jedoch am Westrand des Massivs, 25 km nordwestlich von Grenoble in Voiron (Boulevard Edgar-Kofler 10, April–Okt 9.30–11 und 14–18, Nov.–März Mo–Fr 9.30–11 und 14–17.30 Uhr, www.chartreuse.fr).

Museum: La Correrie, Saint-Pierre-de-Chartreuse, April tgl. 13.30–18, Mai–Sept. tgl. 10–18.30, Okt./Anf. Nov. Mo–Fr 13.30–18, Sa/So/Fei 10–18 Uhr, Tel. +33 4/76 88 60 45, www.musee-grande-chartreuse.fr

Grünes Grenoble

2014 wählte Grenoble als erste französische Großstadt einen grünen Bürgermeister. Das sieht man: im attraktiven und ökologisch mustergültigen Stadtquartier südlich des Zentrums, an Dutzenden Carsharing-Elektro-Flitzern – und vielen Schnellladestationen. www.grenoble.fr

Hotels

Park Hotel Grenoble
Sehr komfortables, erst kürzlich renoviertes Haus im Boutiquestil, nicht weit vom Zentrum – mit sehr guter Verkehrsanbindung. Geboten werden eine klassisch-moderne Einrichtung, ein kleiner Spabereich (mit Fitnessgeräten und Dampfbad) und ein feines Frühstück.
Place Paul Mistral 10, Grenoble, Tel. +33 4/76 85 81 23, www.park-hotel-grenoble.fr

Okko Jardin Hoche
Das moderne Designhotel steht in ruhiger Lage etwas südlich des Zentrums. Rezeption, Lobby, Lounge: gibt es alles nicht. Dafür genießt man im großen »Club« die Wohnzimmeratmosphäre und in der Küche kostenlose (alkoholfreie) Getränke und Snacks – und nicht zuletzt auch ein bemerkenswert gutes Preis-Leistungs-Verhältnis.
Rue Hoche 23, Grenoble, Tel. +33 4/85 19 00 10, grenoblehoche.okkohotels.com

Novotel Grenoble Centre
Die Ketten-Herberge macht äußerlich wenig her, bietet aber viel Komfort und steht in sehr guter Lage unweit des Bahnhofs. Zu Fuß ist man in 10 Min. im Zentrum. Typischer Business-Hotel-Stil mit modern eingerichteten Zimmern und Gratis-WLAN. Auch einen kleinen Fitnessbereich gibt es.
Place Robert Schuman 7, Grenoble, Tel. +33 4/76 70 84 84, www.novotel.com

5 Charmant Som – Wanderung in der Chartreuse

Das Chartreuse-Massiv im Norden von Grenoble bietet Wanderern fantastische Wege und Landschaftsbilder mit steilen Wäldern, kilometerlangen Kalkwänden und, ganz oben, paradiesischen Wiesenplateaus. Ein Traum ist beispielsweise die Wanderung von Les Revols (1085 m) auf den Charmant Som (1867 m). Die leichte Variante führt über Les Cottaves, das Oratoire d'Orgeval und Almhütten auf sanften Wiesenhängen zum Gipfel. Oder man steigt über den kleinen Colle-Pass und die spektakuläre, schräge Felswand der »Dalles« hinauf; der Weg an sich ist zwar nicht schwierig zu begehen – aber gleich daneben geht es steil und wild hinab! Die Rundtour dauert etwa 5 Std.

Les Revols, 23 km nördl. von Grenoble; Tourist Info: Place de la Mairie, Saint-Pierre-de-Chartreuse, Tel. +33 4/76 88 62 08, www.chartreuse-tourisme.com

Nichts für Spaziergänger: der Klettersteig Via Ferrata de la Bastille über Grenoble.

6 Naturpark Vercors

Unweit von Grenoble liegt der rund 206 000 Hektar große Regionale Naturpark Vercors. Die sehr reizvolle Landschaft dient den Großstädtern nicht nur als Naherholungsgebiet. Hier haben sich auch altes Handwerk und die traditionelle Landwirtschaft mit Rinderzucht und Käseproduktion erhalten. 30 km lang ist die Fahrt von Grenoble über Sassenage durch die Gorges d'Engins zum Hauptort Lans-en-Vercors, wo man sich im Naturparkhaus (s. S. 167) informieren kann. Den zentralen Teil des Parks mit der höchsten Erhebung, dem Grand Veymont (2341 m), nimmt ein fantastisches Hochplateau ein, Natur pur – ohne befestigte Straßen und motorisierten Verkehr. Absolutes Schaustück ist der Mont Aiguille (2087 m), ein bizarrer Tafelberg wie aus dem Monument Valley, der tatsächlich schon 1492 mithilfe von Leitern und Seilen zum ersten Mal bestiegen wurde. Das Gipfelplateau bricht rundum mit 300 m hohen Wänden ab. Die Anfahrt von Grenoble erfolgt auf der A51 nach Süden bis zur Ausfahrt 13, dann auf der D110 und D8A bis Gresse-en-Vercors. Man kann auf der D8A weiter hinauffahren oder, besser, zu Fuß gehen.

Maison du Parc régional du Vercors, Chemin des Fusillés 255, Lans-en-Vercors, Tel. +33 4/76 94 38 26, www.parc-du-vercors.fr

Spiegelnde Bergseen, markante Gipfel: Der Écrins-Nationalparks versetzt Wanderer nicht selten in ehrfurchtsvolles Staunen.

40 Briançon und der Écrins-Nationalpark

Alpin: Kein Wort beschreibt die Lage der 13 000-Einwohner-Stadt im französischen Département Hautes-Alpes besser. Briançon liegt auf einer Höhe von 1200 bis 1350 m zwischen zwei der großartigsten Naturräume der Alpen: dem Écrins-Nationalpark im Westen und dem Naturpark Queyras im Süden. Für einen Kurzurlaub ist die Reise dorthin fast zu schade. Die Fahrt ist weit und wohl am schnellsten mit dem Auto vom 110 km entfernten Turin auf der Autobahn via Susa und zuletzt über den Col de Montgenèvre (1854 m) zu bewältigen. Schon zur Zeit der alten Römer war das eine der wichtigsten Handelsrouten zwischen der Poebene und dem Rhonetal. Mit der Bahn muss man einen großen Umweg machen – über Lyon und Gap. Lohnt sich das? In jedem Fall! Briançon und seine Umgebung bieten Besuchern neben dem Unesco-Weltkulturerbe, seiner großartigen Altstadt und einer Kulisse wie aus einem Historienfilm, jede Menge schönster Landschaftsbilder. Sommers wie winters erklingt hier ein harmonischer Dreiklang aus Sport, Spaß und Erholung. Bei einer Bergwanderung im nahen Écrins-Nationalpark bestaunt man die fantastische Gletscherszenerie am Fuß des südlichsten Viertausenders der Alpen, der Barre des Écrins (4102 m). Man lässt sich in Mini-Schlauchbooten über wilde Wasser tragen und erkundet dramatische Schluchten. Und nach der Tour über einen luftigen Klettersteig darf man in einem berühmten Alpengarten auch »nur mal schauen« ... ganz entspannt!

Tourist Info: Serre Chevalier Vallée de Briançon, Tel. +33 4/92 24 98 98 und +33 4/92 21 08 50, www.serre-chevalier.com (frz./engl.)

1 Vauban – die Oberstadt von Briançon
2 Auf wilden Wassern
3 Mont Chaberton
4 Auf Eisenwegen
5 Glacier Blanc
6 Alpengarten Lautaret
1 Parc Hotel
2 Hôtel de la Chaussée
3 Residence du Temple

1 Vauban – die Oberstadt von Briançon

Was wie eine Filmkulisse über dem Fluss Durance aussieht, ist natürlich nicht zur Unterhaltung errichtet worden, sondern zur Verteidigung – vor 300 Jahren. Nachdem ein Brand im Jahr 1692 die heutige Oberstadt von Briançon vernichtet hatte, baute man sie im Verbund mit einem starken Festungssystem neu auf. Dessen Herzstück ist das Fort des Têtes, das durch die 55 m hohe Pont d'Asfeld mit der Stadt verbunden ist. Weitere Festungen der Anlage sind das Fort Dauphin, das Fort des Salettes und das Fort du Randouillet. Zusammen gehören sie zum Welterbe der Unesco. Das wehrhafte Äußere Briançons sollte niemanden abschrecken. Wer etwa durch das nördliche Stadttor, die Porte de Pignerol, die Altstadt betritt, fühlt sich augenblicklich in die Vergangenheit versetzt. Beim Bummel durch kleine enge Gassen kommt man an Geschäften, Cafés und Restaurants vorbei. Natürlich muss man auch die Stiftskirche Collegiale Notre-Dame mit ihren Zwillingstürmen (18. Jh.) besichtigen, daneben die viel ältere Eglise des Cordeliers mit ihren schönen Fresken (14./15. Jh.) und den zentralen Springbrunnen aus dem 16. Jh. Dass in Briançon oft die Sonne scheint, ist übrigens nicht zu übersehen: Viele Häuserfassaden sind mit hübschen Sonnenuhren geschmückt.

Tourist Info: Serre Chevalier Vallée de Briançon, Tel. +33 4/92 24 98 98 und +33 4/92 21 08 50, www.serre-chevalier.com (frz./engl.)

Mittelalterfest

(Fast) wie am Film-Set für »Game of Thrones«: Bei der »fête médiévale du Grand Escarton« verwandelt sich die Altstadt von Briançon im Juli in eine Kulisse für Freizeitritter, Gaukler, Marktfrauen und Musiker. Die Pestkranken sind nicht ansteckend! www.escartondebriancon.eu

Sanfte Hänge flankieren die malerische Oberstadt von Briançon. Wahrzeichen des Orts nahe der italienischen Grenze ist die Stiftskirche mit ihren Zwillingstürmen.

2 Auf wilden Wassern

Es müssen ja nicht immer Kultur oder Bergsport sein. Und: Je heißer der Sommer, desto wilder die Abkühlung! Allerlei Abenteuer auf den Wassern rund um Briançon – allen voran den herrlichen Flüssen Durance und Guisan – bietet die Agentur mit dem wahrhaft »ursprünglichen« Namen Eaurigine: Rafting und Airboat (wendige Ein-Mann-Schlauchboote), Kajak, Hydrospeed (eine Art von Wildwasser-»Schlitten«, auf dem man mit dem Oberkörper liegt) und Canyoning in herrlichen Schluchten diesseits und jenseits der Grenze.

Avenue Rene Froger 7, Briançon, Tel. +33 7/87 46 98 37, www.eaurigine.net

3 Mont Chaberton

Dieser Berg hat Zähne – und zwar acht Stück! Wer den anstrengenden, aber einfachen Weg auf die weite Gipfelkuppe des Mont Chaberton (3131 m) an der Grenze zu Italien unternimmt, steht staunend und unmittelbar davor: Was aus der Ferne wie ein Gebiss aussieht, sind tatsächlich die Türme einer gewaltigen Festungsanlage. 1891 wurde mit dem Bau einer 14 km langen Straße auf den Berg begonnen, zwischen 1898 und 1913 entstand dann das »Fort des Nuages« mit seinem 110 x 10 m großen Betonsockel, auf dem die acht Türme errichtet wurden. Jeder von ihnen ist 8 m hoch und war oben von einer drehbaren Stahlkuppel gekrönt, unter der das Geschütz auf den Feuerbefehl wartete – der freilich erst im Zweiten Weltkrieg eintraf. Sechs Tage nach ihrer Kriegserklärung am 10. Juni 1940 feuerten die Italiener vom Chaberton aus gen Frankreich. Die Franzosen feuerten recht erfolgreich zurück: Von der Festung sind nur noch Ruinen übrig geblieben, und diese gehören seit dem Friedensvertrag von Paris im Jahr 1947 zu Frankreich. Noch bis kurz über die Jahrtausendwende hinaus war der kuriose Dreitausender der höchste Punkt in den Alpen, den man mit motorisierten Fahrzeugen erreichen konnte. Aufgrund von Bergrutschen und neuen Gesetzen ist das heute nicht mehr möglich. Man muss zu Fuß gehen (oder mit dem Mountainbike fahren, vom italienischen Fenils aus). Gestartet wird gleich jenseits des Col de Montgenèvre im Grenzort Claviere (1760 m). Über den Colle del Chaberton gelangt man auf der alten Militärstraße ohne Probleme, aber zuletzt mühsam in etwa 4 Std. auf einen der wohl merkwürdigsten Gipfel der Alpen. Die Aussicht von hier oben ist allerdings phänomenal.

Tourist Info: Route d'Italie, Montgenèvre, Tel. +33 4/92 21 52 52, www.montgenevre.com

4 Auf Eisenwegen

Die Gegend um Briançon gilt unter Kennern als Klettersteig-Dorado. Doch in Frankreich versteht man unter »Via ferrata« durchaus etwas anderes als im Osten der Alpen. Manche Anlagen gleichen eher Hochseil-Klettergärten, bei denen man öfter auf Stahlklammern als auf echtem

Hotels

Parc Hotel
Vor wenigen Jahren wurde das große Hotel im Westen der Altstadt komplett renoviert und vor allem Zimmer und Ausstattung designmäßig kräftig aufgehübscht. Es gibt einen kleinen Innenpool mit Whirlpool, eine Sauna und kostenloses WLAN im ganzen Haus.
Avenue du 159E Ria, Briançon, Tel. +33 4/92 20 37 47, www.soleilvacances.com

Hôtel de la Chaussée
Das kleine (16 Zimmer), familiengeführte Haus mit Chalet-Ambiente befindet sich in der Unterstadt. Die Altstadt von Briançon erreicht man zu Fuß in 10 Min. Im rustikalen Restaurant hat man viel Holz um und über sich – und vor sich, auf den Tellern, regionale Spezialitäten mit unverkennbar alpiner Note.
Rue Centrale 4, Briançon, Tel. +33 4/92 21 10 37, www.logishotels.com

Residence du Temple
Sympathisches Apartmenthaus in der Altstadt, das 7 Boutique-Stil-Wohnungen mit jeweils 1, 2 oder 3 Schlafzimmern bietet. Die sagenhafte Atmosphäre inmitten des Unesco-Welterbes hat in der Praxis einen kleinen Nachteil: Das Auto muss nämlich auf dem großen Parkplatz auf dem Champ de Mars vor der Altstadt bleiben (von dort geht man 5 Min. zu Fuß).
Place du Temple 3, Briançon, Tel. +33 6/37051754, www.residencedutemple.com

Fels steht. Alpinistische Puristen rümpfen über so was manchmal die Nase, alle anderen haben aber jede Menge Spaß. Die einzelnen Routen sind üppig gesichert und in allen Schwierigkeitsgraden zu haben: von einfachen Steigen für Anfänger bis zu schwindelerregenden und kraftraubenden Turnereien für Erfahrene und Könner. Einer der tollsten »Eisenwege« führt durch die Durance-Schlucht nahe Les Vigneaux: spektakulär, aber auch sehr anspruchsvoll. Die Begleitung durch erfahrene Bergführer empfiehlt sich. Zur Sicherheit gibt es die nötige (Leih-)Ausrüstung gleich mit – für ca. 70 Euro pro Person und Tag.

Bureau des guides et accompagnateurs de Briançon, Parc Chancel, Briançon, Tel. +33 4/92 20 15 73, www.guides-briancon.com

5 Glacier Blanc

Diese Wanderung – bitte nur mit festen Schuhen – führt gewissermaßen ins Allerheiligste des fantastischen, knapp 1800 qkm großen Écrins-Nationalparks westlich von Briançon. Ausgangspunkt ist der große Parkplatz auf dem Pré du Madame Carle (1874 m). Über idyllische Lärchenwiesen, vorbei an riesigen, vom Gletschereis glatt geschliffenen Felsplatten führt ein stellenweise steiler und felsiger Weg in 2,5 Std. hinauf zum Refuge du Glacier Blanc (2542 m). Man sollte unbedingt noch auf dem Pfad etwa 45 Min. bis ans Ende der Gletschermoräne weitergehen: Der Blick über den mächtigen Eisstrom des Glacier Blanc auf die Barre des Écrins (4102 m), den südlichsten Viertausender der Alpen, ist atemberaubend. Zurück geht es auf dem gleichen Weg.

Anfahrt von Briançon über Saint-Martin und Vallouise 34 km; Tourist Info: Place de l'Eglise, Vallouise, Tel. +33 4/92 23 36 12, www.tourisme-lavallouise.com (frz./engl.)

6 Alpengarten Lautaret

Die Blüten sind im Hochgebirge aufgrund der harschen Lebensbedingungen etwas filigraner, dafür jedoch von außerordentlicher Schönheit und Farbe. Man kann sich davon im Alpengarten Joseph Fourier auf dem Lautaret-Pass überzeugen. Der Garten wurde bereits 1899 auf Initiative der Universität in Grenoble gegründet. Im Juni, Juli und August werden täglich Führungen veranstaltet (10.30, 14.30 und 16 Uhr). Das herrliche Gelände liegt auf 2100 m Höhe und bietet einen eindrucksvollen Blick auf die vergletscherte Kulisse des fast 4000 m hohen Meije-Massivs.

Station alpine Joseph Fourier, Lautaret Pass, Villar d'Arène, Anf. Juni–Mitte Sept. tgl. 10–18 Uhr, www.jardinalpindulautaret.fr

Pass-partout

Mit der smarten Karte erhält man 20 Prozent Nachlass auf alle sommerlichen Aktivitäten im Tal von Serre Chevalier. Man kann sein Punktekonto individuell aufladen lassen. Die Karte ist übertragbar und zwei Jahre gültig.
www.serre-chevalier.com

BILDNACHWEIS

Cover: mauritius images: Westend61; S. 3ol Shutterstock: canadastock; S. 3or Jahreszeiten Verlag: Tim Langlotz; S. 3ml laif: Dietmar Denger; S. 3mr Fotolia: Hans und Christa Ede; S. 3ul laif: Iris Kuerschner; S. 3ur Kärnten Werbung: Franz Gerdl; S. 6 Glow: prisma; S. 8 Shutterstock: Bernd Schmitt; S. 9 laif: Dietmar Denger; S. 10 Bildagentur Huber: R. Schmid; S. 13 Fotolia: Arochau; S. 14 Lookphotos: Heinz Wohner; S. 16 Bildagentur Huber: R. Schmid; S. 17 laif: Hans-Bernhard Huber; S. 18 Getty Images: LOOK; S. 20 Bildagentur Huber: R. Schmid; S. 22 Bildagentur Huber: R. Schmid; S. 24 Markus Wasmeier Freilichtmuseum Schliersee; S. 26 Lookphotos: Heinz Wohner; S. 28 SÜDSALZ GmbH; S. 32 Lookphotos: Andreas Strauß; S. 34 Montafon Tourismus: Alex Kaiser; S. 36 Ötztal Tourismus: Elias Holzknecht; S. 38 Ötztal Tourismus: Rene Riller; S. 40 Shutterstock: manfredxy; S. 42 Shutterstock: ELEPHOTOS; S. 44 Tourismusverband Mayrhofen-Hippach: Michael Werlberger; S. 46 Lookphotos: Andreas Straufl ; S. 48 Tourismusverband Wilder Kaiser: Daniel Reiter/Peter von Felbert; S. 51 laif: Jens Schwarz; S. 52 Mikołaj Gospodarek; S. 54 Lookphotos: Andreas Strauß; S. 56 Fotolia: serkat Photography; S. 58 Shutterstock: Atosan; S. 60 Lookphotos: Thomas Stankiewicz; S. 63 Fotolia: Konstanze Gruber; S. 64 mauritius images: Martin Siepmann/imageBROKER; S. 67 Shutterstock: MaxWebb; S. 70 Lookphotos: Ingolf Pompe; S. 72 Kärnten Werbung: Franz Gerdl; S. 74 Kärnten Werbung: Franz Gerdl; S. 77 Shutterstock: Sergey Novikov; S. 80 Fotolia: fisfra; S. 82 Fotolia: Horváth Botond; S. 83 Bildagentur Huber: Gräfenhain; S. 86 Shutterstock: ueuaphoto; S. 88 Shutterstock: Ovchinnikova Irina; S. 90 AWL: Francesco Iacobelli; S. 92 Shutterstock: iryna1; S.94 GlowImages; S. 97 mauritius images: Bluered/CuboImages; S. 98 Bildagentur Huber/H.P. Huber; S. 100 laif: Gerhard Hagen/Poolima; S. 102 Fotolia: franke182; S.104 laif: Dietmar Denger; S. 106 Getty Images: Frank Lukasseck; S. 108 laif: Andrea Artz; S. 109 mauritius images: Bernd Römmelt; S. 110 Getty Images: All Canada Photos; S. 112 laif: Clemens Zahn; S. 113 mauritius images: Martin Braito/imageBROKER; S. 114 Bildagentur Huber: Gräfenhain; S. 116 Jahreszeiten Verlag: Gregor Lengler; S. 120 imago: blickwinkel; S. 122 laif: Pierre Adenis; S. 123 Bildagentur Huber: Eiben; S. 124 Shutterstock: little_larc; S. 127 Luzern Tourismus: Heidi Duss-Bürgi, Vitznau; S. 128 Jungfraubahnen; S. 130 Jungfraubahnen; S. 131 Bildagentur Huber: Lukasseck; S. 132 laif: Joerg Modrow; S. 134 Glow: prisma; S. 136 Destination Davos Klosters: Stephan Schlumpf; S. 137 Kirchner Museum Davos: Stephan Bösch; S. 138 Shutterstock: Boris-B; S. 140 Bildagentur Huber: Eisele-Hein; S. 142 Getty Images: Lonely Planet; S. 144 mauritius images: P. Kaczynski; S. 147 Shutterstock: Brigitte Blaettler; S. 150 laif: Joerg Modrow; S. 152 Fotolia: Peter Stein; S. 154 Shutterstock: thipjang; S. 156 Zermatt Bergbahnen; S. 160 Shutterstock: ELEPHOTOS; S. 163 Alamy: Al Argueta; S. 166 laif: Franck Guiziou/hemis.fr; S. 167 Getty Images/Hemis.fr RM; S. 169 Fotolia: Brad Pict

Icons vordere Umschlagklappe: Michaela Fischer: Artco/Fotolia.com; Thierry RYO/Fotolia.com; WonderfulPixel/Shutterstock.com; bioraven/Shutterstock.com

IMPRESSUM

Alle Angaben in diesem Reiseführer sind gewissenhaft geprüft. Preise, Öffnungszeiten usw. können sich aber schnell ändern. Für eventuelle Fehler übernimmt der Verlag keine Haftung.

HOLIDAY ist eine eingetragene Marke der GANSKE VERLAGSGRUPPE.

2. Auflage
ISBN: 978-3-8342-2199-5

GRÄFE UND UNZER VERLAG
Postfach 86 03 66
81630 München
Tel. 0 89/41 98 19 00
holiday@graefe-und-unzer.de
www.holiday-reisebuecher.de

Reihenidee/-konzept
Verónica Reisenegger

Idee/Konzept dieses Buchs
Axel Klemmer, Eva Stadler, Martina Krammer

Redaktion und Projektmanagement
Eva Stadler, Jens van Rooij

Layout
Natalia Gospodarek, Incognito Design

Bildredaktion
Dr. Nafsika Mylona, Tobias Schärtl

Schlussredaktion
Dr. Anita Meschendörfer

Autor
Axel Klemmer wurde 1963 in Berlin geboren, lebt aber seit 1968 im Umkreis von München und hat seit dieser Zeit intensiv die Alpen bereist – zuerst mit den Eltern, dann zusammen mit Freunden auf großen Touren und nicht zuletzt als Journalist und Redakteur für Magazine, Tageszeitungen und das Fernsehen.

Kartographie
Kunth Verlag GmbH & Co. KG

Produktion
Anna Bäumner

Repro
Repro Ludwig, Zell am See

Druck und Bindung
Printer Trento, Italien

GRÄFE UND UNZER

Ein Unternehmen der
GANSKE VERLAGSGRUPPE

PEFC
PEFC/18-31-506

Liebe Leserinnen und Leser,

hat Ihnen unser Buch gefallen? Falls ja, freuen wir uns, wenn Sie es weiterempfehlen – Ihren Freunden, Verwandten, Kollegen, Nachbarn, dem Buchhändler Ihres Vertrauens und allen, die auf der Suche nach einem Reisebuch-Tipp sind, z. B. bei Online-Händlern.

Wenn Sie Kritik oder Korrekturen haben, schreiben Sie uns gerne an holiday@graefe-und-unzer.de – und natürlich auch, wenn Sie uns Ihr Lob auf direktem Weg zukommen lassen möchten. Sie erreichen uns auch telefonisch unter Tel. 0 800 / 72 37 33 33 (gebührenfrei in D, A, CH), Mo–Do 9–17 Uhr, Fr 9–16 Uhr.

Ihre HOLIDAY-Redaktion